les zoom's

Économie générale

Les acteurs et les marchés économiques
La conjoncture économique
La politique structurelle
Mondialisation et régionalisation
La crise économique

6e édition

Pascal MONIER
est Maître de conférences en économie à l'IUT d'Angoulême de l'Université de Poitiers.

Du même auteur dans la même collection

- Exercices d'économie générale avec corrigés détaillés – 1re édition

Pascal MONIER

Économie générale

Les acteurs et les marchés économiques
La conjoncture économique
La politique structurelle
Mondialisation et régionalisation
La crise économique

6e édition

Gualino
lextenso éditions

LA COLLECTION

les zoom's

traite de :

- **la comptabilité** : Comptabilité générale – Comptabilité de gestion – Comptabilité des sociétés
- **l'analyse financière**
- **la fiscalité**
- **le droit** : Introduction au droit – Droit des sociétés – Droit commercial et des affaires – Droit social – Institutions de la France – Institutions de l'Union européenne
- **l'économie**
- **le marketing**
- **les relations humaines**

Collection dirigée par Béatrice et Francis Grandguillot
Facebook : « Les auteurs Grandguillot B & F »

33 rue du Mail 75081 Paris cedex 02
ISBN 978 - 2 - 297 - 01916 - 3
ISSN 1288-8184

Présentation

Au sortir de la plus grande crise économique que le monde ait connu depuis 1929, cet ouvrage fait le point sur les grandes questions économiques contemporaines de façon claire et illustrée. Articulé pour répondre aux programmes d'économie de l'enseignement supérieur de gestion (IUT et BTS notamment) et des concours administratifs, il est structuré en cinq parties :

- ***les acteurs et les marchés économiques*** *: introduction à l'économie générale, fonctions et problématiques des entreprises, des ménages, des banques et du secteur public, description et fonctionnement des marchés des biens et services, du travail (avec analyse du chômage) et des capitaux ;*
- ***la conjoncture économique*** *: représentation de l'économie nationale, principaux faits économiques de 2008, politique monétaire et inflation, politique budgétaire et endettement public, politique salariale et partage de la valeur ajoutée ;*
- ***la politique structurelle*** *: modèle économique et social français, nature du capitalisme, croissance potentielle et thèse du déclin, développement durable ;*
- ***la mondialisation/régionalisation*** *: contours de la mondialisation, compétitivité et attractivité de la France, politique de change, Union économique et monétaire européenne, Chine et grands émergents ;*
- ***la crise financière et économique*** *: fondements, déroulement, impacts, perspectives d'après-crise.*

Liste des abréviations utilisées

ADPIC : Accord sur les aspects des droits de propriété intellectuelle qui touchent le commerce

AGCS : Accord général sur le commerce des services

BCE : Banque centrale européenne

BRICs : Brésil, Russie, Inde, Chine, Afrique du sud

CAC : Cotation assistée en continu

CDS : Credit Default Swap

CRDS : Contribution au remboursement de la dette sociale

CSG : Contribution sociale généralisée

EB : Épargne brute

EBE : Excédent brut d'exploitation

FBCF : Formation brute de capital fixe

Fed : *Réserve Federal américaine*

FESF : Fonds européen de stabilité financière

FMI : Fonds monétaire international

IDE : Investissement direct à l'étranger

IDH : Indicateur de développement humain

IPC : Indice des prix à la consommation

IPCH : Indice des prix à la consommation harmonisé

LOLF : Loi organique relative aux lois de finances

MSV : Mécanisme de stabilité européen

NEM : Nouveaux Etats membres

OMC : Organisation mondiale du commerce

PAC : Politique agricole commune

PECO : Pays d'Europe centrale et orientale

PME : Petites et moyennes entreprises

PSC : Pacte de stabilité et de croissance

RDB : Revenu disponible brut

RGPP : Révision générale des politiques publiques

ROE : *Return on equity*

SMI : Système monétaire international

TCER : Taux de change effectif réel

TCR : Taux de change réel

TEPA : Loi en faveur du travail, de l'emploi et du pouvoir d'achat

TIC : Technologies de l'information et de la communication

TPE : Très petites entreprises

UEM : Union économique et monétaire

Sommaire

PARTIE 1
Les acteurs et les marchés économiques

PARTIE 2
La conjoncture économique

PARTIE 4
Mondialisation et régionalisation

PARTIE 5
La crise économique

PARTIE 1

Les acteurs et les marchés économiques

L'économie et les grands courants de pensée

CHAPITRE 1

1 Généralités

A – Les problèmes posés à l'économie

L'économie est partout. Chaque jour, les sujets économiques occupent une place importante dans les médias, de sorte que certains disent que l'économique a pris le pas sur le politique. Parmi les principales questions économiques évoquées, citons les suivantes :

– ***Quel est le niveau de la croissance et quelle est son évolution prévisible dans les prochains mois ?*** La croissance économique est l'augmentation des volumes produits dans l'économie. Pourquoi est-ce important ? Parce que la production est entièrement distribuée sous forme de revenus, de sorte que plus de croissance, c'est plus de revenus donc une meilleure vie économique.

– ***Comment cette croissance est-elle répartie ?*** La production est réalisée au moyen de facteurs de production, principalement le travail et le capital. L'augmentation des revenus issus de la croissance est donc répartie entre les travailleurs et les apporteurs de capitaux. Est-elle répartie équitablement ? Quel est le rapport de force entre le facteur travail et le facteur capital ? Bien souvent, le problème de la répartition est plus important que celui de la création des richesses.

– ***Les ralentissements de la croissance peuvent-ils être jugulés ?*** C'est le rôle des politiques économiques que d'impulser des ressources dans le système quand la croissance ralentit. Les politiques économiques sont les politiques monétaire et de change, les politiques budgétaire et fiscale, et les politiques sociale et salariale. Quelle est leur efficacité ? La réponse est compliquée par la participation de la France à l'Union Économique et Monétaire européenne.

– ***La mondialisation est-elle responsable de tous nos maux ?*** Que recouvre d'ailleurs ce concept utilisé partout et tout le temps ? Un de ses aspects est la globalisation financière qui traduit le fait que les capitaux sont parfaitement mobiles à l'échelle planétaire. Cette globalisation financière a été à l'origine des crises internationales de ces dernières années.

B – Micro-économie / Macro-économie

L'économie a donc à traiter de multiples questions :

– certaines ont trait aux individus ou aux groupes d'individus. C'est la ***micro-économie*** qui s'intéresse, par exemple, à la façon dont les prix sont fixés sur un marché de biens ou de services, dans un secteur particulier. Elle va par exemple regarder les entreprises présentes sur le marché automobile, les rapports de force entre ces entreprises, les relations avec les clients, etc. ;

– d'autres questions ont trait à l'économie dans son ensemble, sans distinction des entités qui la composent. C'est la ***macro-économie***. La macro-économie s'intéresse, par exemple, à l'augmentation du niveau général des prix dans l'économie, c'est-à-dire à l'augmentation de tous les prix. Le marché qui l'intéresse sera non plus le marché de l'automobile mais un marché abstrait regroupant tous les marchés individuels. Ce marché a pour nom le marché des biens et services.

2 Les grands courants de la pensée économique

Depuis plus de deux siècles, la science économique est marquée par l'affrontement de deux courants, le ***courant interventionniste*** et le ***courant libéral***. Ces deux courants semblent se rejoindre à l'aube du troisième millénaire.

A – La pensée classique (courant libéral) : fin XVIIIe – début XIXe

1) Les principales idées

– La pensée classique repose sur la doctrine du ***laisser-faire, laisser-passer*** : liberté économique pour les individus, liberté de circulation pour les biens, le travail et le capital.

– L'individu est mu par son propre intérêt qui coïncide avec l'intérêt collectif.

– Le système de prix et de marché est capable de coordonner l'activité des individus et des entreprises sans recourir à un organisme centralisateur (l'État). Les marchés régulent la vie économique et provoquent une croissance économique rapide.

– Le commerce extérieur est globalement bénéfique aux pays qui y participent.

2) Les principaux auteurs

• *Adam Smith* (1723-1790)

Apport principal : ***la main invisible***. Sur un marché, à la suite d'un choc, un système d'enchères se met en place durant lequel aucun échange ne doit avoir lieu. Plusieurs prix sont successivement annoncés et une main invisible guide les enchères jusqu'au point d'équilibre.

Ouvrage de référence : ***Recherche sur la nature et les causes de la richesse des nations*** (1776).

- *Jean-Baptiste Say* (1767-1832)

Apport principal : ***l'offre crée sa propre demande*** (ou les produits s'échangent contre des produits). Toute production est à l'origine d'une distribution de ressources qui garantit qu'elle trouvera nécessairement un débouché. Pour Say, plus les producteurs sont nombreux et les productions multipliées, plus les débouchés sont faciles, variés et vastes.

Ouvrage de référence : *Traité d'économie politique* (1803).

- *David Ricardo* (1772-1823)

Apport principal : ***les avantages comparatifs***. Les pays disposent nécessairement d'un avantage comparatif dans un secteur, que l'avantage soit absolu (la quantité de travail incorporé à la production est moindre qu'à l'étranger dans un ou plusieurs secteurs) ou relatif (la quantité de travail incorporé est plus forte dans tous les secteurs, mais est relativement moindre dans un secteur). Dans tous les cas, les pays gagnent à l'échange (chacun dispose au final de plus de biens pour une même quantité de travail disponible).

Ouvrage de référence : *Principe de l'économie politique et de l'impôt* (1817).

B – La pensée marxiste : mi-XIXe – fin XIXe

- *Karl Marx* (1818-1883)

Seul le travail est source de valeur. Le travail est sous-payé et les travailleurs sont exploités.

Le profit des entreprises trouve son origine dans cette situation. Il résulte de la différence entre la valeur du travail incorporé dans le produit et la valeur du travail payé.

Dans un contexte de diminution des profits liés à des investissements de plus en plus lourds, les entreprises sont incitées à produire de plus en plus. Mais les productions supplémentaires ne trouvent pas preneur du fait de la modicité des salaires. Ceci provoque une crise du système économique capitaliste et l'avènement du socialisme.

Ouvrage de référence : *Le capital* (1867).

C – La pensée néoclassique (courant libéral) : fin XIXe – début XXe

1) Les principales idées

L'individu est à la base de la société. Il obéit au ***principe de rationalité***, c'est-à-dire utilise au mieux les ressources dont il dispose en tenant compte des contraintes qui s'imposent à lui. Il cherche à optimiser ses comportements. Les comportements de l'individu rationnel peuvent être traduits en équations mathématiques.

Le marché est le meilleur moyen de coordination des comportements économiques des individus. ***Le marché de concurrence pure et parfaite*** est le modèle de référence du système des marchés : l'État a pour seule fonction économique de garantir son existence.

Les mécanismes de prix assurent l'équilibre sur tous les marchés (biens, services et facteurs de production). Il ne peut y avoir excès d'offre d'un facteur (par exemple le travail) sauf à ce que l'État ne permette pas la réalisation de l'équilibre (par exemple avec l'instauration d'un salaire minimum).

Les producteurs n'ont pas de problèmes de débouchés. Ils n'ont à se soucier que de leur efficience productive : produire en utilisant au mieux tous les facteurs de production disponibles.

2) Les principaux auteurs

- *Léon Walras* (1834-1910)

Apport principal : ***l'équilibre général***. Tous les marchés (produits, facteurs de production, monnaie) sont interdépendants. Un seul système de prix permet d'assurer simultanément leur équilibre. Cet équilibre général tend à se produire spontanément (sous l'influence d'un commissaire-priseur, extension du concept de main invisible) et est stable.

Ouvrage de référence : *Éléments d'économie politique pure* (1874).

- *Vilfredo Pareto* (1848-1923)

Apport principal : ***l'optimum***. L'optimum de Pareto caractérise une situation où il n'est plus possible d'améliorer la situation d'un agent économique sans détériorer la situation d'au moins un autre agent économique. L'équilibre de concurrence pure et parfaite est optimum au sens de Pareto.

Ouvrage de référence : *Cours d'économie politique* (1896).

- *Alfred Marshall* (1842-1924)

Apport principal : ***l'équilibre partiel***. Plus pragmatique que Walras, Marshall raisonne toutes choses égales par ailleurs, c'est-à-dire en supposant que les différents marchés n'interfèrent pas de façon significative les uns avec les autres.

Ouvrage de référence : *Principe d'économie politique et de l'impôt* (1890).

D – La pensée schumpeterienne : début XXe

- *Joseph Schumpeter* (1883-1950)

Le profit, qui est un surplus, découle des modifications des conditions techniques de production ou de distribution, c'est-à-dire des ***innovations***. L'entrepreneur est à l'origine de ces innovations.

Les innovations expliquent le caractère cyclique de l'activité économique. Les innovations apparaissent par paquets, ou grappes. Les grappes d'innovation sont d'importance variable ce qui explique la nature différente des cycles.

Ouvrage de référence : *Les cycles des affaires* (1939).

E – La pensée keynésienne (courant interventionniste) : mi-XXe

• *John Maynard Keynes* (1883-1946)

Le contexte est celui d'une remise en question des conclusions néoclassiques à la suite des désordres économiques et des sévères dépressions des années 1890 et 1930.

Keynes présente une nouvelle conception de l'économie dans le but d'aider les gouvernements à prendre des mesures monétaires et fiscales qui permettent de mieux maîtriser les cycles économiques et d'en réduire les effets destructeurs.

Keynes ne rejette pas l'économie de marché. Il s'oppose aux économistes néoclassiques en particulier sur le fait que pour lui l'économie de marché laissée à elle-même ne permet pas d'assurer automatiquement le plein emploi.

En effet, la demande effective adressée aux entreprises peut être insuffisante pour assurer la pleine utilisation de tous les facteurs de production : il y a contrainte de débouchés pour les entreprises. La production s'ajustant à la demande, il y a bien équilibre, mais de sous-emploi.

Keynes préconise donc ***une intervention de l'État pour réguler la demande globale de produits*** de façon à l'amener à un niveau compatible avec le plein emploi. L'intervention de l'État consiste en particulier en une augmentation des investissements productifs.

Ouvrage de référence : *La théorie générale de l'emploi, de l'intérêt et de la monnaie* (1936).

Les trois décennies suivant la Seconde Guerre mondiale sont celles du consensus keynésien. Les principes de l'économie mixte sont acceptés partout. L'État est un acteur incontesté du jeu économique. Plus récemment, les néo-keynésiens consolident la pensée de Keynes en lui apportant des fondements micro-économiques. Ils justifient en particulier la rigidité des prix et des salaires à la baisse, ce qui légitime la notion d'équilibre de sous-emploi. Dans un ordre d'idée similaire, les théoriciens du salaire d'efficience justifient les augmentations de salaires non par le fait qu'elles augmentent les débouchés des entreprises mais parce qu'elles réduisent *in fine* le coût du travail. Deux raisons principales sont avancées : d'une part les hausses de salaires sont source de motivation supplémentaire pour les salariés et donc de productivité accrue, d'autre part, elles limitent la rotation de la main-d'œuvre qui coûte cher aux entreprises.

F – La nouvelle pensée classique (courant libéral) : fin XXe

1) Les monétaristes (ou économistes de l'école de Chicago)

• Auteur principal : *Milton Friedman*

Il existe un chômage naturel incompressible lié à l'inadaptation de certains travailleurs aux emplois proposés.

Les politiques économiques de régulation (prônées par Keynes) n'ont d'effets que pendant une courte période, le temps que l'illusion monétaire se dissipe. Dans ce cadre, une baisse du chômage n'est possible qu'au prix de plus d'inflation (courbe de Phillips). À long terme, le taux de chômage est fixé à son niveau naturel et seule l'inflation augmente.

L'inflation est d'origine purement monétaire. Toute tentative de relancer l'activité par une politique monétaire expansionniste a pour seul effet d'augmenter le niveau des prix.

2) Les économistes de l'offre

- Auteur principal : *Arthur Laffer*

Il faut libérer les énergies entrepreneuriales du carcan des réglementations et des prélèvements fiscaux excessifs.

Trop d'impôt tue l'impôt : des taux d'imposition excessifs ont pour effet de diminuer la motivation des agents entreprenants à travailler, et donc de réduire les recettes de l'impôt.

3) L'école des anticipations rationnelles

- Auteurs principaux : *Lucas, Sargent*

Les agents économiques prennent leurs décisions en se basant sur le meilleur modèle économique possible à leur disposition.

Ils ne sont donc pas soumis à l'illusion monétaire, même à court terme, de sorte que les politiques économiques de régulation sont au mieux inefficaces et au pire dangereuses.

G – La synthèse des courants : la croissance endogène : fin XXe

- Auteurs principaux : *Romer, Barro*

Au milieu des années 80, certains économistes revisitent les théories de la croissance laissées en plan depuis les années 60. Les facteurs explicatifs de la croissance étaient alors au nombre de trois : le capital, le travail, et un résidu qui incorporait le progrès technique.

Les nouvelles théories enrichissent le contenu de ce troisième élément. En particulier, les auteurs considèrent que l'élément résiduel est directement lié aux décisions d'investissement. Les investissements, privés ou publics, matériels ou immatériels (formation, apprentissage, etc.) ont des effets durables importants pour la croissance au-delà des effets transitoires connus (accroissement des débouchés). En cela, la croissance est ***endogène***, c'est-à-dire s'appuie sur une dynamique propre qui s'auto-entretient.

Les auteurs de ces théories, libéraux dans leur approche, réhabilitent le rôle de l'État quand celui-ci investit dans les infrastructures, dans l'éducation ou dans la santé. Il y aurait donc une place pour ***l'intervention de l'État dans l'économie***, non pas à court terme par des politiques de régulation, mais à long terme par des investissements publics ou par des politiques visant à encourager l'investissement privé.

À NOTER • Le siècle économique a été marqué par la confrontation de deux courants de pensée, le courant keynésien, interventionniste, et le courant néoclassique, libéral. Les nouvelles théories de la croissance endogène permettent une relative convergence des points de vue.

3 Économie de l'offre et économie de la demande

L'économie de la demande est fondée sur le principe que la demande tire l'offre et est à l'origine de la croissance économique. Les défenseurs de l'économie de la demande sont les économistes du courant interventionniste. Ils pensent que les politiques économiques peuvent influencer le niveau de la demande dans l'économie, ce qui stimule à son tour la production. L'État peut, selon cette analyse, compenser les actions des agents privés – entreprises et ménages – pour atténuer voire éliminer les fluctuations de la demande.

L'économie de l'offre est fondée sur le principe que *l'offre crée sa propre demande* (Say). Les défenseurs de l'économie de l'offre sont les économistes du courant libéral qui estiment vaines les tentatives pour stimuler la production par la demande. La production ne pourra augmenter que si les agents économiques qui en sont à l'origine y ont intérêt. Ceci suppose de libérer l'esprit entrepreneurial et les énergies créatrices. Les politiques dites de l'offre suggèrent que le seul objectif de l'action publique doit être d'accroître l'efficacité d'ensemble du système économique.

Un exemple souvent caricatural de la divergence de point de vue entre économistes de la demande et économistes de l'offre porte sur les effets d'une augmentation des salaires. Les premiers, économistes de la demande, y voient le moyen d'augmenter les revenus, ce qui stimulera la consommation et la production. Les seconds, économistes de l'offre, y voient une source d'augmentation des coûts de production des entreprises qui n'ont d'autres possibilités que d'augmenter les prix, ce qui implique, dans une économie mondialisée, une perte de compétitivité préjudiciable à la croissance.

À NOTER • Les économistes de la demande, interventionnistes, pensent que l'État, en modifiant la demande adressée à l'économie, peut influencer la conjoncture. Les économistes de l'offre, libéraux, pensent que la liberté d'entreprendre et d'agir sont les meilleurs garants de l'efficacité économique. L'État doit seulement veiller à garantir cette liberté, notamment en se désengageant du système productif.

4 La crise, le libéralisme et le keynésianisme

Il en est des théories économiques comme des collections de haute couture : toutes deux sont soumises aux effets de mode. Depuis la fin des années 1970, et l'échec avéré des États à endiguer le déclin post « trente glorieuses », le libéralisme économique s'est imposé au monde. Il s'est imposé dans une logique de rupture au Royaume-Uni et aux États-Unis sous les mandats de Margaret Thatcher et Ronald Reagan ; il a été imposé aux pays en développement dans le cadre du consensus de Washington (exigence de privatisations, de dérégulation et d'équilibres publics) porté haut par le FMI ; il a submergé les derniers récalcitrants à la suite de la chute du mur de Berlin en 1989. Il reste que, comme à chaque fois qu'une pensée devient dogme, des logiques ont été poussées trop loin, des excès commis. Les États ont abandonné en rase campagne leur rôle de régulateur ou de guide, quand bien même le poids relatif de l'État n'a, ici ou là, pas diminué.

Les excès qui ont conduit à un fondamentalisme néolibéral (« ultra libéral » pour le grand public) sont de deux ordres : d'une part, une dérégulation et déréglementation généralisées à tous les marchés – de biens, de services, du travail et de capitaux – qui ont abouti, par exemple, à la constitution de bulles multiples (pétrole, produits alimentaires, produits financiers...), économiquement et socialement toujours plus douloureuses quand elles éclatent, d'autre part, à un accroissement sans précédent des inégalités, partant de l'idée libérale que les inégalités suscitent l'efficacité, traduite par Georges Bush en « ***Enrichissons les très riches, il en restera toujours quelque chose*** », le célèbre « greed is good ». Le fondamentalisme libéral est à cet égard une doctrine politique au service d'intérêts privés.

Il est tout aussi vrai que la vie s'est améliorée pour des centaines de millions d'hommes et de femmes avec l'ouverture des frontières de leurs pays, que le développement de la concurrence et la régulation monétaire ont joué un rôle essentiel en faisant disparaître l'inflation. Mais la crise est là, profonde, générale.

Que faire alors ?

Les – encore – tenants du libéralisme à tout crin suggèrent d'en assainir les bases, notamment en améliorant la qualité et l'accès à l'information. De fait, avec les produits dérivés, les investisseurs ne savaient effectivement pas ce qu'ils achetaient. Et la crise du capitalisme serait une crise dans le capitalisme, et non du capitalisme, encore et toujours fondé sur le risque et l'innovation. Il n'y aurait donc pas lieu de moraliser le capitalisme, puisque l'économie produit des richesses, non des valeurs.

D'autres proposent de refonder l'économie de marché, la seule ayant fait ses preuves, mais qui ne saurait plus donner les bons signaux en termes de prix (les bulles dont nous parlions). Les solutions ? Une réglementation accrue (par exemple, pour les positions spéculatives sur les matières premières), un changement des objectifs de la politique monétaire (la stabilisation des prix des actifs), ou la modification de réglementations inadaptées (règles prudentielles qui contraignent les investisseurs institutionnels, normes comptables).

D'autres enfin, nombreux, tablent sur un retour de l'État, redécouvrent Keynes. C'est l'effet mode décrit en introduction. Pourtant, du célèbre économiste britannique, il faut aussi retenir que les finances publiques sont équilibrées à long terme. En effet, les mesures contracycliques défendues par les keynésiens ont une contrepartie qui consiste à être également contracyclique en période de croissance. Beaucoup de dépenses publiques lorsque l'activité s'écroule, certes, mais, a minima, l'équilibre budgétaire lorsque la croissance revient ! Ce que n'a, par exemple, jamais réussi la France depuis... trente ans (Barre en 1980). Ce précepte keynésien s'est brutalement rappelé au bon souvenir des européens quand les marchés ont commencé à sanctionner les dettes publiques des pays périphériques. Il faut aussi se souvenir que les décisions d'investissement des États n'ont pas toujours été des plus heureuses, son contrôle parfois défaillant (comme l'a illustré la saga du Crédit Lyonnais aux États-Unis dans le cinéma durant les années 1990) et que la tentation est souvent forte de maintenir une industrie déclinante sous perfusion de fonds publics, alors que les crédits manquent ou seraient plus utiles ailleurs. Il n'en reste pas moins vrai que les grands horizons, indispensables dans un monde en plein bouleversement, ne peuvent être donnés, et sans doute impulsés, que par un État renouvelé. Il faut sortir des dogmes, et tirer véritablement les leçons des erreurs passées.

Les entreprises produisent et distribuent de la richesse

CHAPITRE 2

1 Les fonctions de l'entreprise

L'entreprise est d'abord le ***lieu de la production.*** La production est l'activité consistant à créer des biens ou à rendre des services s'échangeant habituellement sur le marché ou obtenus à partir de facteurs de production s'échangeant sur le marché.

Elle est ensuite le ***lieu de formation des revenus*** qui sont répartis entre les agents économiques qui contribuent à la production. Elle assure sa pérennité en réalisant des investissements.

Elle est enfin le ***lieu de réalisation*** du profit.

A – La production

La production de l'entreprise résulte de la combinaison de facteurs de production. Les facteurs de production sont le ***travail***, le ***capital*** et la terre (ou plus largement les ***ressources naturelles***). Parmi ces trois notions, celle de capital est la plus ambiguë.

1) Le capital

La notion de capital renvoie à une triple dimension : physique, financière et humaine.

• Le ***capital physique*** est constitué de tous les biens concourant à la production d'autres biens. On distingue le ***capital circulant***, c'est-à-dire les biens qui sont transformés (produits semi-finis) ou consommés au cours du processus productif (les consommations intermédiaires), et le ***capital fixe***, c'est-à-dire les biens qui restent une fois la production réalisée (les biens de production ou biens d'équipement). La notion de capital physique ne renvoie donc pas seulement aux machines nécessaires à la production mais aussi à l'énergie utilisée, aux matières premières et aux pièces détachées consommées. L'importance des matériels dans le capital tend cependant à diminuer au fil du temps (par exemple, les logiciels utilisés par les entreprises coûtent plus cher que les ordinateurs). On parle de la dématérialisation du capital.

• Le ***capital financier*** est constitué de l'argent dont peut disposer l'entreprise pour acquérir son capital physique. D'où vient cet argent ? Il a trois origines :

– les particuliers qui mettent directement leur argent à disposition de l'entreprise en achetant des titres (actions ou obligations) ou en souscrivant des parts du capital. Les associés figurent dans cette catégorie ;

– les banques qui prêtent à court ou long terme ;

– les fonds que l'entreprise a gardés en réserve, pour son fonctionnement (son fonds de roulement) ou pour son développement (l'autofinancement, surtout constitué des bénéfices non distribués).

• Le ***capital humain*** désigne l'expérience accumulée dans l'entreprise sous forme de savoir-faire et de compétences. Plus généralement, cette notion désigne les capacités intellectuelles et professionnelles de l'individu qui lui permettront d'avoir des revenus à l'avenir. Dès lors, l'entreprise (ou la nation) peut investir en capital humain, à travers l'éducation, la formation professionnelle ou même les soins médicaux.

La production résulte de la combinaison des facteurs de production dans des proportions qui dépendent de leurs coûts, principalement le salaire (coût du travail) et le taux d'intérêt (coût du capital financier). L'efficacité de la combinaison des facteurs de production se mesure par leur productivité.

2) La productivité

La productivité physique du facteur travail – on peut aussi calculer celle du capital – est le ***rapport entre la quantité de production et la quantité de travail mise en œuvre pour la réaliser***. Pour comparer les productivités du travail entre différentes entreprises, il faut s'intéresser aux valeurs de la production et du travail. On parle de la productivité en valeur.

Cependant, la comparaison de la productivité du travail entre entreprises peut être trompeuse. Supposons que deux entreprises aient les mêmes effectifs et réalisent la même production. Elles ont donc la même productivité du travail. Mais si la première a des équipements plus performants, l'intensité des efforts y est moindre que dans la seconde. La productivité du travail et celle du capital sont donc inséparables. Mesurer la seule productivité du travail donne une vision partielle de l'efficacité du facteur travail. Pour cela, la productivité du travail est parfois appelée ***productivité apparente du travail***. Il est donc plus intéressant de mesurer la ***productivité globale des facteurs***, qui est calculée comme une moyenne des productivités apparentes du travail et du capital.

La notion de rendement d'un facteur est équivalente à celle de productivité. Mais les rendements peuvent aussi être d'échelle – on parle d'économies d'échelle. Une situation d'économies d'échelle signifie que l'entreprise devient plus efficace (ses coûts diminuent) quand son échelle de production est plus grande (sa taille augmente). C'est ce qui justifie les concentrations d'entreprises.

B – La distribution de revenus

En produisant, l'entreprise crée de la richesse. Cette richesse est ce qu'elle ajoute à ce qu'elle achète. C'est la valeur ajoutée, égale à la différence entre la valeur de la production (le chiffre d'affaires) et la valeur des biens et services utilisés pour cette production (les consommations intermédiaires).

Quels sont les bénéficiaires de cette richesse créée ? Ils sont au nombre de quatre :

– ***les salariés***, puisque l'entreprise leur verse les salaires, les charges sociales (ils en sont les bénéficiaires de façon indirecte) et une participation aux résultats ;

– ***l'État***, qui met à la disposition des entreprises des infrastructures et services publics, à qui l'entreprise verse des impôts et taxes ;

– ***les apporteurs de capitaux***, banquiers et actionnaires ;

– ***l'entreprise elle-même*** pour s'autofinancer.

C – L'investissement

L'investissement est l'acte par lequel l'entreprise engage l'avenir. L'acte d'investissement consiste à augmenter ou à renouveler le capital de l'entreprise. Il existe des investissements matériels et des investissements immatériels, ces derniers comprenant les frais de recherche et développement, la formation des personnels, l'acquisition de logiciels, et l'action commerciale de long terme (c'est-à-dire hors dépenses publicitaires courantes).

L'investissement est donc le moyen de constituer le capital de l'entreprise. On dit que la formation du capital se réalise par l'investissement. Pour cela, l'Investissement est appelé Formation Brute de Capital Fixe (FBCF) dans la Comptabilité nationale.

D – Le profit

En termes comptables, le profit correspond grossièrement aux recettes de l'entreprise qui ne sont pas utilisées pour acheter les consommations intermédiaires ou pour rémunérer les salariés. Il sert en particulier à rémunérer le propriétaire de l'entreprise. Un terme à la mode approchant est celui de ***création de valeur pour l'actionnaire***.

Le profit a une signification différente pour les économistes. En effet, le travail des salariés et les capitaux apportés par les propriétaires de l'entreprise sont deux facteurs de production qu'il n'y a pas lieu de différencier. Tout comme les salariés se privent de loisirs et fournissent un effort en travaillant, les apporteurs de capitaux se privent d'une consommation immédiate et prennent un risque en apportant les capitaux. Les deux méritent une rémunération. Dans ces conditions, pourquoi le salaire serait un coût pour l'entreprise et la rémunération du capital un gain (le profit comptable)? Les économistes considèrent donc la rémunération du capital à l'identique de celle du travail, et le profit correspond à la suite au revenu résiduel de l'entreprise, celui qui reste quand elle a payé tous les facteurs de production. Comme ce profit n'a pas vraiment de raison d'être dans un monde parfaitement concurrentiel (on parle aussi de sur-profit), il est nul à long terme.

> À NOTER • La combinaison des facteurs de production, plus ou moins efficace selon la productivité, permet l'obtention d'une production. Celle-ci, distribuée sous forme de revenus, ira financer les apporteurs de capitaux et les salariés. Le profit économique n'existe pas puisque la rémunération du capital est un coût de même nature que la rémunération du travail.

2 Les entreprises françaises

Le monde des entreprises est très varié. Outre la diversité des productions (agricoles, industrielles, tertiaires), les entreprises se distinguent par leur statut juridique et par leur taille.

A – La taille des entreprises

Depuis un décret de décembre 2008, actualisé en 2011, les catégories d'entreprises sont définies en référence à trois critères (effectif, chiffre d'affaires et total du bilan).

Les ***microentreprises*** sont celles qui, d'une part occupent moins de 10 personnes, d'autre part ont un chiffre d'affaires (CA) annuel ou un total de bilan n'excédant pas 2 millions d'euros. ***Les PME*** sont celles qui d'une part occupent moins de 250 personnes, d'autre part ont un CA n'excédant pas 50 millions ou un total de bilan n'excédant pas 43 millions d'euros. ***Les entreprises de taille intermédiaire*** (ETI) sont celles qui ne sont pas des PME et qui d'une part occupent moins de 5 000 personnes, d'autre part ont un CA n'excédant pas 1,5 milliard d'euros ou un total de bilan n'excédant pas 2 milliards. Les ***grandes entreprises*** sont les autres.

Chiffre d'affaires	Total de bilan	Effectif (nombre de salariés)			
		Moins de 10	10 à 249	249 à 4 999	5 000 et plus
Moins de 2 M€	Moins de 2 M€	microentreprises	Petites et moyennes entreprises (PME)	5500 ETI en 2019 Entreprises de taille intermédiaire (ETI)	Grandes entreprises (GE)
2 M€ à 50 M€	Moins de 2 M€				
	Plus de 2 M€				
50 M€ à 1,5 G€	Moins de 2 M€	microentreprises			
	2 M€ à 43 M€				
	Plus de 43 M€				
Plus de 1,5 G€	Moins de 2 M€	microentreprises	PME		
	2 M€ à 43 M€				
	43 M€ à 2 G€				
	Plus de 2 G€				

TOTAL BILAN = Σ de tous les actifs (immobilisat° + stocks + créances + disponibilités) ou Σ passifs (K social, réserves + résultats + dettes...)

B – Le tissu des entreprises en France

La France compte 3,1 millions d'entreprises à la fin 2009, majoritairement dans le secteur des services et du commerce, souvent des entreprises individuelles (1,9 million) ou avec moins de dix salariés (1 million). L'emploi salarié se répartit de façon égale entre les petites entreprises, les entreprises de 10 à 49 salariés, les entreprises de 50 à 200 salariés et les entreprises de plus de 200 salariés. Les petites entreprises de moins de 10 salariés représentent cependant sensiblement plus du tiers de l'emploi total, en tenant compte des actifs non salariés (les entrepreneurs individuels).

Le tableau suivant, qui ignore les TPE, montre que les PME emploient en moyenne 20 personnes, réalisent 30 % de la valeur ajoutée des entreprises, mais seulement 25 % de l'investissement. Les ETI emploient en moyenne 650 personnes, et investissent plus que leur poids dans la valeur ajoutée (35 % contre 30). Les grandes entreprises emploient 16 000 personnes en moyenne, et pèsent 39 % de la valeur ajoutée et de l'investissement.

	Nombre	Effectif moyen	CA moyen (million €]	Répartition de la valeur ajoutée	Répartition de l'investissement
Ensemble		54	15,2	100 %	100 %
PME	160 129	20	4,3	30,3	25,6
ETI	4 195	650	200	30,9	35,5
GE	185	16 023	5 227	38,9	38,8

Source : Les échos /Banque de France

C – Les créations d'entreprises, le régime d'auto-entrepreneur

Avec 622 000 entreprises nouvelles en 2010 (dont 360 000 auto-entreprises), le nombre de créations augmente de 7 % par rapport à 2009. Mais au-delà, les 160 000 sociétés et 460 000 entreprises individuelles créées font de la France un pays très dynamiques en matière d'entrepreneuriat. Le nombre de reprises s'accroît également, de nombreux dirigeants de PME partant en retraite. Il reste toutefois que nos entreprises naissent souvent famélique avec en moyenne seulement 2,7 salariés, contre 4,5 en Allemagne ou 6,6 aux États-Unis. Les conditions de création sont donc à questionner en France. Enfin, cinq années après leur création, la moitié des entreprises est toujours en activité.

Le régime d'auto-entrepreneur a donc stimulé le mouvement naturel de création d'entreprises en France. Ce régime, instauré par la loi de modernisation de l'économie, permet à ceux qui le souhaitent (étudiants, chômeurs, salariés, retraités...) d'exercer une activité commerciale ou artisanale en parallèle d'une activité principale, au-delà des créateurs qui en font leur activité unique. Souple, sans trop de formalités, le régime d'auto-entrepreneur présente de nombreux avantages sociaux et fiscaux. Il présente des limites, quand l'activité se développe, ou en matière de protection sociale des chefs d'entreprise. Enfin, un tiers des créations ne recouvre au final aucune activité (ce sont des créations pour voir).

D – Deux spécificités françaises : pas assez d'ETI, plus de multinationales qu'ailleurs

La France se caractérise par une structure singulière de ses entreprises par taille, avec moins de PME mais surtout d'ETI qu'ailleurs, mais plus de très petites entreprises (nous l'avons vu avec la création) et de multinationales. Le tableau suivant souligne le premier point, en mettant l'accent sur le rôle du « Mittelstand » allemand, les entreprises de taille moyenne.

Nombre d'entreprises par taille (milliers, en 2008)

	0 à 9 salariés	10 à 49	50 à 249	Plus de 250
France	2 802 (93,3 %)	168 (5,6 %)	28 (0,9 %)	6 (0,2 %)
Allemagne	2 881 (90,9 %)	230 (7,3 %)	47 (1,5 %)	10 (0,3 %)

Source : Natixis 2013 : 5500 ETI et 257 GE

De fait, la France manque d'entreprises de taille intermédiaire (ETI). Une faiblesse d'autant plus préoccupante pour l'économie française que ces entreprises disposent d'atouts majeurs : une forte capacité à développer des produits innovants et performants à l'export, une structure de capital souvent patrimoniale favorisant une vision stratégique de long terme, un solide ancrage territorial.

Une des causes de cette faiblesse est la structure de financement des PME, notamment l'insuffisance de financement par les fonds propres. Et des entreprises financées surtout par l'endettement, surtout dans un environnement de faible profitabilité des entreprises nationales (voir Chapitre 14), ont une forte aversion pour le risque, donc une capacité à innover et à créer des emplois moindre. Une des voies est donc d'encourager fiscalement la constitution de fonds propres dans les PME pour les transformer en ETI : c'est l'objet des réductions d'impôts, par exemple au titre de l'ISF, pour ceux qui investissent dans les PME. Par ailleurs, l'État et les collectivités territoriales consolident directement ou indirectement les fonds propres des PME, via le fonds stratégique d'investissement ou les prêts participatifs - des quasi-fonds propres - d'OSEO. Avec par exemple pour résultat que l'État détienne aujourd'hui 94 % de la chaîne de restauration rapide Quick … Jusqu'en 2015 (Nationalisée)

De l'autre côté du spectre, la France affiche un nombre de multinationales supérieur à la moyenne. Ainsi, la France compte environ 40 groupes dans le top 500 mondial par le chiffre d'affaires, mieux, elle compte 6 groupes dans le top 50, en second rang derrière les Etats-Unis ! La diversité des grandes firmes françaises renvoie au modèle généraliste de spécialisation de notre économie : outre l'industrie, on retrouve ces entreprises dans la finance (Axa,

BNP, Société Générale), la distribution (Carrefour ou Auchan), le BTP (Bouygues, Vinci), l'énergie (Total ou EDF) ou encore les services collectifs (Veolia ou GDF-Suez).

Parfois décriées, ces entreprises sont un atout pour l'économie française. La nationalité du siège social impose des devoirs sans lequel un certain nombre d'usines et de centres de recherche auraient certainement été délocalisés. Ainsi, près de 1,7 million de salariés en France travaillent aujourd'hui dans les entreprises du CAC 40, soit 10 % de l'emploi privé du pays environ, avec des rémunérations plus généreuses qu'ailleurs.

Les entreprises du CAC 40 ne sont toutefois pas exemptes de critiques. On peut légitimement leur reprocher de se désengager du territoire national. Mais les mauvais élèves ne sont pas ici nécessairement ceux que l'on attend : Renault, dont le capital est détenu à 15 % par l'État, produisait en 2010 seulement 20 % de ses véhicules en France (contre 60 % en 1999) et 29 % de ses moteurs (contre 85 % pour PSA) ! Une autre critique est celle de se comporter avec les PME hexagonales en donneurs d'ordre inflexibles plutôt qu'en partenaires de long terme, susceptibles de faire émerger un écosystème. Il y a ici à inventer une articulation entre multinationales et ETI, pour favoriser l'émergence de ces dernières plutôt que de les broyer pour des visées de profitabilité à court terme.

À NOTER • La France compte proportionnellement plus de petites et très grandes entreprises, moins de PME et surtout d'ETI. Pourtant, ce sont ces dernières qui fondent la puissance allemande par exemple : capacité d'innovation et d'exportation, créations d'emplois localisés. Il faut soutenir leur émergence en France, en consolidant les fonds propres des PME, en modifiant la relation de subordination entre les multinationales et ses sous-traitants et leurs fournisseurs.

Les ménages consomment leurs revenus

CHAPITRE 3

En économie, un ménage est constitué d'une ou de plusieurs personnes physiques disposant d'une unité de comportement en tant que consommateur. Cette définition est différente de celle des démographes ou des sociologues pour lesquels un ménage est l'ensemble des occupants d'un même logement. La notion de ménage englobe celle de famille, qui est une partie d'un ménage comprenant au moins deux personnes (couples avec ou sans enfants, personnes sans conjoint avec enfants et familles monoparentales), et celle de personnes isolées.

Dans les faits, la France métropolitaine compte 26,4 millions de ménages en 2007, soit 80 % de plus qu'en 1960. En comparaison, la croissance démographique n'est que de 35 % au cours de la même période. En conséquence, la taille moyenne des ménages diminue régulièrement depuis 40 ans, passant d'un peu plus de 3,1 personnes par résidence principale en moyenne en 1968 à 2,3 en 2007. Les personnes seules représentent un tiers des ménages. Deux conséquences à cela : les pressions sur l'environnement augmentent (liées à la consommation d'espace et de ressources, à la pollution et à la production de déchets), et le niveau de vie de chacun en est altéré (on gagne à se regrouper).

Dans le système économique, les ménages possèdent ***un patrimoine*** et bénéficient d'un ***revenu*** soit parce qu'ils fournissent les facteurs de production (leur travail et leur argent), soit parce qu'ils bénéficient du système de redistribution. Ils affectent une partie de ce revenu à la ***consommation***. L'***épargne*** peut être considérée comme ce qu'il reste du revenu après consommation ou comme une décision à part entière du ménage dépendant de facteurs spécifiques.

1 Le patrimoine des ménages

A – Le patrimoine

Fin 2010, les ménages détiennent un patrimoine de l'ordre de 11 000 milliards d'euros, soit plus des trois quarts du patrimoine national. Leurs actifs sont constitués pour deux tiers d'actifs non financiers, essentiellement des biens immobiliers : les logements qu'ils possèdent

représentent 27 % de l'ensemble de leurs actifs, les terrains sous-jacents 35 %. La valeur du patrimoine net des ménages a repris sa progression en 2010 après une baisse en 2008 et une stagnation en 2009, dans le sillage de l'augmentation des prix de l'immobilier, notamment dans l'ancien : + 32 % pour les ventes, 9,5 % pour les prix.
Le patrimoine financier est lui composé d'actifs liquides, de produits d'assurance-vie et de titres. Sa structure a également évolué ces dernières années. Les produits d'épargne-logement ont connu un net repli, tout comme les valeurs mobilières : un cinquième des ménages en détiennent en 2010 contre un quart en 2004 par exemple. En revanche, l'assurance-vie et l'épargne-retraite font l'objet d'un engouement important, alors que les livrets sont toujours attractifs.

B – L'endettement

Toujours fin 2010, le passif des ménages est estimé à 10 % de leur patrimoine, principalement sous forme de crédits immobiliers ou de crédits à la consommation. Selon l'Observatoire des crédits aux ménages, 14 millions de ménages français avaient souscrit un crédit en 2010, soit 50 % des ménages, (30 % des ménages détenaient un crédit immobilier et 35 % un crédit à la consommation).
Dans une logique de comparaison internationale, le taux d'endettement des ménages français est modéré : 80 % du revenu disponible brut, contre 100 % en Allemagne, 120 % aux États-Unis ou 160 % au Royaume-Uni. C'est la raison pour laquelle la France n'a pas été en première ligne de la crise de l'endettement de 2008.
La raison principale à ce taux relativement faible n'est pas une supposée défiance française vis-à-vis de l'endettement, mais surtout une vrai difficulté d'accès au crédit pour les ménages à contrat de travail précaire ! Ce sont souvent eux qui ont recourt au découvert bancaire, qui concerne régulièrement 25 % des ménages tout de même, et au surendettement, 83 % des surendettés gagnant moins de 2000 € par mois et 54 % moins que le SMIC, alors qu'un sur quatre est au chômage. La loi Lagarde de 2011 modifie par ailleurs les conditions d'attribution des crédits renouvelables (dit revolving) au bénéfice de l'emprunteur.

2 Le revenu

Le revenu est ce qu'un agent économique reçoit au cours d'une période sans prélever sur son capital ou son patrimoine.

A – Les différents types de revenu

1) Les revenus primaires

Le revenu des ménages est d'abord constitué de la rémunération du travail, qu'il soit mis à la disposition d'autrui (le travail salarié) ou qu'il soit exploité pour son propre compte (le travail indépendant). Ces revenus constituent les ***revenus d'activité***. À côté de ces revenus, les ménages récoltent le fruit de leurs placements financiers (à la Bourse ou à la banque) ou de leurs investissements immobiliers (la location de maisons ou d'appartements). Ces placements constituent une partie du patrimoine des ménages. Pour cela, les revenus qui en découlent sont appelés les ***revenus de patrimoine***. Les revenus d'activité et les revenus de patrimoine constituent le ***revenu primaire des ménages***. C'est le revenu qui résulte de la participation des ménages à l'activité économique, en mettant à la disposition d'autrui son travail et son capital (les facteurs de production).

Dans les faits, les salaires représentent 65 % des revenus primaires des ménages en 2009, loin devant les locations immobilières (l'EBE des ménages, 14 %), les revenus de la propriété (11 %) et les revenus mixtes (rémunérations des professions libérales, artisans, 10 %).

2) Les revenus secondaires

Certains ménages ne participent pas à l'activité économique. Ils en sont le plus souvent empêchés par des considérations indépendantes de leur volonté (maladie, retraite, insuffisance d'emplois…). Ils perçoivent alors des revenus au titre du mécanisme d'assurance publique obligatoire auquel ils ont souscrit antérieurement, ou au titre de la solidarité nationale. Les revenus qu'ils perçoivent sont appelés revenus secondaires ou ***revenus de transfert***.

3) Le revenu disponible

Un ménage perçoit souvent à la fois des revenus primaires et des revenus secondaires. La somme des deux, déduction faite des impôts, taxes et cotisations que les ménages doivent payer, constitue le ***revenu disponible***; c'est celui qui reste pour consommer ou épargner.

Revenu disponible

Revenu primaire

Revenu d'activité
- Revenu du travail salarié
- Revenu du travail indépendant

Revenu du patrimoine
- Revenu du patrimoine financier
- Revenu du patrimoine immobilier

Revenu secondaire

Revenu de transfert (retraite, maladie, chômage, solidarité…)

B – Les revenus en France : quelques repères

1) Les salaires et leurs inégalités

Le salaire mensuel net moyen dans les entreprises du secteur privé et semi-public en 2008 pour un poste à temps complet s'élève à 2 068 euros, avec des disparités sectorielles importantes (1767 euros dans l'action sociale, 2880 dans l'information et la communication par exemple). Le salaire net médian est lui de 1653 euros, presque 400 euros de moins que la moyenne, preuve que certains perçoivent des salaires importants alors qu'une grande partie des gens touchent en 1000 et 2000 euros (70 %).

Les inégalités de salaires s'observent sur plusieurs champs. Il existe ainsi une différence public/privé, le salaire moyen étant de 2328 euros dans la fonction publique, l'écart étant surtout lié aux différences de diplômes des uns et des autres. Ensuite, les différences dans le privé sont d'un facteur 3 entre les 10 % à plus bas et les 10 % à plus hauts salaires (1 124 net contre 3 263). Enfin, les inégalités hommes/femmes sont de l'ordre de 20 % (23 % pour les cadres, 6 % pour les employés) et ne montre pas de signe de diminution en tendance. Plusieurs explications sont avancées : les femmes travaillent davantage à temps partiel (un tiers des emplois pour les femmes, 5 % pour les hommes), elles interrompent davantage leurs carrières. Mais l'écart des salaires est encore de l'ordre de 5 à 10 %, une fois tous les critères pris en compte.

2) Revenu disponible et niveau de vie dans les faits

Le salaire est perçu à l'échelle individuelle. Qu'en est-il du revenu (tous revenus compris) après impôts - le revenu disponible - au niveau de chaque ménage ? En 2008 toujours, le revenu moyen mensuel des ménages français est de 2870 €, le revenu médian de 2380 €. Il existe ici aussi de fortes hétérogénéités entre les ménages, selon l'activité, la CSP ou le lieu d'habitation du chef de famille. Sur ce dernier point, les ménages d'Île-de-France bénéficient d'un revenu de 123, alors qu'il est de 100 pour la France, 95 pour Poitou-Charentes et 60 pour un département d'outre-mer par exemple.

Du salaire au niveau de vie en France : données médianes en 2008

Il reste que le revenu disponible par ménage ne mesure pas le niveau de vie effectif des individus. Celui-ci dépend du nombre de personnes composant le ménage, alors même que les dépenses (le chauffage par exemple) ne sont pas proportionnelles au nombre de personnes.

Le niveau de vie est donc calculé en divisant le revenu disponible du ménage par le nombre d'unités de consommation. Pour l'établir, on donne un coefficient 1 au premier adulte du ménage, 0,5 aux autres personnes de plus de 14 ans et 0,3 aux enfants de moins de 14 ans. Ainsi par exemple, on estime le niveau de vie d'une famille composée d'un couple et de deux enfants, l'un de 15 ans et l'autre de 13, en divisant son revenu disponible par 2,3.

De fait, en 2008, selon l'INSEE, le niveau médian de vie des individus ainsi défini était de 1 580 euros par mois. Les 10 % des ménages les plus modestes ont un niveau de vie inférieur d'un facteur 3,4 à celui des 10 % les plus aisés, chiffre qui a peu évolué depuis une dizaine d'année. Le niveau de vie des retraités est très proche de celui des actifs, loin devant celui des inactifs, des chômeurs, des jeunes, ou des familles monoparentales.

C – La classe moyenne

L'idée de classe moyenne reposait sur le fait que les deux tiers de la population bénéficiaient de revenus raisonnables, s'inscrivaient dans une logique d'ascenseur social, partageaient une culture de sécurité et de confiance dans l'avenir. Seule une minorité d'exclus d'une part, une classe dirigeante de l'autre, échappaient à ce sentiment d'appartenance, à ce destin commun. Il est vrai qu'une importante fraction de la population bénéficie encore de revenus se situant autour de la moyenne : environ une personne sur deux dispose d'un niveau de vie compris entre 75 % et 150 % du niveau de vie médian, c'est-à-dire entre 1 100 et 2 200 euros par mois : ce sont les classes moyennes, bordées en amont par les catégories pauvres ou modestes (30 % de la population tout de même) et en aval par les catégories aisées ou riches (20 % de la population). Les salaires moyens d'un très grand nombre de professions sont compris dans cet intervalle : coiffeur, agent de sécurité, vendeur, cuisinier, secrétaire, conducteur de véhicule, assistant social, policier, infirmière, enseignant, etc.

Une typologie des classes moyennes et des autres catégories de revenus

780 euros	1200 euros	1750 euros	2600 euros	3010 euros	
10%	20%	30 %	20%	10%	10%
Catégories pauvres	Catégories modestes	Classes moyennes inférieures	Classes moyennes supérieures	Catégories aisées	Hauts revenus

Lecture : les classes moyennes inférieures rassemblent 30 % de la population et comprennent les personnes dont les revenus mensuels avant impôt sont compris entre 1 200 € et 1 750 € (pour une personne seule). *Note* : ces seuils ont été calculés par rapport à la dernière enquête de l'INSEE sur les revenus fiscaux et sociaux (2006).

Au-delà, sur une longue période, l'idée d'un décrochage et, plus encore, d'une paupérisation, des classes moyennes n'est pas une réalité statistique : en l'espace d'un peu plus d'une génération, le niveau de vie des classes moyennes a presque doublé, et cette progression a été plus forte que celle de l'ensemble de la population.

Mais sur la période récente, d'autres évolutions sont en cours :

– d'abord, les mécanismes d'amortisseurs sociaux et de salaire minimum font que le niveau de vie des personnes du premier décile a davantage augmenté que ceux des déciles autour de la médiane au début des années 2000, de l'ordre de 18 % pour les premiers contre 11 % pour les seconds. Rappelons qu'il s'agit ici d'un rattrapage relatif et non absolu : l'écart augmente en niveau. En conséquence, les classes moyennes inférieures, qui ne bénéficient pas de ces mécanismes, ont un sentiment d'aspiration vers le bas ;

– surtout, les plus riches voient leur situation s'améliorer : par exemple, entre 2004 et 2008, le niveau de vie des 0,01 % les plus riches a augmenté de 32,7 % quand le niveau médian gagnait un modeste 5,2 %. Les chiffres bruts sont éloquents : + 15 000 € pour les premiers, pour arriver à 61 000 € mensuel en 2008, contre + 67 € pour la médiane, et 1 516 € !

Les toutes dernières données de l'INSEE (2011) indiquent également que depuis 2004, les niveaux de vie des personnes les plus modestes cessent d'augmenter plus rapidement que les niveaux de vie intermédiaires, alors que ceux des plus aisés continuent leur progression.

L'existence d'une classe d'hyper-riches, leur consommation outrancière, leur mode de vie ostentatoire relayé par les médias, provoque un sentiment de frustration de la classe moyenne qui n'a plus les moyens de s'identifier aux classes supérieures à la leur : la dilapidation matérielle de l'oligarchie sert d'exemple à toute la société (*cf.* l'ouvrage d'Hervé Kempf, *Comment les riches détruisent la planète*, 2007). Le sentiment des français de la classe moyenne est que nous allons vers une structure sociale faite de deux ensembles :

- l'un, composé des gagnants de la mondialisation, les titulaires de capitaux, les rentiers, les travailleurs très qualifiés, polyglottes, technophiles, mobiles, disposant de compétences spécifiques qui ne trouvent pas de rivaux ailleurs à moindre coût ;
- l'autre, allant du commun des salariés (et des retraités) précarisés aux vrais pauvres et aux exclus.

À NOTER • Le salaire mensuel médian en France est de l'ordre de 1 600 €, tout comme le niveau de vie médian. Une très grande partie de français est concernée par cette somme, à plus ou moins 500 €. C'est la classe moyenne française, qui se sent aujourd'hui aspirée vers le bas, et ne peut plus s'identifier aux riches, et encore moins aux très riches, dont les niveaux de vie explosent.

3 La consommation

Le revenu des ménages permet la consommation finale. La ***consommation finale*** représente la valeur des biens et des services utilisés pour la satisfaction directe des besoins humains, individuels ou collectifs. La comptabilité nationale distingue la consommation de l'investissement des ménages, ce dernier consistant par exemple en l'achat d'un bien immobilier.

La consommation des ménages a considérablement augmenté depuis la Seconde Guerre mondiale de sorte qu'elle est devenue le phénomène économique central de nos sociétés industrielles, appelées aussi « sociétés de consommation ». La consommation de masse est directement à l'origine de la formidable croissance économique d'après-guerre, sans doute aussi certainement de la crise écologique actuelle. Le schéma était alors le suivant : la forte demande liée à une consommation de masse permettait l'automatisation des processus et la division du travail (le fordisme) qui étaient source de gains de productivité et donc de baisse de prix à l'origine de nouvelles augmentations de consommation.

A – Les modes de consommation et leur évolution

En France, la dépense de consommation finale des ménages augmente depuis plusieurs décennies maintenant. Ainsi, chaque français consomme 3,2 fois plus en 2009 qu'en 1960 en volumes ! Dans le même temps, les modes de consommation ont sensiblement évolué : la part de l'alimentation dans les dépenses totales est passée de 20 % en 1960 à 13 % en 2009, la part du logement a augmenté (de 17 à 23 %), tout comme celle du transport, de la communication, des loisirs ou encore de la santé. En 2009, l'alimentation représente encore toutefois le second poste de dépenses des ménages français, après le logement. C'est ce que montre l'évolution des *coefficients budgétaires* calculés par l'INSEE.

Dans une logique de comparaison internationale, l'INSEE propose, à la suite des travaux de la commission Stiglitz sur les indicateurs de l'économie alternatif au PIB, une comparaison européenne des niveaux de consommation effective des ménages, *i.e.* que la dépense leur incombe ou non (elle passe alors par les administrations). Après ajustement par les parités de pouvoir d'achat, la consommation effective des ménages français par habitant en volume apparaît en 2009 supérieure de 13 % à la moyenne européenne, derrière le Royaume-Uni, au même niveau que l'Allemagne par exemple. Mais c'est surtout la structure spécifique de la consommation française qui est intéressante : par exemple, le volume de consommation en produits alimentaires des français est plus élevé qu'ailleurs (un français consomme trois fois plus de poissons et une fois et demie plus de viande qu'un allemand), tout comme celui des boissons alcoolisés, alors que nous allons moins souvent que les autres dans les cafés, pubs ou salons de thé, et fumons largement moins ! Nous sommes également parmi les plus grands consommateurs d'antidépressifs, signe d'une société anxieuse (voir fin de Chapitre 9). Dernier élément, les administrations prennent en charge 88 % de notre consommation d'éducation, 77 % de celle de santé et même 15 % de celle de loisirs et culture, contre respectivement 74, 68 et 7 % en Allemagne par exemple.

B – Les déterminants économiques de la consommation

Le revenu des ménages et le prix des biens sont les deux principaux éléments qui déterminent le niveau et la structure de la consommation. Des comportements sociologiques interviennent également.

1) Consommation et revenu

Si le revenu d'un ménage augmente, il pourra consommer davantage de chaque bien. Consommation et revenu sont donc étroitement liés. Cette règle n'est cependant pas vérifiée pour tous les biens. Ainsi, la consommation de certains produits alimentaires baisse quand le niveau de vie augmente. Prenons l'exemple de la farine : l'augmentation du niveau de vie fait que l'on achète les pâtisseries plutôt que de les faire. Plus généralement, il est établi que la part des dépenses alimentaires dans le budget des ménages diminue avec l'augmentation de revenu. C'est la loi d'Engel, du nom du statisticien allemand qui a le premier montré cette relation dès le milieu du XIXe siècle. On peut aussi illustrer cette loi en prenant l'exemple du pain, dont la consommation stagne depuis une vingtaine d'années en France (elle diminue dans les autres pays).

La loi d'Engel peut être établie en calculant l'élasticité de la demande par rapport au revenu, ou ***élasticité-revenu de la demande***. Elle représente la sensibilité de la demande d'un produit à la variation du revenu de l'individu. Elle se calcule en faisant le rapport entre la variation relative de consommation et la variation relative de revenu.

Cela permet de définir les catégories des ***biens normaux*** (élasticité comprise entre 0 et 1, c'est-à-dire augmentation de consommation moins que proportionnelle au revenu), des ***biens supérieurs*** (supérieur à 1 = augmentation plus que proportionnelle) et des biens inférieurs (chiffre négatif : baisse quand le revenu augmente).

2) Consommation et richesse

Le revenu des ménages est sans doute la variable qui influence le plus leur consommation. Mais au-delà du revenu, c'est la richesse des ménages qui est prépondérante. La richesse englobe tous les revenus que l'individu espère obtenir aujourd'hui et dans le futur en fonction de son patrimoine humain (formation, capacités...) et matériel (actifs réels, financiers et monétaires). Friedman parlait ainsi de revenu permanent. Le comportement de consommation est donc fonction de ***tous les revenus prévus par un individu*** et non du seul revenu effectivement perçu à un moment donné.

Cet effet de richesse passe par l'épargne, qui fait ici dépendre la consommation d'une volonté ou non des ménages de constituer une épargne de précaution (selon la logique : ma richesse augmente, j'épargne moins mon revenu courant, je peux consommer davantage). Cet effet a, par exemple, été estimé par Natixis (*special report*, 10 avril 2009 – n° 112) selon les coefficients suivants :

Effets sur le taux d'épargne brut des ménages d'une hausse de 1 point de PIB		
	De la richesse financière	De la richesse immobilière
États-Unis	– 0,034	– 0,042
Zone euro	– 0,003	– 0,005
Royaume-Uni	– 0,011	– 0,020

L'effet de richesse s'observe partout, mais est plus présent dans les pays anglo-saxons, à système de retraite par capitalisation.

3) Consommation et prix

La loi de la demande indique qu'en règle générale la demande diminue lorsque le prix du bien demandé augmente. La demande varie en sens inverse du prix. Est-il possible que l'augmentation du prix d'un bien entraîne une augmentation de ses quantités demandées ? C'est rare, mais pas impossible, une hausse du prix ayant en fait deux effets : l'effet de substitution et l'effet de revenu.

L'***effet de substitution*** incite les individus à consommer davantage les biens qui peuvent remplacer celui dont le prix a augmenté. Par exemple, si le prix du café augmente, dans une certaine mesure, on consommera davantage de thé.

L'***effet de revenu*** résulte du fait que la hausse du prix d'un bien appauvrit ceux qui le consomment. Avec un même revenu, on consomme moins de café, si son prix augmente. Vue sous cet angle, une hausse du prix d'un bien a exactement les mêmes conséquences qu'une baisse du revenu.

Les deux effets, de substitution et de revenu, vont dans le même sens pour les biens normaux ou supérieurs. Une hausse du prix limite les quantités demandées. Pour les biens inférieurs, ils sont de sens contraire. C'est la raison pour laquelle il n'est pas inimaginable qu'une hausse du prix entraîne l'augmentation des quantités demandées de certains biens (effet de revenu dominant).

Comme pour le revenu, la sensibilité des quantités consommées au prix s'exprime par l'***élasticité-prix***, égale au rapport de la variation relative des quantités demandées à la variation relative du prix.

On mesure enfin le caractère substituable ou complémentaire des biens en calculant leurs élasticités-prix croisées (si le prix du café augmente, la consommation de sucre diminue - biens complémentaires, celle du thé augmente - biens substituables).

4) Consommation et comportements sociologiques

Les explications sociales de la consommation sont importantes pour expliquer son évolution.

Ainsi, dans le cas où la consommation d'un bien augmente quand son prix augmente, les explications sociologiques sont plus convaincantes que l'explication économique :

– d'abord, les ménages peuvent être sensibles au sentiment de snobisme qui les pousse à consommer des biens chers ou dont le prix augmente. C'est le cas des produits de luxe comme les objets d'art ;

– ensuite, l'observation des comportements de personnes influentes sur un marché peut laisser penser que le prix va augmenter encore plus. On trouve alors les comportements de spéculation qui font que la consommation augmente en réponse à une hausse du prix car les acheteurs anticipent une hausse encore plus forte.

La spéculation est fondée sur le comportement moutonnier des consommateurs qui calquent leurs décisions sur celles de quelques personnes influentes. Le même comportement existe lorsque les individus cherchent à imiter le modèle de consommation des groupes sociaux dont le niveau de vie est immédiatement supérieur au leur. Ce phénomène, qualifié d'***effet de démonstration***, explique pourquoi sur une longue période, la croissance du revenu n'entraîne pas de baisse de la part des dépenses de consommation dans le revenu (cette part s'appelle la propension à consommer).

Enfin, si la consommation dépend du revenu actuel, elle dépend aussi des habitudes de consommation passée. C'est l'explication de la consommation par ***l'effet de cliquet***. Elle repose sur le fait que les ménages répugnent à réduire le niveau de leur consommation passée, ou même le niveau d'accroissement de leur consommation passée. En cas de baisse de leur revenu, ils puisent d'abord dans leur épargne. Il existe donc une forte inertie à la baisse de la consommation (ou de ses augmentations). Ces comportements expliquent que la consommation des ménages est l'un des agrégats les plus stables de l'économie.

À NOTER • La consommation d'un bien dépend du revenu (et au-delà de la richesse), de son prix (et des prix des biens qui lui sont proches) et de considérations sociologiques.

4 L'épargne

Selon l'INSEE, l'épargne représente la part des ressources courantes qui reste disponible pour accumuler des actifs physiques ou financiers. C'est aussi la partie non consommée du revenu. Le rapport de l'épargne au revenu est appelé ***taux d'épargne***. La part de l'épargne qui n'est pas utilisée pour acquérir un logement ou un terrain est appelée épargne financière. Quand celle-ci est rapportée au revenu, on obtient le taux d'épargne financière.
L'analyse de l'épargne fait l'objet d'une dualité d'approche, selon le courant de pensée : pour les uns, keynésiens, elle n'est qu'un reliquat du revenu non consommé, pour les autres, classiques, elle a une raison d'être en tant que telle, indépendamment de la consommation, avec ses facteurs d'influence propre, au premier rang desquels le taux d'intérêt (nous avons aussi vu l'effet richesse), et ses incidences, sur le volume d'investissement notamment.

A – Évolution du taux d'épargne français et comparaison internationale

Le comportement d'épargne des ménages français est singulier à deux titres : les ménages français épargnent relativement plus que les autres, en moyenne 16 % de leurs revenus ; le taux d'épargne est finalement assez stable en dépit des aléas de revenus.

Si le taux d'épargne français est élevé et stable, cela signifie également que les Français ont, moins que d'autres, les américains évidemment, succombé aux sirènes de l'endettement, notamment des crédits à la consommation adossés à la valeur des biens immobiliers (crédits hypothécaires).

S'il est stable, on peut penser que les comportements d'épargne sont davantage liés à des considérations structurelles plutôt que conjoncturelles.

Mais attention, l'épargne des ménages est très fortement concentrée parmi les hauts revenus : le taux d'épargne atteint 10 % pour les ménages que l'on pourrait assimiler à la classe moyenne supérieure, mais il explose à 36 % pour les 20 % les plus aisés et est négatif (– 11 %) pour les 20 % de ménages les plus pauvres qui financent ce besoin par les transferts privés (de ménage à ménage). Au final, les 20 % les plus aisés dégagent 80 % de la masse totale de l'épargne des ménages en 2003, selon l'Insee.

B – Une explication structurelle à l'évolution du taux d'épargne

Le taux d'épargne dépend de nombreux éléments : la richesse comme cela a été dit, sa rémunération évidemment (le taux d'intérêt réel), mais sans que l'on ne sache en mesurer précisément l'effet (s'il augmente, j'ai intérêt à épargner davantage mais, *a contrario*, je peux épargner moins, mon épargne actuelle me rapportant plus).
D'autres considérations expliquent son niveau élevé en France. L'accession à la propriété est davantage anticipée, puisque les prix ont beaucoup augmenté. L'éclatement des familles, une mobilité professionnelle accrue, l'absence de vision sociétale longue, les craintes pour le financement de la retraite... tous ces éléments incitent à la constitution d'une épargne de précaution, comme en témoigne le succès des produits d'assurance-vie, également dopés par une fiscalité incitative.

Une autre raison, démographique et donc structurelle, peut être avancée pour expliquer les taux d'épargne. Elle repose sur la théorie du *cycle de vie* de Modigliani (prix Nobel d'économie en 1985). Globalement, il considère que sur la durée de la vie, la consommation d'une personne est égale à son revenu. S'inscrivant hors d'une logique de retraite par répartition, il constate une baisse des revenus lors de la cessation d'activité, et donc la constitution préalable d'une épargne en fin de vie active, quand les emprunts sont remboursés. De fait, il fait dépendre le taux d'épargne de la structure démographique de la population. Dans un pays comme la France, ce phénomène n'est pas lié à la baisse de revenus des retraités (ils sont identiques à ceux des actifs), mais aux mesures individuelles d'assurance par rapport à la perte d'autonomie, plus tardive. Pour cette raison, et alors que les générations du baby-boom partent seulement à la retraite, le taux d'épargne français pourrait rester élevé quelques années encore.

À NOTER • Le taux d'épargne français est stable et élevé. À court terme, l'épargne dépend du patrimoine et du taux d'intérêt réel. À long terme, il dépend du degré de confiance des ménages dans l'avenir et de la structure démographique de la population. Selon la théorie du cycle de vie, le taux d'épargne des ménages ne devrait pas baisser dans les prochaines années.

Les banques financent l'économie et créent la monnaie

CHAPITRE 4

Les banques jouent un rôle économique majeur puisqu'elles financent l'économie et sont à l'origine de la création de monnaie.

1 Les banques et leur rôle dans l'économie

A – Le système bancaire français

Les statuts et les activités des établissements de crédit sont régis par la loi de 1984. Les établissements de crédit effectuent des opérations de banque qui sont de trois types : la ***réception des fonds du public***, les ***opérations de crédit***, l'***émission et la gestion des moyens de paiement*** (la monnaie). La Banque centrale est une banque particulière dans le système bancaire. Elle est la banque des banques, puisque les banques commerciales se refinancent auprès d'elle. Elle est la seule à émettre de la monnaie-centrale, c'est-à-dire les billets et les pièces.

Les établissements de crédit sont classés en 6 catégories : les banques relevant de l'Association Française des Banques (les plus importantes sont BNP Paribas, la Société Générale, LCL (le Crédit Lyonnais), HSBC (ex-CCF) et le CIC ; les banques mutualistes ou coopératives (les principales sont le Crédit Agricole et le Crédit Mutuel) ; les Caisses d'épargne et de prévoyance (qui ont fusionné avec les banques populaires), les Caisses de crédit municipal, les sociétés financières et les institutions financières spécialisées (les plus connues étant le Comptoir des entrepreneurs, le Crédit foncier de France, et le Crédit d'équipement des PME). Cette typologie est cependant remise en question par les mouvements de fusion/acquisition que connaît ce secteur depuis quelques années (comme par exemple la création de Natixis, née de la fusion entre les Banques Populaires et les Caisses d'épargne). Par la suite, et par souci de simplification, nous dirons « banques » pour « établissements de crédit ».

Fin 2009, les salariés des banques commerciales étaient au nombre de 390000, en augmentation de 7 % sur dix ans alors que près de 60 % des postes sont occupés par des femmes et que 60 % des embauches concernent des métiers orientés clients.

B – Le rôle des banques

1) La collecte de l'épargne auprès des ménages

Les banques ont d'abord pour fonction de collecter l'épargne auprès des ménages et de la prêter aux agents économiques qui veulent financer un projet. La banque prélève alors des frais qui correspondent à son expertise dans la sélection des clients. En effet, un particulier qui voudrait placer son argent ne saurait pas à qui le prêter, puisqu'il n'a pas le temps d'étudier l'intérêt du projet de celui qui veut emprunter, et qu'il ne connaît pas sa solvabilité. La banque le fait à sa place et est plus compétente pour le faire. Par ailleurs, si vous prêtez directement à quelqu'un et que celui-ci ne vous rembourse pas, vous perdez beaucoup puisque vous perdez tout. La banque, elle, prête à beaucoup de monde. Si un emprunteur ne rembourse pas, elle répartit la perte sur l'ensemble de ses clients, de sorte que la perte de chacun est minime.

2) L'ajustement des durées de placement et d'emprunt

Les banques ont ensuite pour fonction de faire correspondre les durées de placement et d'emprunt.

Ceux qui prêtent ne veulent pas s'engager pour longtemps. Pour le moins, ils veulent être sûrs de récupérer rapidement leur argent en cas de problème. Une partie importante des dépôts est donc à court ou moyen terme.

Ceux qui empruntent, souvent pour réaliser des investissements, veulent du temps pour rembourser. Une partie importante des emprunts est à long terme.

Sans la banque, il serait impossible de faire coïncider la volonté des uns avec celle des autres. La banque, elle, sait le faire, puisque la succession des dépôts à court terme fait des emprunts à long terme : un prêt à un an reconduit dix fois a la même caractéristique qu'un prêt à dix ans. Ceci fonctionne parfaitement à condition que les volumes collectés ne changent pas.

3) La création de monnaie

Les banques ont enfin pour fonction de créer de la monnaie. La création de monnaie est indispensable à la croissance économique. En effet, l'épargne existante provenant des revenus distribués (et donc de la production réalisée) permet seulement de financer les investissements de remplacement, ceux qui garantissent le même niveau de production. La croissance économique (les augmentations de production) est, elle, rendue possible par les investissements supplémentaires (les investissements nets). Pour les financer, il faut injecter des liquidités dans le système économique. C'est le rôle de la création monétaire.

À NOTER • Les banques sont au cœur du financement de l'économie. Pour cela, elles collectent l'épargne, font coïncider les durées de placements et d'emprunts, et créent de la monnaie.

2 Le mécanisme de la création de monnaie

A – La monnaie

La monnaie est l'ensemble des moyens de paiement permettant le règlement des transactions. Le paiement se fait de différentes façons : par chèque, par carte bancaire, par prélèvement automatique… Ce sont les instruments de paiement.

En pourcentage du nombre d'opérations, les français sont avec les américains ceux qui utilisent le plus de chèques (26 % des opérations contre 9 % en moyenne dans la zone euro). Les opérations par carte bancaire y sont aussi relativement plus importantes (38 % contre 34 %), au contraire des virements et des avis de prélèvement.

1) Le rôle de la monnaie

La monnaie remplit trois fonctions. Elle est :

– ***unité de compte*** (quelle est la valeur d'un bien ?) ;

– ***intermédiaire des échanges*** (comment faire pour échanger un bien contre un autre bien ?) ;

– ***réserve de valeur*** (comment faire pour échanger un bien aujourd'hui contre un autre bien demain ?).

La monnaie peut donc être détenue pour deux raisons principales :

– elle sert d'abord à acheter les biens de la vie courante, ou à faire face à des dépenses imprévues. Le choix de conserver de la monnaie, souvent non rémunérée, plutôt que des titres, rémunérés, découle de sa propriété de parfaite ***liquidité.*** Un actif est liquide s'il est immédiatement utilisable comme moyen de paiement ;

– elle peut ensuite être détenue dans un souci de spéculation : si vous pensez aujourd'hui que la Bourse va chuter demain, alors mieux vaut vendre vos actions et placer votre argent sur votre compte en banque !

2) La mesure de la monnaie

La monnaie occupe une place importante dans l'économie. Trop de monnaie et les prix grimpent, pas assez de monnaie et l'activité économique ralentit. Pour savoir s'il y a trop ou pas assez de monnaie, il faut la mesurer. La base monétaire, ou « monnaie banque centrale », désigne la monnaie qui a été créée directement par la Banque centrale : elle est constituée des espèces (pièces et billets), et du solde des comptes des banques dans les livres de la Banque centrale, aussi appelés « réserves » ainsi que les facilités de dépôt accordées. À partir de cette base monétaire, les banques, par les crédits qu'elles accordent, accroissent la monnaie scripturale et donc la masse monétaire. Elles créent de la monnaie.

Les statistiques officielles regroupent les différentes formes d'argent (placé ou non) sous forme d'agrégats monétaires appelés *M1, M2 et M3*.

Ces trois agrégats monétaires sont emboîtés les uns dans les autres par ordre décroissant de liquidité. Ils recensent les actifs monétaires (les moyens de paiement et, parmi les actifs financiers, ceux qui peuvent être convertis en moyens de paiement sans risques importants en capital) détenus par les agents résidents à l'exclusion des banques. Les ***agrégats monétaires*** mesurent la masse de monnaie en circulation. On distingue la masse monétaire au sens étroit et au sens large :

– ***la masse monétaire au sens étroit (M1)*** est composée de l'ensemble des moyens de paiement détenus sous forme de monnaie métallique (ou divisionnaire, les pièces), fiduciaire (billets) et scripturale (dépôt à vue). M1 regroupe les deux formes de monnaie immédiatement utilisables pour régler des transactions ;

– ***la monnaie au sens large (M3)*** englobe en outre les placements à vue – placements rémunérés par le versement d'un intérêt et que l'on peut retirer à tout moment (les livrets jeunes par exemple) – et les placements à court terme rémunérés au taux du marché.

Fin 2010, la contribution française à M3 s'élevé à 1 775 milliards d'euros, 555 au titre de M1 et 1 220 au titre de M3 – M1. En variation, ce qui importe, l'agrégat monétaire M3 a recommencé à croître au cours du premier semestre 2010 après s'être contracté en 2009.

Les agrégats monétaires mesurent la masse monétaire mais ne rendent pas compte de l'origine de la création de monnaie. Celle-ci est décrite par les ***contreparties de la masse monétaire*** qui décrivent les créances correspondant aux agrégats. Il existe trois grands types de créances : les créances sur l'extérieur, sur le Trésor public et sur l'économie. Le rythme de croissance des crédits au secteur privé, qui constituent la principale contrepartie de la création monétaire, s'est graduellement renforcé en France en 2010. En particulier, les crédits à l'habitat accordés aux ménages ont enregistré une vive poussée, en raison surtout du niveau historiquement bas des taux débiteurs.

B – Le mécanisme de la création de monnaie

1) Qui crée de la monnaie ?

La création monétaire est l'augmentation des moyens de paiement mis à disposition des agents économiques. Il y a création de monnaie si la valeur des agrégats monétaires augmente. Les pièces et les billets en circulation peuvent être plus nombreux si la banque centrale en émet davantage. Les sommes inscrites sur les dépôts à vue peuvent être plus importantes si les banques accordent plus de crédits aux titulaires de ces comptes.

Comme les billets ne représentent que 10% de l'agrégat M1, on voit bien que l'augmentation de la masse monétaire provient surtout d'une augmentation des crédits accordés par les banques. Ce sont donc bien les banques qui créent de la monnaie.

2) Comment les banques créent-elles de la monnaie ?

Comment une banque peut-elle créer de la monnaie sans que l'institut d'émission (la Banque centrale) ne soit concerné ? La réponse vient du fait que la banque n'a pas besoin de disposer de l'argent nécessaire à son crédit. Pour quelle raison ? Parce qu'une partie de ce qu'elle prête lui revient sous forme de dépôts.

Exemple

Imaginons une économie composée d'une seule banque. Cette banque a, par exemple, 8 clients. Elle leur fait à chacun un crédit de 100 €. Avec ces 100 € de monnaie en plus, les clients se font des chèques, qui vont être déposés à la seule banque du pays, la banque qui a fait le crédit. De la sorte, la création de monnaie a simplement consisté en un jeu d'écriture sur les comptes de la banque commerciale sans que la Banque centrale ait son mot à dire !

Cependant, le système bancaire comprend plusieurs établissements. Supposons donc qu'une deuxième banque s'implante dans le pays, et obtienne 20% de part de marché (v. schéma). La première banque (A) a donc 8 clients et la seconde (B) a 2 clients. Chaque banque prête 100 € à chaque client. Avec les 1 000 € de monnaie créée, les gens s'achètent des biens (ils se payent par chèque). Alors, la probabilité est grande que 80% de la monnaie créée revienne à la banque A et 20% à la banque B. Cependant, les clients de A font des chèques à tout le monde, clients de A et clients de B. Ce ne sont pas les 800 € de crédits accordés par A qui vont lui revenir mais 80% de ces 800 € (soit 640 €) plus 80% des 200 € de crédits accordés par B (soit 160 €). Ceci signifie que A va se retrouver avec 160 € de chèques émis par des clients de B. De la même façon, B va se retrouver avec des chèques émis par des clients de A, pour 20% de 800 €, soit 160 € aussi. Les sommes étant les mêmes, les banques n'ont plus qu'à s'échanger les chèques : c'est *la* ***compensation***. Ainsi, même en présence de plusieurs établissements, les banques peuvent créer de la monnaie sans avoir de comptes à rendre à quiconque.

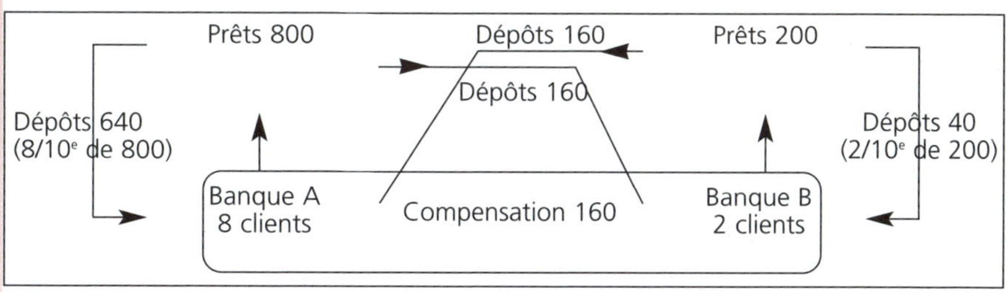

3) Les limites de la création monétaire

Avec nos hypothèses, la création de monnaie n'aurait aucune limite : les banques ont intérêt à prêter (elles gagnent de l'argent) et elles peuvent le faire sans rendre de compte. En fait, la création de monnaie est d'abord limitée en raison des contraintes qui pèsent sur la demande et l'offre de crédits :

– en premier lieu, la création de monnaie est contrainte par les demandes de crédits provenant des entreprises ou des ménages. Or la volonté d'emprunter est favorisée ou limitée par différents facteurs : l'évolution des revenus et des taux d'intérêt, le niveau de l'endettement, etc. ;

– en second lieu, la création de monnaie est limitée par le fait que les banques restreignent elles-mêmes le volume des crédits offerts en prenant en compte les risques de non-remboursement des emprunteurs. Il s'agit alors de limiter le risque d'insolvabilité des débiteurs.

Au-delà, trois autres facteurs limitent la création de monnaie :

– les banques ne peuvent pas faire plus de crédits que ne leur autorise leur part de marché. Dans le cas contraire, elles vont devoir s'emprunter de l'argent les unes aux autres sur le marché monétaire ce qui leur coûte cher (v. Chapitre 8) ;

– quand la banque fait un crédit, les clients peuvent garder une partie de l'argent sous forme liquide dans leurs poches. Les banques vont alors devoir emprunter de l'argent auprès du seul établissement habilité à en émettre : la Banque centrale. Ce faisant, la Banque centrale peut contrôler le montant des crédits accordés par les banques (v. Chapitre 11) ;

– l'activité bancaire est enfin régulée en particulier par les accords de Bâle qui obligent les banques à détenir des fonds propres en proportion des crédits qu'elles accordent. La réforme dite de Bâle 3 qui s'appliquera à partir de 2013 (pour les assureurs, il s'agit de Solvabilité 2), renforce l'exigence de fonds propres pour une meilleure prévention des risques. Ces nouvelles normes prévoient que le ratio de fonds propres durs (dit du Core Tier 1) des banques soit égal d'ici 2019 à 7% au moins de leurs engagements, contre 2 % actuellement. Pour les banques françaises, qui disposent d'ores et déjà d'un ratio de fonds propres plus important qu'ailleurs (4 % contre 2 % en moyenne pour l'OCDE), il s'agit tout de même de trouver 70 milliards d'euro à prélever sur le marché et qui n'iront donc pas financer l'investissement productif. Cette solidité spécifique des banques françaises s'est vérifiée pendant la crise, la totalité des encours prêtés aux banques ayant fait l'objet d'un remboursement, alors même que le plan de soutien des banques a in fine rapporté 2,7 milliards d'euros aux finances de l'État, les banques ayant dû payer des intérêts élevés.

À NOTER • La monnaie est surtout créée par les banques quand elles font des crédits. Elles peuvent créer de la monnaie indépendamment de la Banque centrale parce qu'une partie des crédits qu'elles accordent leur revient sous forme de dépôts.

Le secteur public produit, redistribue et assure

CHAPITRE 5

1 Le public, périmètre et poids

Le secteur public, traditionnellement développé en France, se compose :

– des ***administrations publiques*** (APU pour la comptabilité nationale) ou de la ***fonction publique***, terme équivalent. Les administrations publiques sont l'État, les collectivités locales et la sécurité sociale ; les deux fonctions communes à toutes les administrations publiques sont la *production de services non marchands* (services fournis gratuitement comme l'éducation, la police ou l'entretien des routes) et la *redistribution du revenu ou du patrimoine national* ;

– des ***entreprises publiques***, puisqu'un bon nombre d'entreprises françaises comptent toujours l'État comme actionnaire. Ces participations publiques passent par différents canaux. Il y d'abord l'Agence des Participations de l'État (APE), qui s'occupe des entreprises publiques. Citons les participations de l'État dans Areva (91 %), EDF (84,4 %) Aéroport de Paris (60,4 %), GDF-suez (35,7 %), Safran (30,2 %), Thales (27,1 %), France Télécom (26,6 %), EADS (15,1 %), Air France-KLM (15,6 %) ou encore Renault (15 %). Il y aussi la Caisse des Dépôts et des Consignations (CDC), qui prend des participations dans des entreprises privées, pour aider au financement de PME non cotées, ou parce que ces entreprises réalisent des services d'intérêt général ou de gestion immobilière. Depuis 2008, la CDC passe aussi par le Fonds Stratégique d'Investissement.

Le secteur public français emploie plus du quart de la population active occupée. Avec près de 90 emplois publics pour 1 000 habitants, la France se place dans une position intermédiaire haute, encore derrière certains pays scandinaves (le Danemark et la Norvège présentent des taux d'administration proches de 160 emplois publics pour 1 000 habitants) mais devant le Royaume-Uni où le taux diminue très fortement, l'Allemagne (50 pour 1 000) ou la Japon (40 pour 1 000). Les modèles sont donc très différents entre pays, puisque le rapport des taux d'administration varie de 1 à 4.

Entre 1998 et 2008, l'emploi public a augmenté de 14,2 %, contre 10,3 % pour l'emploi total. La fonction publique territoriale enregistre la plus forte progression des effectifs (+39,6 %, soit +3,4 % en moyenne annuelle, et 520 000 emplois créés sur la période, pour atteindre 35 % de l'emploi public fin 2008), suivie de la fonction publique hospitalière (+19,6 %, 170 000 emplois créés, 20 % des effectifs au final). En revanche, la fonction publique de l'État enregistre une légère baisse globale de ses effectifs (-1,4 % en global).

La notion de ***service public*** est plus large que celle de secteur public. Elle fait référence à la fois aux organismes concernés (le secteur public) et à la nature de la production de ces organismes (les services rendus par le secteur public). Les missions de service public se résument en quatre points : être présent sur tout le territoire ; proposer le même tarif sur l'ensemble du territoire ; garantir des services spécifiques aux plus défavorisées ; être (même partiellement) pris en charge par la collectivité. Elles sont aussi parfois réalisées par des entreprises privées, dans le cadre de délégations de services publics.

2 Les prélèvements obligatoires

Les administrations publiques sont financées par les ***prélèvements obligatoires***. Les prélèvements obligatoires comprennent l'ensemble des impôts, taxes et cotisations sociales qui pèsent sur les agents économiques. Le poids des administrations publiques dans l'économie est mesuré par le ***taux de prélèvements obligatoires*** (rapport des PO au PIB). Le tableau suivant décrit le niveau et la structure des prélèvements obligatoires en France, en Allemagne et dans l'Union européenne en 2008, et pour comparaison, en 2000. Le taux de prélèvements est plus élevé en France, en légère baisse toutefois sur la décennie 2000. Les cotisations sociales et prélèvements indirects (TVA notamment) y pèsent plus qu'ailleurs ; on voit notamment clairement l'effet de la mise en œuvre de la TVA sociale en Allemagne, qui a transféré la charge des prélèvements des cotisations vers la TVA. Enfin, les prélèvements financent plus qu'ailleurs l'État et la sécurité sociale, même si là aussi, des inflexions apparaissent. Notons enfin que pour tous les pays, les prélèvements au bénéfice de l'Union européenne diminuent en proportion sur la période.

	2008			2000		
	France	Allemagne	UE-27	France	Allemagne	UE-27
Prélèvements directs	11,8	11,5	12,2	12,4	12,5	12,2
Prélèvements indirects	15,0	12,8	13,8	15,8	12,5	13,8
Cotisations sociales	16,1	15,1	11	16	16,9	11,2
État	15,4	11,8	21,7	18,6	11,9	22
Autorités locales	5,0	12,1	4,1	4,3	12,4	4,2
Sécurité sociale	22,4	15,1	10,7	21	16,9	10,7
Union européenne	0,3	0,3	0,3	0,6	0,6	0,6
Total	42,8	39,3	37	44,1	41,9	37,2

Source : Cour des comptes, les prélèvements fiscaux et sociaux en France et en Allemagne, 2011.

Au final, la structure des prélèvements est peut-être plus problématique que son niveau : trop de cotisations sur le travail, pas assez d'impôts directs, pourtant plus justes ; trop de financements centralisés, au détriment du local. La question du niveau renvoie, elle, à un modèle de société : les besoins existent indépendamment de leur financement, comme l'illustre le poids des dépenses de santé aux États-Unis (16 % du PIB, en grande partie privatisées, contre 11 % en France).

3 L'État

Outre les fonctions de production de services non marchands et de distribution, l'État assure aussi la fonction de ***régulation de l'économie***. La régulation consiste à influencer le niveau de l'activité à court moyen terme (on parle des politiques conjoncturelles). Pour atteindre ses objectifs, outre l'arme législative, l'État dispose de l'arme budgétaire, en fixant le montant et la nature des dépenses et des recettes publiques.

A – Le budget de l'État : généralités

La préparation et l'application du budget de l'État sont les actes économiques les plus importants du gouvernement. Le budget est bâti autour des trois principes d'***annuité*** (le budget vaut pour l'année civile), d'***unité*** (il regroupe toutes les dépenses et recettes) et d'***universalité*** (aucune recette ne peut être affectée à une dépense particulière).

La préparation et le vote du budget s'étalent sur les douze mois précédant son entrée en vigueur. Au printemps, après que les experts du ministère des Finances aient réalisé des prévisions sur la conjoncture économique, le Premier ministre envoie à ses ministres une lettre de cadrage leur précisant les grandes lignes des dépenses à respecter. Après arbitrages, le budget est présenté en conseil des ministres. Il est ensuite voté (on parle de la loi de finances) au Parlement durant l'automne. Le budget entre ensuite en application à partir du 1er janvier. Il peut être modifié en fonction de la conjoncture économique. C'est ce que l'on appelle ***le collectif budgétaire*** ou ***loi de finances rectificative***. Une fois l'année écoulée, le Parlement valide l'application du budget par la ***loi de règlement budgétaire***.

B – Les grandes lignes du budget de l'État

Le tableau suivant décrit le budget prévisionnel de l'État pour 2011, tel que présenté dans la loi de finances. Le budget de l'État s'élève à 300 milliards d'euros environ, avec un déficit prévisionnel de l'ordre de 88 milliards, soit une dépense sur trois non financées.

Budget de l'État en 2011, morceaux choisis – *en milliards d'euros*

Dépenses par nature	289,6	%	Recettes	201,4	%
Enseignement et recherche	72,0	24,9	TVA	130,8	48,1
Défense	37,0	12,7	Impôt sur le revenu	52,2	19,2
Sécurité	16,8	5,8	Impôt sur les sociétés	44,8	16,5
Travail et emploi	11,5	3,9	Taxe intérieure sur les pdts pétroliers	14,1	5,2
Dépenses par nature			Autres recettes fiscales	12,9	
Dépenses de personnels	128,1	41,6	À déduire, prélèvements au profit des :		
Dépenses d'interventions	70,9	23,0	Collectivité territoriale	55,3	
Charge de la dette	45,4	14,8	Communautés européennes	18,2	
Dépenses de fonctionnement	44,7	14,5			
Dépenses d'investissement	12,6	4,1	DÉFICIT (prévisionnel) DE L'ÉTAT	88,2	

1) Les dépenses

Les dépenses du budget de l'État sont établies par mission (une mission peut concerner plusieurs ministères) ou par nature (voir tableau).

Il apparaît que la mission d'enseignement (et de recherche) est celle qui mobilise le plus de crédits devant celles de défense ou de sécurité par exemple. Par nature, on observe que les dépenses de personnels représentent 41 % du total, devant les dépenses d'intervention (subvention, compléments de revenus...). La charge de la dette (hors tout remboursement donc) pèse 15 % du budget, pour un montant de l'ordre de 45 milliards d'euros annuels. Loin derrière, on trouve les dépenses d'investissement, avec un famélique 4 % du total.

L'État doit donc retrouver des marges de manœuvre pour investir davantage. Certains parlent à cette fin de réduire le « train de vie » de l'État. Les seules dépenses de fonctionnement au sens strict n'y suffiraient pas, puisqu'elles ne représentent que 5 % du budget (14 % au sens large). Il faut donc agir sur les dépenses de personnel, et l'efficacité organisationnelle de l'État. C'est l'objet de la ***révision générale des politiques publiques*** (RGPP) lancé en 2007.

Sur le premier point, la ligne directrice est de ne remplacer qu'un fonctionnaire sur deux partant en retraite. Ce faisant, la RGPP a permis d'« économiser » 100 000 postes de fonctionnaires de 2007 à 2010, soit 5 % des effectifs de l'État. En termes financiers, cela représente près de 800 millions d'euros d'économie, dont la moitié est reversée aux agents (par exemple, sous forme d'une prime de 1 500 € accordée aux nouveaux enseignants). Notons que d'autres pays ont, par le passé, adopté des mesures beaucoup plus radicales de réduction des effectifs publics (Suède, Canada, Nouvelle-Zélande…). Par exemple, l'État suédois a divisé par deux le nombre de ses fonctionnaires en l'espace de seulement dix ans, au début des années 90. Les missions sont désormais réalisées par des agences – et donc des agents – privées, dans le cadre de délégations de services publics.

Sur le deuxième point, celui de l'optimisation organisationnelle, cela s'est traduit par exemple par une nouvelle carte militaire, la création des agences régionales de santé (et le changement du mode de gouvernance des hôpitaux), la fusion des Impôts et du Trésor public pour créer la Direction générale des finances publiques (DGFIP), la refonte de la carte judiciaire, le transfert de la gendarmerie sous la tutelle du ministère de l'Intérieur… mais aussi la rationalisation des implantations immobilières de l'État (et un programme de cession des immeubles sous-utilisés) ou encore la création d'un service des achats (mutualisation des achats pour tous les ministères).

Signalons enfin que la RGPP a aussi comme objectif l'amélioration de la qualité du service rendu, par la création de guichets uniques pour les contribuables, demandeurs d'emploi ou entreprises, ou par la dématérialisation des démarches administratives, notamment à travers la mise en place du site *mon-service-public.fr*

2) Les recettes

Du côté des recettes, la principale est la Taxe sur la Valeur Ajoutée (TVA) loin devant l'Impôt sur le Revenu des Personnes Physiques (IRPP), l'Impôt sur les Sociétés (IS) et la Taxe Intérieure sur les Produits Pétroliers (TIPP).

La TVA est souvent décrite comme un impôt injuste, parce que proportionnelle et non progressive. Un impôt est ***progressif*** si le taux de prélèvement s'accroît avec la base ***d'imposition*** et proportionnel sinon. Les impôts peuvent par ailleurs être équitables ou égalitaires. Un impôt est ***équitable*** si chacun contribue en fonction de ses possibilités, et ***égalitaire*** si chacun contribue de façon égale. À ce titre, la TVA est égalitaire mais non équitable. Pour quelle raison, puisque l'impôt payé est d'autant plus important que la consommation est forte ? Parce que l'impôt touchera l'intégralité du revenu s'il est entièrement consommé et une partie seulement (la partie consommée) s'il est en partie épargné. Et comme ce sont les gens les plus riches qui épargnent la plus grande partie de leur revenu, ce sont eux qui payent le moins d'impôt en proportion de leur revenu.

L'IRPP (impôt sur le revenu des personnes physiques) est le seul des principaux impôts à être progressif, puisque le taux de l'impôt augmente avec le revenu imposable (le taux est progressif de 0 à 41 %). Il représente pour sa part 19 % des recettes. Il a souvent baissé ces dernières années, pour toutes les tranches, et fait l'objet de nombreuses exemptions ou réductions, au titre des niches fiscales par exemple. En 2009, le taux moyen d'imposition des contribuables imposables est de 6,44 % de leurs revenus, et le taux médian de 5,68 %.

De fait, un débat existe autour de l'intérêt de ces ***niches fiscales***, tout ce qui vient en réduction des recettes normales de l'État. Elles se chiffrent à plus de 70 milliards en 2010, les principales étant les taux réduits de TVA (pour travaux de rénovation ou dans la restauration), les crédits d'impôts (recherche pour les entreprises, pour l'emploi d'un salarié à domicile pour les ménages), l'exonération d'impôt pour les heures supplémentaires ou encore la prime pour l'emploi.

À NOTER • Le budget est l'acte économique par lequel l'État influence la conjoncture. Ses dépenses servent à payer les frais de personnel (pour 40 %), l'éducation nationale (pour 20 %) mais aussi les intérêts de la dette (pour 15 %). La principale recette est la TVA (40 % des recettes), loin devant l'impôt sur le revenu dont l'importance décroît, parfois grevé par les niches fiscales qui font débat.

4 La protection sociale

La protection sociale vise à aider les personnes qui connaissent :

– une baisse de revenu (chômage, inaptitude au travail due à la vieillesse ou au handicap, maladie, etc.) ;

– une absence de revenu (pauvreté, exclusion, etc.) ;

– une augmentation des besoins (maladie, charge d'enfants, etc.).

A – Les grands équilibres de la protection sociale

Les dépenses de protection sociale répondent à deux logiques différentes. La première est une logique d'***assurance*** (les individus s'assurent contre un risque) ; la seconde est une logique de ***solidarité*** (la collectivité assiste des individus en détresse).

Le tableau suivant décrit les grands équilibres de la protection sociale en 2009.

	Var 09/00	Niveau 2009	
Dépenses	4,5	624,5	Dont
Prestations de protection sociale	4,6	597,5	
Autres (frais gestion, frais financiers)	3,1	26,9	
Ressources	4,0	606,7	%
Cotisations effectives	3,8	391,9	64,6
• Cotisations d'employeurs	3,4	216,9	35,7
• Cotisations de salariés	4,2	101,0	16,6
Impôts et taxes affectés	5,4	132,8	21,8
Contributions publiques	2,6	60,7	10,0

	%	09/01
Vieillesse	39,2	5,5
Survie	6,4	
Maladie	28,3	5,3
Invalidité	5,1	5,5
Accidents du T	1,5	
famille	7,7	4,2
Emploi-chômage	6,1	2,9
Logement	2,7	3,0
Pauvreté	1,8	7,2

Source : Compte de la protection sociale, 2011.

Fin 2009, les dépenses de protection sociale atteignaient environ 625 milliards d'euros, dont 45 % pour la vieillesse au sens large (avec la survie), et 35 % pour la santé. Ces deux types de dépenses augmentent en valeur de l'ordre de 5 % l'an depuis le début des années 2000, soit 3 % en volume, donc plus que la croissance (aussi des revenus) en France. Les autres types de dépenses sont la famille (8 % du total, ce qui place la France en tête des pays de l'OCDE et explique en partie notre forte fécondité), l'emploi (6 %) ou l'aide au logement et les dépenses de solidarité (2 % toutes deux). Les frais de gestion représentent 4 % du total (7 % pour la Sécurité sociale), du même ordre de grandeur de ce que l'on trouve dans des organismes privés. Les recettes proviennent principalement des cotisations (65 %) et, dans une moindre mesure, des impôts et taxes (CSG, CRDS), la part des contributions publiques (de l'État) augmentant pour compenser des exonérations qu'il accorde.

B – La sécurité sociale

La sécurité sociale s'inscrit dans la première des deux logiques décrites, celle de l'assurance. Elle a pour objectif de couvrir différents risques sociaux qui privent l'individu d'un revenu professionnel (maladie, accident du travail et retraites) ou qui entraînent des dépenses particulières (famille). Elle est constituée de trois branches, la branche Assurance-maladie et Accident du travail, la branche Allocations familiales et la branche Assurance vieillesse.

L'indemnisation du chômage (la quatrième branche de la protection sociale) n'entre donc pas dans son périmètre de compétence. Au-delà, la question de la prise en charge de la dépendance des personnes âgées, ce que l'on appelle le 5e risque, pose la question d'une nouvelle branche de la Sécurité sociale, peut-être sous l'égide de la Caisse nationale de solidarité pour l'autonomie, dont l'aide personnalisée à l'autonomie (l'APA), aujourd'hui gérée par les Conseils généraux, pourrait être la préfiguration. Une assurance privée pourrait aussi être exigée à partir de 50 ans pour s'assurer partiellement contre ce risque de perte de dépendance.

La Sécurité sociale est une juxtaposition de régimes légaux. Le régime principal, qui couvre les salariés du secteur privé, est appelé régime général. Les autres régimes sont le régime agricole, les régimes spéciaux (qui concernent les agents du secteur public : fonctionnaires, agents SNCF, agents EDF-GDF) et les régimes autonomes qui concernent les professions indépendantes autres qu'agricoles (artisans, commerçants, professions libérales).

La Sécurité sociale est régulièrement en déficit, ce que l'on appelle le « trou de la sécu », comme le montre le graphique suivant. En 2010, le déficit s'élève à 24 milliards d'euros, après les 20 milliards de 2009, pourtant historiques. Le déficit des régimes sociaux (sécurité sociale mais aussi Unedic et retraites complémentaires Agirc-Arrco) s'élève lui à 23 milliards contre 15 en 2009. Dans le détail, le déficit de l'assurance-maladie a atteint 11,6 milliards en 2010, celui de la branche retraite 8,9 milliards. Le déficit de la branche famille est de 2,7 milliards. Principale raison au déficit de 2010, au-delà de l'augmentation tendancielle forte – mais maîtrisée - des dépenses de santé et de vieillesse, l'insuffisante augmentation des recettes sociales, en particulier de la CGC, certes assise sur les salaires (la masse salariale a progressé de 2 %), mais aussi sur les revenus du capital ou encore l'intéressement, versés en 2010 souvent au titre de 2009, donc peu dynamiques.

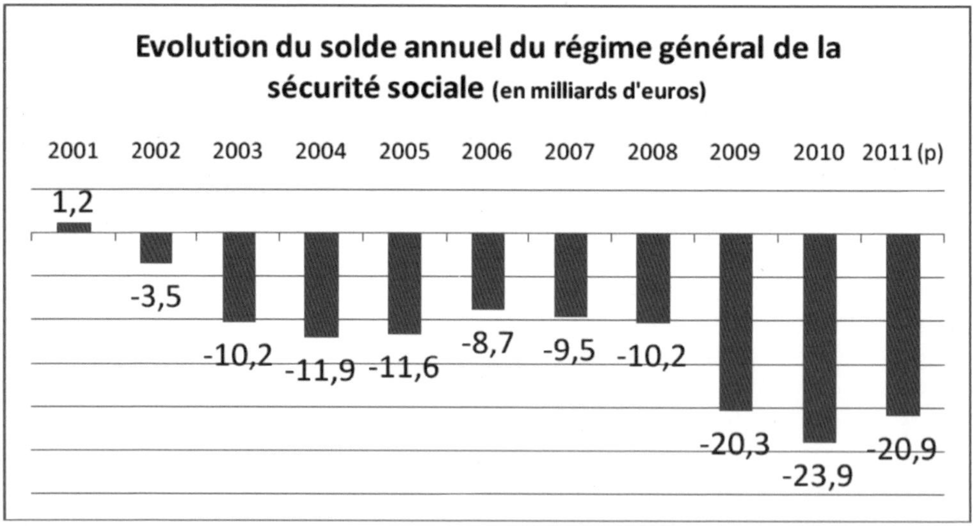

Les déficits donnent une dette qui, au tournant des années 2000, a été compartimentée au sein de la CADES (la caisse d'amortissement de la dette sociale), chargée de son remboursement, au moyen de la contribution pour le remboursement de la dette sociale (CRDS), un impôt fixé à 0,5 % de tous les revenus. Mais il reste que les déficits ont continué à courir en particulier depuis 2003. Aujourd'hui, la dette de la CADES est de 150 milliards d'euros

Les branches maladie et vieillesse sont donc au cœur du système de Sécurité sociale et de ses déficits. Quelles sont leurs perspectives de réformes ?

1) La santé

Dans un contexte de déficits croissants, le régime d'assurance-maladie a été profondément réformé en 2004 d'abord, puis en 2009, dans le cadre de la loi « Hôpital, patients, santé et territoires ». L'idée directrice est la maîtrise de l'augmentation des dépenses, globalement effective, même si elle ne suffit pas, nous l'avons vu, à contenir les déficits.

Mais cette maîtrise a son revers, l'augmentation des dépenses de santé à la charge des ménages, ce que l'on nomme le reste à charge, qui annoncerait une privatisation partielle de l'assurance-maladie. La structure du financement des dépenses de santé contredit pourtant largement un tel sentiment de privatisation de la sécu : en 2009, l'assurance-maladie couvrait 75,5 % des dépenses, contre 13,8 pour les complémentaires, 9,4 pour les ménages (qui payent aussi les complémentaires), et 1,3 % pour l'État. Par rapport aux autres pays de l'OCDE, la France est ainsi le pays où le reste à charge des ménages est le plus faible, avec les Pays-Bas !

Trois considérations amènent toutefois à nuancer ce constat :

– d'abord, la part du financement des dépenses de santé par l'assurance-maladie diminue d'année en année ; de 1995 à 2008, elle est passée de 77,1 % à 75,5 %. Pourquoi cette baisse, même modeste ? Depuis la loi de 2004, le parlement fixe un objectif d'augmentation des dépenses de santé (ONDAM), autour de 3 %, et corrige d'éventuelles dérives par des mesures correctrices… le plus souvent en faisant porter la charge de l'ajustement sur les complémentaires ou les assurés ;

– ensuite, au-delà de l'évolution, il faut se méfier de la moyenne. Ainsi, si les pathologies les plus lourdes, dites affections de longue durée (ALD), comme le cancer ou le diabète, sont remboursées à 100 %, les soins courants, hors ALD donc, sont pris en charge à 55 % seulement par l'assurance-maladie obligatoire. Cela… en moyenne également, puisque 30 % des assurés sont par exemple remboursés à moins de 50 % ;

– enfin, les disparités en fonction du niveau de vie sont loin d'être négligeables. Certes, plus les ménages sont aisés, plus ils paient de leur poche : les 10 % les plus riches déboursent en moyenne 431 euros par an contre 271 euros pour les 10 % les moins favorisés. Cela s'explique notamment par l'existence de la CMU, pour 4,2 millions de personnes, et des aides à l'acquisition d'une complémentaire santé pour les assurés les plus modestes. Mais en proportion des revenus, c'est l'inverse : le reste à charge représente seulement 0,5 % des revenus des plus riches, alors que ce « taux d'effort » dépasse 2 % pour les moins favorisés. Tout cela sans compter les 5 millions de Français exclus du système complémentaire, qui subissent de plein fouet déremboursements et dépassements de tarifs.

2) Les retraites

Le financement de la retraite est l'un des grands débats de notre société. Aujourd'hui, notre système de retraite repose sur la répartition, les actifs cotisant pour les retraités. Cet équilibre menace d'être rompu par les évolutions démographiques en cours. Selon les dernières projections de l'INSEE (printemps 2011), on passerait de 2,1 actifs par inactif de 60 ans ou plus aujourd'hui à 1,5 en 2060, l'essentiel de la baisse étant réalisé dès 2035. La part des plus de 55 ans, qui est de 12,4 % en 2010, atteindrait 17,9 % en 2060 alors que celle des 25-54 ans diminuerait de 5 points.

Ceci se traduirait mécaniquement par une augmentation significative du poids des retraites dans le PIB, passant de 13 % environ aujourd'hui à 16 % en 2040, et ce dans l'hypothèse d'un taux de chômage de 6 % seulement…

Dans ce contexte de vieillissement progressif de la population, la sauvegarde du système actuel de retraite par répartition passe inéluctablement par trois types de mesures non exclusives : *diminuer le taux de remplacement* (rapport de la pension de retraite au dernier salaire) ; *augmenter les taux de prélèvement qui financent les pensions* ; *allonger la durée des cotisations*, soit en augmentant le nombre de trimestres requis pour bénéficier de la retraite à taux plein, soit en retardant l'âge légal de départ à la retraite.

C'est cette dernière double solution qui a été retenue lors des réformes de 2004 et 2010. La réforme de 2010 en particulier repose sur un double allongement, celui de l'âge légal de départ à 62 ans d'ici à 2018, celui de l'âge d'annulation de la décote à 67 ans d'ici 2023.

Sur le premier point, il faudra donc, pour bénéficier d'une retraite à taux plein en 2020, avoir cotisé 41,5 ans (41 en 2012) et avoir plus de 62 ans. Les effets seront massifs, puisque 60,5 % des assurés prenaient leur retraite à 60 ans en 2009, et 3,8 % avant 60 ans. Les règles ne changent pas pour la surcote et la décote, qui modulent le montant de la pension selon que l'on part plus ou moins tard à la retraite : un salarié qui a la durée de cotisation requise et qui décide de travailler un an au-delà du nouvel âge légal de 62 ans, jusqu'à 63 ans, améliorera ainsi le montant de sa pension de 5 % (surcote de 1,25 % par trimestre multiplié par quatre trimestres).

Sur le second point, l'âge à partir duquel la décote ne s'applique plus est donc relevé à 67 ans. Rappelons que la retraite n'en est pas automatiquement à taux plein dès cet âge, le montant de cette pension continuant d'être calculé au prorata du nombre de trimestres cotisés.

Au-delà de ces deux points majeurs, la réforme prévoit des dérogations à la règle des 62 ans, pour les salariés en situation de « carrières longues » (ceux ayant commencé leur activité avant 17 ans sont dorénavant couverts), pour les salariés ayant exercé des métiers pénibles (justifiant d'un taux d'incapacité de 20 % à la suite d'une maladie professionnelle ou d'un accident du travail, ou d'un taux entre 10 et 20 % au cas par cas) et pour certaines mères de familles nombreuses. Les cotisations salariales des fonctionnaires sont par ailleurs progressivement alignées sur celle des salariés du privé (le taux passe de 7,85 à 10,55 % d'ici 2020, soit une hausse moyenne de cotisation de 70 € par an). Les régimes spéciaux sont enfin préservés jusqu'en 2017, à partir de laquelle les différents âges légaux « réduits » seront augmentés de deux ans. Côté recettes, les plus riches et les détenteurs de capitaux, contribueront à hauteur de 1,5 milliard d'euros en 2011, et les entreprises à hauteur de 2,2 milliards. Les mesures fiscales dégageraient ainsi 3,7 milliards d'euros en 2 011 et 4,4 en 2 018.

Cette réforme est censée garantir l'équilibre financier des différents régimes de retraite à partir de 2018. Avant cette date, les déficits vont continuer à courir, au-delà, l'hypothèse d'équilibre s'appuie sur un chômage réduit. Quoi qu'il en soit, à l'horizon 2050, les déficits cumulés pourraient n'être réduit que de moitié par rapport à la situation d'avant réforme. Le chantier de la réforme des retraites reste ouvert.

3) Quelle protection sociale dans le futur ?

Que ce soit en matière de santé ou de retraite, le système français de protection sociale donne davantage le sentiment de colmater les brèches que d'apporter des réponses pérennes. La raison en est l'inexorable augmentation des dépenses, que la commission européenne chiffre au minima à quatre points de PIB à l'horizon 2040 (de 22,3 à 26,5 %).

Ainsi, si le vieillissement en bonne santé est incontestablement un bienfait humain, s'il peut même devenir un avantage comparatif (on peut mieux que d'autres soigner les - vieux - étrangers, leur vendre des médicaments ou le concept de maisons de retraite en kit), il n'en reste pas moins surtout un coût économique. L'agence de notation Standard & Poor's a ainsi évalué les dépenses publiques dues au vieillissement de la population, y compris les dépenses de santé afférentes, à 32 % du PIB en 2050, contre 25 % aujourd'hui. La solution ne pourra pas seulement venir d'un hypothétique accroissement du dénominateur (le PIB). Le vieillissement coûtera cher, c'est du bon sens, il faut un système qui intègre ces coûts.

Faut-il dès lors envisager un nouveau modèle de protection sociale ? Notre modèle, vieux lui aussi de presque 70 ans aujourd'hui, s'appuie sur deux principes de simplicité et d'universalité. Chacun selon ses besoins, en quelque sorte. Or, les situations individuelles sont aujourd'hui très hétérogènes, les inégalités d'accès légions, les conditions démographiques différentes.

Dans une société toujours plus inégalitaire, alors que les capacités contributives sont très différentes, ne faut-il pas revenir à la logique revisitée du chacun selon ses capacités, selon sa situation ? Peut-on échapper à une généralisation des prestations sous condition de ressources qui sont encore aujourd'hui l'exception ? Quelle logique par exemple à des allocations familiales indifférenciées, des restes à charge de dépenses de santé forfaitaires ou, sur un autre champ, un âge légal de départ à la retraite uniforme entre les individus ?

Dans le domaine de la santé, certains proposent un bouclier sanitaire (rapport Briet/Fragonard) qui établerait un forfait en fonction des revenus du patient au-delà duquel ses dépenses seraient remboursées par l'Assurance-maladie. Dans le domaine de la retraite, d'autres évoquent la mise en œuvre de comptes notionnels, une retraite à points, dans laquelle le montant des pensions versées s'ajuste en fonction de l'âge de la retraite et des cotisations payées.

Par ailleurs, pour ce qui relève du financement de la protection sociale (voir chapitre 12 pour un développement), au regard de ce que nous avons dit sur l'évolution des dépenses de santé, il semble raisonnable de séparer en deux les dépenses de protection sociale avec le principe suivant :

– les dépenses qui relèvent de l'assurance (retraite, maladie « normale », accidents du travail, chômage) pourraient être financées par des cotisations sociales payées sur les salaires. On ne va pas financer les retraites des salariés par une taxation des revenus du capital ;

– les dépenses qui relèvent de la solidarité (maladies graves, affections de longue durée, dépendance, prestations familiales) devraient être financées par une taxation de l'ensemble des revenus (la CSG).

Ce sont des pistes qu'il faudra débattre, pour construire une nouvelle protection sociale, pérenne financièrement, sans nuire à la construction d'une communauté de destin. Pour passer d'un État providence généraliste à un État providence ciblé sur les populations qui en ont vraiment besoin.

À NOTER • La protection sociale, et notamment la sécurité sociale, est structurellement déficitaire, parce que les dépenses augmentent en tendance de 5 %, et que les recettes sont encore trop assises sur les salaires. Boucher le trou de la sécu relève dans ce cadre d'un colmatage permanent. Sans croissance forte, il faudra peut-être revoir fondamentalement la structure des dépenses (passer d'un chacun selon ses besoins à un chacun selon ses capacités) et des recettes (la CSG sociale).

Le marché des biens et services

Chapitre 6

1 Biens et services : concepts

A – Généralités

Les biens peuvent être économiques ou libres. Les ***biens économiques***, les plus nombreux, sont disponibles en quantité limitée. Les ***biens libres*** sont eux disponibles sans limite (par exemple l'air ou le soleil). Certains biens libres peuvent aussi devenir économique : c'est le cas de l'eau qui devient un bien marchand et échangeable, en particulier du fait du réchauffement climatique.

Les biens économiques peuvent être matériels ou immatériels. Les ***biens matériels*** ont une réalité physique, concrète, et peuvent être stockés pour des durées variables. Les ***biens immatériels*** sont non palpables et non stockables. Leur consommation doit être simultanée à leur production. On les appelle aussi les ***services***. Traditionnellement, on suppose que les biens sont échangeables (transportables) d'un pays à l'autre alors que les services ne le sont pas ou ne l'étaient pas…

B – Les biens

Parmi les biens matériels, on distingue :

– pour les entreprises, les ***biens de production***, qui perdurent une fois la production réalisée, et les ***biens intermédiaires***, qui sont consommés dans le processus de production ;

– pour les ménages, les ***biens de consommation courante***, non réutilisables, et les ***biens de consommation durable***, pouvant être utilisés un grand nombre de fois jusqu'à l'usure.

Les biens qui peuvent être utilisés plusieurs fois (biens de production et biens de consommation durable) constituent la catégorie des ***biens d'équipement***.

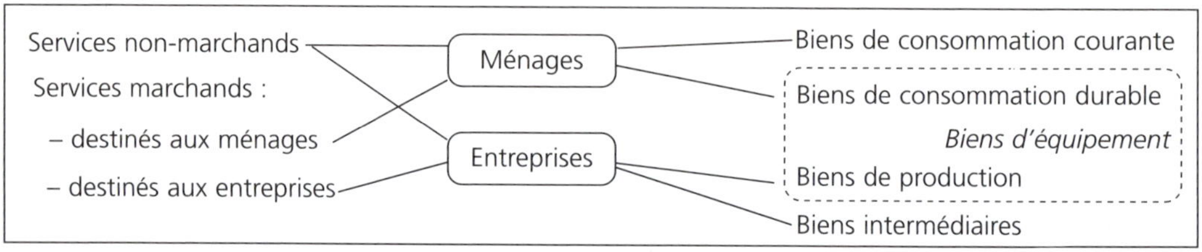

C – Les services

Parmi les services, on distingue :

– les ***services marchands*** destinés à être vendus sur un marché. Certains services marchands sont spécifiquement destinés aux ménages, d'autres aux entreprises ;

– les ***services non-marchands***, gratuits et réalisés avec les facteurs de production obtenus sur un marché. Les services non-marchands sont produits par les administrations publiques.

Exemples de biens et services correspondant aux typologies précédentes :

Services				Biens			
non-marchands	marchands			de consommation		de production	inter-médiaires
	Divers	Ménages	Entreprises	courante	durable		
Éducation	Commerce	Hôtel-restaurant	Conseils jurid.	Produits	Automobile	Machine-outil	Produits semi-finis
Police	Transports			alimentaires Réfrigérateur			
Justice	Locat. immo. Serv.	Coiffure Blanchisserie	Publicité Intérim	Matériels	Téléviseur	Appareils électroniques	Matières premières
Armée	financiers		Nettoyage	électroniques	Biens d'équipement		

2 La structure productive de l'économie

La structure productive permet de connaître la nature des biens et services produits dans un pays. Les biens et services sont regroupés en branches et secteurs :

– une ***branche*** regroupe des unités de production homogènes, c'est-à-dire fabriquant des produits ou rendant des services de même nature. Ces unités de production peuvent être des parties d'entreprises ;

– un ***secteur*** regroupe, lui, des entreprises entières classées selon leur activité principale. On distingue trois grands secteurs dans l'économie : le ***secteur primaire*** (agriculture, forêts et mines), le ***secteur secondaire*** (industrie) et le ***secteur tertiaire*** (service). On parle maintenant parfois d'un secteur quaternaire, secteur de l'immatériel, du savoir, de la connaissance (innovation, marques, design, patrimoine, R&D, enseignement supérieur…).

Le graphique suivant représente la valeur ajoutée des branches d'activité définies par la comptabilité nationale pour l'année 2010. Environ 77 % de la valeur ajoutée provient des activités de services, contre 4 % pour l'agriculture et les industries agro-alimentaires et 19 % pour l'industrie entendue au sens large, construction, énergie et industrie agro-alimentaire comprises. Hors ces éléments, l'industrie manufacturière représente 12 % de la valeur ajoutée, soit deux fois moins que les services fournis par les administrations. Les services marchands représentent plus de la moitié de la valeur ajoutée totale, les branches les plus importantes étant celles des services aux entreprises, des activités immobilières et du commerce.

Le secteur du tourisme illustre le poids considérable des services marchands, et symbolise la tertiarisation de l'économie. Son poids est estimé à plus de 6% du PIB, soit 41,6 Mds€, davantage que l'énergie (30 €Mds), l'agriculture (30 €Mds) ou l'automobile (11,2 Mds€); ce secteur fait travailler tous les autres secteurs de l'économie et emploie directement en France 1 million de personnes ; les 235 000 PME du secteur ont enregistré une croissance annuelle de 1,6 % depuis 2000.

Valeur ajoutée par secteurs et branches en 2010

(en % du total, *Source* : INSEE : *www.insee.fr*)

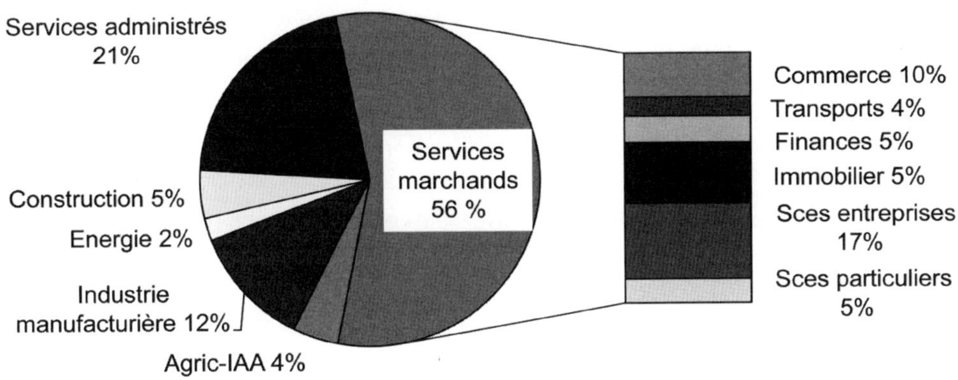

Enfin, cette typologie ignore par construction le rôle tout spécifique, mais particulièrement important en France, de l'économie sociale, ce que l'on appelle le tiers secteur. Entre secteur privé et secteur public, l'économie sociale, qui regroupe les coopératives, les mutuelles, les associations et les fondations, pèse 10 % de l'économie en 2008. On y retrouve de toutes petites structures, en particulier dans les domaines de l'action sociale, de la santé ou de l'agriculture comme de très grandes entreprises, dans la banque ou l'assurance notamment. Ce dernier point traduit bien une particularité du capitalisme français, qui peut expliquer la moindre déformation du partage de la valeur ajoutée (v. chapitre 14). Les associations jouent évidemment un rôle économique particulièrement important : en 2009, les 180 000 associations françaises ont distribué 33 milliards d'euros de salaires à plus de 1,7 millions de salariés, alors même qu'elles ont été à l'origine de 330 000 créations d'emplois depuis 2000.

3 La désindustrialisation

Le degré de désindustrialisation de l'économie française est impressionnant. Le nombre d'emplois industriels a diminué de 36% de 1980 à 2007 soit une perte de 1,9 millions d'emplois. Plus récemment, la diminution de l'emploi salarié direct dans l'industrie est par exemple de 717 000 emplois entre le 31 mars 2000 et le 30 septembre 2010, après les 200 000 emplois perdus en 2009. En conséquence, l'emploi manufacturier ne représente plus que 13% de l'emploi total, contre 19% en Allemagne ; le poids de l'industrie est de 14% de la valeur ajoutée contre 21% en Allemagne ; mi-2011, la production industrielle, en hausse, n'avait pas retrouvé son niveau bas d'avant crise, en février 2008 ; la part de marché de la France dans le commerce mondial hors énergie est enfin passé de près de 6% en 1996 à 4% en 2010.

Trois facteurs justifient de fait le processus de désindustrialisation :

– le recours croissant à l'externalisation d'activités productives du secteur industriel vers le secteur des services : après être resté cantonné aux fonctions annexes (restauration, nettoyage, etc.), les tâches externalisées s'étendent désormais aux fonctions supports (comptabilité, recrutement, paie, formation, achats, etc.). Cette première désindustrialisation, de nature finalement assez artificielle, expliquerait 25 % des pertes d'emplois industriels sur la période 1980-2007 ;

– la déformation de la structure de la demande au cours du temps (préférence pour les services) et les gains de productivité toujours forts dans l'industrie contribuerait à près de 30 % des pertes d'emplois observées.

– l'émergence de nouveaux acteurs, dans le cadre d'une concurrence mondiale exacerbée, la nécessité de faire de la place en quelque sorte, expliquerait également une partie des pertes d'emplois.

Mais d'autres facteurs traduisent un affaiblissement propre à la France, de nature macro-économique, tels une spécialisation productive sur le moyen de gamme, un niveau trop important des charges pesant sur le travail manufacturé (selon le vice-président de Renault, entre un véhicule produit en France et le même produit en Europe de l'est, il y a un écart de coût de 1 400 €, dont 1 000 € de charges sociales), l'appréciation de l'euro... ou micro-économique, notamment la faiblesse des entreprises de taille intermédiaire (v. Chapitre 2).

On parle souvent de réindustrialisation. Mais les chiffres récents montrent qu'il y a au contraire accélération de la désindustrialisation (pertes d'emplois, investissements à l'étranger), ce qui est normal puisque les capacités de production se déplacent vers les pays où la croissance de la demande est plus rapide.

À NOTER • La désindustrialisation est massive. Outre les éléments communs à tous les pays (externalisation d'activités, gains de productivité, nouvelle donne concurrentielle), elle est spécifique à la France, pour des raisons macro-économiques (structure et financement de la protection sociale, positionnement en milieu de gamme) et micro-économiques (faiblesse des ETI).

4 Industrie et services, une classification dépassée

Au-delà, la nature des activités économiques change fondamentalement. L'industrie au sens large, c'est-à-dire tout ce qui fait appel aux processus industriels, comprend au-delà du secteur manufacturier, de l'agroalimentaire, de l'énergie, du bâtiment et des travaux publics (la construction du viaduc de Millau relève par exemple d'une logique industrielle), les industries culturelles, les activités liées aux technologies de l'information et de la communication (les centres d'appels sont parfois appelés usines du tertiaire) et certains services aux entreprises. La finance, à certains égards, peut être considérée comme une industrie, ce qui est le cas dans les pays anglo-saxons. Dans cette configuration, l'industrie représente un poids de 40 % dans la valeur ajoutée. Cela amène à relativiser le sentiment d'une désindustrialisation de la France, nourri par les délocalisations d'entreprises.

Ces mutations amènent à se poser la question de la pertinence d'un découpage de l'économie en trois secteurs, le troisième représentant les trois-quarts du tout. En particulier, la distinction entre industrie et services s'appuyait sur la caractéristique suivante : les biens industriels étaient stockables donc échangeables internationalement, au contraire des services. Cette barrière a volé en éclat avec le développement des technologies de l'information et de la communication. Les biens d'information par exemple sont maintenant stockables et échangeables sans limite ni durée. C'est la révolution de l'échangeabilité.

Les révolutions de l'échangeabilité

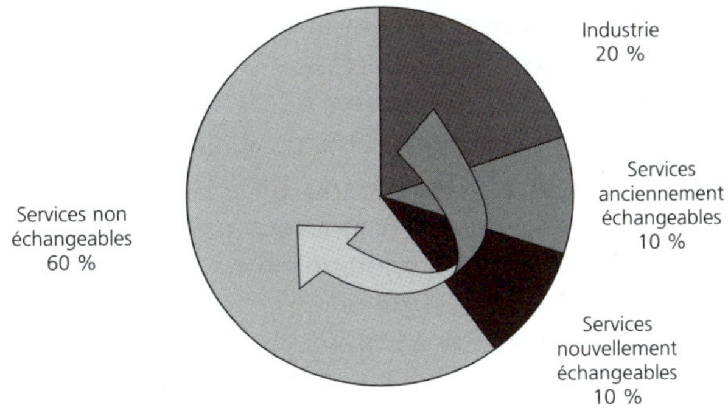

5 L'immatériel, nouvelle organisation productive

En fait, ce qu'il convient de distinguer, ce n'est pas l'industrie d'une part et les services d'autre part, mais des formes de production (agricoles, industrielles et tertiaires) fondées ou non sur le savoir. La révolution des technologies de l'information et sa diffusion dans toutes les sphères de l'activité économique a bouleversé les structures économiques et la vision que l'on pouvait en avoir au XXe siècle.

La capacité intellectuelle, la connaissance, l'imagination, l'innovation et la recherche sont aujourd'hui au cœur de la création de richesse dans le monde. Cela fonde l'économie de l'immatériel. ***L'économie de l'immatériel*** repose sur la capacité à innover, à créer des concepts, à produire des idées. C'est l'économie du savoir, de la connaissance et des talents. Demain, la valeur des entreprises reposera de plus en plus sur ces éléments immatériels, comme les brevets ou les marques, la capacité créative des équipes ou de fidélisation des clients, le système d'information et la qualité de la gouvernance. Ces éléments constituent le capital immatériel, celui qui ne figure pas au bilan. La cabinet de consulting Ernst & Young estime ainsi que l'immatériel représente en moyenne 60 % de la valeur moyennes de 98 entreprises européennes de premier plan cotées en 2006.

L'État est lui-même détenteur d'actifs immatériels, constitués de brevets publics, de licences professionnelles, de droits d'accès au domaine public (les fréquences hertziennes), de marques culturelles, de bases de données, de savoir-faire des acteurs publics, d'expertise, de gisement de propriété intellectuelle particulièrement précieux dans le monde actuel. Par exemple, la signature en mars 2007 d'un accord entre la France et les Émirats arabes unis portant sur la conception et le fonctionnement du musée universel Louvre Abu Dhabi qui ouvrira en 2012 donne une première idée du potentiel de valorisation du patrimoine culturel de la France à l'international. Le contrat, d'une durée de 30 ans, rapportera à l'agence internationale des musées de France une somme totale d'un milliard d'euros, incluant le droit d'utilisation de la marque Louvre (pour 400 millions), la réalisation d'expositions temporaires, le prêt d'œuvres, du conseil et de la formation. Au-delà, la mise en valeur des marques culturelles (Louvre, Sorbonne, Tour Eiffel, Mont Saint-Michel...) et le rapprochement stratégique entre les secteurs du tourisme et de la culture s'inscrivent comme des axes forts de cette nouvelle économie de l'immatériel.

À NOTER • Le découpage de l'activité en trois secteurs n'est plus pertinent. Des services s'industrialisent, dans le sillage du développement des TIC, c'est la révolution de l'échangeabilité. L'immatériel devient un avantage comparatif primordial. Il s'appuie sur la capacité à innover, à former, à créer, à valoriser.

Le marché du travail et le chômage

CHAPITRE 7

1 Le marché du travail

En 2009, 25,7 millions de personnes occupent un emploi en France et 2,6 millions sont au chômage au sens du BIT (Bureau International du Travail). Près d'une personne ayant un emploi sur dix travaille dans la même entreprise depuis moins d'un an ; 1,4 million de personnes ayant un emploi souhaiteraient travailler plus, soit 5,5 % de l'ensemble des actifs occupés. Les jeunes, notamment les moins qualifiés, demeurent les plus touchés par le chômage ; ils sont plus concernés par des contrats courts et travaillent plus souvent dans la construction, l'hôtellerie et la restauration. Après 50 ans, plus de la moitié des chômeurs recherchent un emploi depuis plus d'un an (source INSEE).

A – Le statut des emplois

Le tableau ci-dessous décrit le statut des emplois de l'économie française. Il fait tout d'abord apparaître le développement sur longue période du salariat au détriment de l'activité indépendante. Cela s'explique par le fait que les professions indépendantes s'organisent de plus en plus en cabinets (avocats), études (notaires, huissiers) ou agences (immobilières), qui salarient leurs employés, et par la concentration du commerce et de l'agriculture, source de réduction du nombre des petits commerçants et agriculteurs.

Statut des emplois	1990		2009	
	Milliers	%	Milliers	%
Non salariés	3460	15,5	2816	11,0
Salariés	18862	84,5	22875	89,0
dont : hors CDI	1324	7,0	2 603	10,1
Intérimaires	232	1,2	419	1,6
CDD	593	3,1	1 601	6,2
Apprentis	223	1,2	351	1,4
Contrats aidés*	276	1,5	502	2
Total	22322	100,0	25 691	100,0

* Contrats qui font l'objet d'une aide financière de l'État et stages.
Source : INSEE.

La forme la plus répandue de travail est le salariat régi par un *contrat de travail à durée indéterminée* (CDI). En 2009, cette forme de travail représente encore 79 % du total des emplois (cf. tableau). Ce type de relation de travail a représenté durant les trente glorieuses (1945-1975) une norme s'imposant à tous. Il a servi de socle à ce que l'on a appelé « la société de consommation ». Dans ce cadre, le plein-emploi fait référence non pas à une situation où tout le monde travaille, mais à la possibilité donnée à tous d'accéder à un emploi à temps plein et à durée indéterminée.

Ces dernières années, on a vu apparaître d'autres formes de travail, parfois qualifiées de précaires, les formes particulières d'emplois (FPE). Ces FPE sont devenus une composante essentielle du marché du travail. On peut même parler de marché atypique du travail. Les FPE sont les ***contrats à durée déterminée*** (CDD), les ***contrats intérimaires***, les ***stages rémunérés*** et les ***contrats d'apprentissage***.

En 2009, les FPE représentent 10 % des emplois salariés contre 7 % en 1990 (mais 12 % début 2000, voir infra). La part des CDD en particulier a plus que doublé. Plus significatif, en termes de flux, plus de la moitié des embauches entre 1995 et 2009 l'ont été sous la forme d'un contrat court. Ainsi par exemple, en moins de quinze ans, le nombre d'intérimaires a été multiplié par deux et le nombre de CDD par trois. Par ailleurs, 28 % des FPE sont à temps partiel, contre 16 % des emplois totaux. Les femmes sont les plus concernées par cette double situation, à 70 %. C'est ici que se trouve le cœur des travailleur(se)s pauvres. De même, 60 % des jeunes de 20 ans qui travaillent ont un contrat précaire.

Il existe tout de même des ponts importants entre les deux marchés du travail, marché atypique et marché type. De même, contrairement à une idée reçue, la précarité du travail ne progresse plus : sur la décennie 2000, la part des CDD et de l'intérim est restée la même. En fait, les jeunes débutent certes avec un contrat court, mais ils finissent quand même par s'installer dans des contrats longs. Il reste que la période-sas s'étale souvent sur une dizaine d'année.

Ces évolutions traduisent trois tendances de fond du statut des travailleurs :

– *moins de CDI :* dans la société nouvelle, les « ressources humaines » (les ouvriers de la production tout particulièrement) ont également été flexibilisées. Les formes particulières d'emplois (FPE) sont ainsi devenues la norme ;

– *des CDI moins protecteurs :* le contrat à durée indéterminée n'est plus une protection contre le risque de perte d'emploi. Au cours des années 2000, le taux moyen de perte d'emploi en CDI est 30 % plus élevés que celui observé sur la période 1980-1990 ;

– *tous des indépendants ?* Au-delà, l'entreprise étendue, dans sa recherche de réduction des coûts fixes, externalise le travail en même temps que la production. Ceci amène un certain nombre de salariés à sortir du champ de l'entreprise pour devenir des indépendants (exemple : les transporteurs routiers).

B – La quantité de travail en France

Partant d'une population donnée, la quantité de travail d'une économie résulte principalement de l'activité, du chômage et des durées hebdomadaires et annuelles du travail. À cet égard, d'un point de vue méthodologique, le taux d'activité décrit le rapport en pourcentage entre le nombre d'actifs et la population correspondante pour une tranche d'âge donnée, le taux d'emploi définit le rapport entre le nombre de personnes travaillant et le nombre d'actifs. Rappelons que le taux de chômage décrit lui le rapport de la population au chômage à la population active.

Le tableau suivant décrit ces éléments. Il montre tout d'abord que les retraits d'activité sont élevés en France aux deux âges extrêmes de la vie active, chez les jeunes et chez les seniors. En revanche, entre les deux, le taux d'activité est important. Au total cependant, le taux d'activité est relativement plus faible en France. Il en est également ainsi pour le taux d'emploi, particulièrement faible chez les jeunes, peu insérés sur le marché du travail. Les heures annuelles travaillées sont également plus faibles que dans les autres pays étudiés, sauf en Allemagne.

Au total, hors effet retraits d'activité, et à l'exception des Allemands, les Français travaillent moins durant leur vie active que leurs principaux partenaires. En particulier, ils travaillent 25 % de moins que les Américains, ce qui explique l'écart en termes de niveau de vie par habitant, du même ordre de grandeur. La durée du travail sur la vie a également baissé en tendance en France, au contraire de ce que l'on observe dans certains autres pays.

Année / Pays pour 2009	France	Allem.	Esp.	Italie	Ro.-Uni	É.-Unis	Japon
Taux d'emploi (15-64 ans)	63,9	70,4	60,6	57,5	70,6	67,6	70,0
Dont H/F	*68/59*	*75/65*	*67/53*	*68/46*	*75/65*	*72/63*	*80/59*
Dont (15-24)/(25-54)/(55/64)	*30/82/39*	*46/0/56*	*30/0/44*	*21/7/35*	*52/79/57*	*46/75/60*	*39/79/65*
Taux d'activité(15-24 ans)	70,2	76,4	74,0	62,4	76,6	74,6	73,9
Dont H/F	74/65	82/70	82/65	73/51	83/70	80/69	85/62
Dont (15-24)/(25-54)/(55/64)	39/89/41	52/87/61	49/84/50	29/77/37	64/85/60	56/82/64	43/83/68
Heures annuelles travaillées par tête	1554	1390	1654	1773	1646	1768	1714
Heures annuelles travaillées en moyenne sur la vie par actif potentiel – 2009 / 1986	49650/ 51070	48928/ 52577	50116/ 40550	50973/ 50668	58103/ 63863	59758/ 70064	59990/ 57621

Les heures travaillées sur la vie sont calculées ainsi : heures travaillées par an * taux d'emploi des 15 à 64 ans * 50.
Source : OCDE, Perspective de l'emploi 2010.

Des mesures récentes (allongement de la durée de cotisation pour bénéficier de la retraite à taux plein, suppression du système des préretraites, détaxation des heures complémentaires...) visent à inverser cette tendance de baisse des volumes de travail sur la durée de vie. En particulier, l'incitation à l'emploi des seniors est clairement au cœur d'une politique de travailler plus en France. Il reste que du fait de la crise, le gouvernement a renoncé à publier les décrets d'application d'articles de loi prévoyant des pénalités pour les entreprises n'ayant pas conclues d'accords sur l'emploi des salariés âgés.

En conséquence, le taux d'emploi des 55-64 ans a progressé de 18 points en Allemagne entre 2003 et aujourd'hui, contre un peu plus de 4 points en France (même si la période récente montre une accélération de l'augmentation : +1,8 point fin 2010, à 44,5%). La France dispose donc d'une réserve de main-d'œuvre assez considérable : si elle avait le même taux d'emploi que l'Allemagne, il y aurait 2 millions de personnes en plus au travail, dont 600 000 dans la seule tranche d'âge de 60 à 64 ans. Reste à connaître le bon moment pour activer cette armée de réserve...

C – La nature des emplois

Les projections de création d'emplois à l'horizon 2015 par métier traduisent clairement les grandes lignes de force de l'économie française : évolution de la structure productive vers l'amont et l'aval de la production (commerciaux, informaticiens), montée en gamme de l'industrie (métiers du process, cadres), besoins liés aux services à la personne et, au-delà, au vieillissement (aides à domicile, aides-soignants), nécessité de consolider les connaissances dans une économie du savoir (enseignants), importance de la fonction logistique (conducteurs) dans l'économie du flux tendu à l'échelle planétaire. Par ailleurs, on sait aujourd'hui que les emplois liés à l'environnement devraient se multiplier, plus exactement qu'il faudra « verdir» de nombreux emplois : on estime à 500 000 le nombre d'emplois que devrait générer la révolution verte d'ici à 2020. Des secteurs bien particuliers en bénéficieront : le bâtiment, les énergies renouvelables, les transports ou encore le traitement des déchets. Au final, le dynamisme de l'emploi dans certains métiers et la déformation de la pyramide des âges dans d'autres, pourraient entraîner des difficultés de recrutement qu'il convient d'anticiper par des dispositifs d'incitation et de formation appropriés.

2 Les réformes du marché du travail et leur critique

Traditionnellement, le marché du travail est considéré comme très concurrentiel aux États-Unis et au Royaume-Uni, assez peu concurrentiel dans la zone euro, avec un fort degré de protection de l'emploi, même si la situation évolue, surtout de par l'importance des contrats courts ou temporaires (voir *supra* sur le statut des emplois). Flexibiliser les emplois tout en sécurisant les personnes est ainsi l'un des objectifs de la flexsécurité scandinave, souvent mise en avant.

A – La flexsécurité

Dans un monde en mutations technologiques et économiques, les individus sont appelés à changer plusieurs fois d'emploi dans leur vie professionnelle. La formation tout au long de la vie devient par ailleurs fondamentale pour asseoir l'employabilité des individus. Enfin, chacun doit pouvoir bénéficier de temps privés, familiaux ou pour convenance personnelle.

Partant de ce constat, et depuis longtemps, plusieurs acteurs provenant d'horizons divers de la vie économique et sociale avancent l'idée de créer une sécurité sociale professionnelle.

L'idée est donc de penser les temps de vie professionnelle dans un ensemble plus vaste que l'entreprise, de façon à sécuriser la personne et non l'emploi. La formation professionnelle jouerait dans ce cadre un rôle particulier, autour des outils existants, validation des acquis de l'expérience (VAE) d'une part, droit individuel à la formation (DIF) d'autre part. Cela suppose aussi un dispositif spécifique d'accompagnement des demandeurs d'emploi, à la fois personnalisé et inscrit dans une logique territoriale.

Cette logique d'ensemble se trouve par exemple dans le système de flexsécurité danoise. Ce système repose sur plusieurs piliers :

– liberté de licenciement pour les entreprises (flexibilité) dans un cadre législatif réduit : la loi ne fixe ni salaire minimum, ni durée légale du travail (qui dépendent tous deux d'accords entre les partenaires sociaux), ne sécurise pas le droit de grève et n'impose pas de modèle de contrat de travail ;

– indemnités fortes et pérennes – jusqu'à 90 % du dernier salaire pendant quatre ans, avec un plafond à 1800 € mensuels – pour les salariés licenciés (sécurité) avec affiliation obligatoire à un syndicat pour bénéficier de l'assurance chômage. De fait, plus de 80 % des salariés sont syndiqués ;

– obligation de s'inscrire dans une recherche active de travail, avec l'interdiction de refuser plusieurs propositions d'emploi en rapport avec ses compétences, ou de formation, avec stage et reclassement imposés.

En bref, les entreprises n'hésitent pas à embaucher, sachant qu'elles pourront licencier facilement, le salarié ne craint pas le licenciement, parce qu'il perd peu en termes de revenu, qu'il peut bénéficier de formations, et qu'il est susceptible de trouver facilement un travail. Le système est cependant tout entier conditionné à la capacité de l'économie à créer des emplois. La crise en réduit d'autant la pertinence, le système s'avérant coûteux et peu efficace en l'absence de ces créations.

B – Les réformes du marché du travail

La loi de modernisation du marché du travail de 2008, a mis en place des dispositifs nouveaux concernant les contrats de travail, dans l'objectif de préfiguration d'une flexsécurité à la française.

La principale disposition concerne la ***procédure amiable de rupture*** du contrat de travail, négociée entre les deux parties, soumise à validation de la direction du travail, et permettant à l'entreprise d'éviter une procédure de licenciement et au salarié de percevoir des indemnités chômage. Depuis 2008, ce sont près de 500 000 ruptures amiables qui ont été enregistrées, traduisant le succès du dispositif, avec un taux de refus par l'administration faible, de l'ordre de 7 %. Le dispositif est cependant critiqué en cela qu'il relèverait d'un arrangement entre amis sur le dos de l'assurance chômage, l'entreprise évitant le coût du licenciement, le salarié percevant des allocations tout en cotisant à la retraite.

Un nouveau type de contrat est également créé, un contrat ***à durée déterminée à objet défini***, réservé aux cadres et ingénieurs dont la durée correspond à l'exécution d'une mission précise. Il s'agit ici aussi de favoriser l'emploi des seniors.

En revanche, l'idée d'un zéro charge pour les seniors sous certaines conditions n'a pas été mise en œuvre, remplacée par une aide de 2 000 euros pour l'embauche d'un demandeur d'emploi de plus de 45 ans en contrat de professionnalisation. Par ailleurs, dans le cadre de la réponse à la crise, le gouvernement a également étendu le dispositif de ***contrat de transition professionnelle***, proposé aux licenciés économiques des entreprises de moins de 1 000 salariés, qui consiste en une aide renforcée au reclassement assortie d'une indemnisation égale à 80 % du salaire brut antérieur pendant un an. Ce dispositif est aujourd'hui critiqué par la Cour des comptes.

Au-delà, la crise a conduit le gouvernement à réactiver le pourtant décrié traitement social du chômage. En 2010, l'Etat a subventionné 533 000 contrats aidés, sous le label des contrats uniques d'insertion marchand ou non marchand créé en 2010, en hausse de 12 % par rapport à 2009, pour un coût de 2 milliards, soit les deux tiers des dépenses d'accès et de retour à l'emploi. Rappelons toutefois que ces contrats aidés ne visent pas principalement à « occuper » les demandeurs d'emplois, ils constituent aussi un marchepied vers l'emploi pérenne ou quasi-pérenne : avant la crise, le taux d'insertion six mois après la fin de contrat est de 26 % et 55 % en CDI ou CDD par exemple.

Plus récemment, en 2011, la politique de l'emploi consiste à augmenter le nombre de contrat d'alternance (contrats de professionnalisation et apprentis) pour les jeunes, avec un objectif de 800 000 contrats en 2015. Pour cela, le gouvernement instaure un bonus-malus pour les entreprises de plus de 250 salariés selon qu'elles atteignent ou non leur quota d'alternants (porté de 3 à 4 %), avec une réduction de charges pour les entreprises qui proposent davantage de contrats que leurs obligations (bonus), et une augmentation de la taxe d'apprentissage pour les autres (malus).

Fin 2010, les politiques de l'emploi concernent ainsi plus de 1,5 millions de personnes : 150 000 bénéficient d'un abaissement des coûts salariaux (dont 50 000 dans le cadre du contrat unique d'insertion marchand), presque 600 000 sont en alternance (apprentissage et contrat de professionnalisation), 200 000 chômeurs sont aidés à monter leur entreprise, 250 000 sont en contrat unique d'insertion non-marchand, 360 000 sont des demandeurs d'emplois en formation financée. Le coût global annuel de ces politiques est de l'ordre de 11 milliards d'euros.

D'un point de vue organisationnel, le service public de l'emploi a également été réformé avec la création de « *Pôle emploi* », issu de la fusion de l'ANPE et de l'UNEDIC. L'idée est ici de proposer aux chômeurs un guichet (et donc un interlocuteur) unique en charge de son indemnisation et de son reclassement, mais également d'améliorer le suivi des demandeurs d'emplois notamment dans le cadre du revenu de solidarité active et de jouer les synergies entre deux administrations. Ainsi, en 2011, Pôle emploi a pour objectif de recevoir 700 000 chômeurs de longue durée.

Les critiques à l'égard de ces mesures sont nombreuses. Fondamentalement, elles relèveraient d'un compromis mou entre quelques organisations patronales et syndicales, sans véritablement changer l'organisation du marché du travail français. En particulier, l'objectif d'un

contrat de travail unique ayant été rejeté d'emblée par les deux parties, aucune disposition ne permet de combler, même en partie, le fossé entre les travailleurs bénéficiant d'une forte protection et ceux en situation beaucoup plus précaire.

3 Le chômage

A – La mesure et les formes du chômage

1) La mesure du chômage

Les principales définitions du chômage utilisées en France sont celles du Bureau International du Travail (BIT). Pour celui-ci, un actif doit remplir trois conditions pour être comptabilisé comme chômeur :

- être à la recherche d'un emploi ;
- être disponible immédiatement (sous quinze jours) ;
- ne pas avoir travaillé plus d'une heure dans la semaine qui précède l'enquête.

En France, c'est l'INSEE qui comptabilise la population correspondant à ces critères lors d'enquêtes trimestrielles sur l'emploi qu'il réalise. Les données relatives aux demandeurs d'emplois sont, elles, fournies par Pôle emploi, qui distingue les demandeurs d'emploi tenus de faire des actes positifs de recherche d'emploi, sans emploi (catégorie A) ; ceux ayant exercé une activité réduite courte de 78 heures ou moins au cours du mois (catégorie B) ; ceux ayant exercé une activité réduite longue de plus de 78 heures au cours du mois (catégorie C) ; les demandeurs d'emploi non tenus de faire des actes positifs de recherche d'emploi en raison d'un stage, d'une formation, d'une maladie, sans emploi (catégorie D) ou les mêmes en emploi (par exemple : bénéficiaires de contrats aidés, catégorie E).

Les deux séries (BIT-INSEE et Pôle emploi) ne se recoupent que partiellement.

2) Les formes du chômage

Le ***chômage conjoncturel*** varie avec les fluctuations de l'activité économique au contraire du ***chômage structurel*** qui s'explique par des raisons liées à l'évolution des technologies (on parle de ***chômage technologique***) ou par une mauvaise adéquation entre les qualifications offertes et recherchées. On parle parfois aussi de ***chômage naturel*** (au sens incompressible). De façon empirique, on peut estimer le chômage structurel français à 8 % environ, en légère baisse sur la période récente, puisque c'est un taux plancher que l'on a du mal à abaisser durablement.

Le ***chômage frictionnel*** correspond à la période nécessaire au passage d'un emploi à l'autre (adaptation de la population active aux nouveaux emplois créés) ; il dépend du degré de mobilité professionnelle des individus. Il représente au maximum 2 à 3 % de la population active. Le chômage frictionnel est donc structurel.

Le ***chômage volontaire*** est lié au fait que les gens refusent de travailler au taux de salaire en vigueur sur le marché du travail. Les chômeurs volontaires s'écartent donc volontairement du marché du travail et ne font pas partie de la population active. Pour les économistes classiques ou libéraux, si les marchés sont parfaitement flexibles, le chômage ne peut être que volontaire. En fait, il n'y a pas alors de chômage au sens commun du terme. Le ***chômage involontaire*** résulte du fait que les gens ne trouvent pas de travail au taux de salaire en vigueur sur le marché. Les chômeurs involontaires forment la partie de la population active qui n'est pas employée et qui est à la recherche d'un emploi.

Le chômage involontaire peut être de type classique ou keynésien. Le ***chômage classique*** s'explique par l'existence de rigidités sur le marché du travail (par exemple le SMIC imposé par l'État) qui sont à l'origine de salaires trop élevés par rapport à ce que souhaitent payer les entreprises. Le ***chômage keynésien*** résulte lui d'une insuffisance de la demande globale adressée aux entreprises (leurs débouchés) ce qui les dissuade d'embaucher.

B – Caractéristiques et évolution du chômage français

1) Le constat

Le tableau suivant propose les principaux chiffres du chômage au début 2011, distinguant les demandeurs d'emplois d'un part, les taux de chômage d'autre part. Il apparaît tout d'abord qu'il existe un rapport de un à plus de deux entre le nombre de demandeurs d'emplois de catégorie A, qui fonde les chiffres du chômage, et celui des demandeurs toutes catégories, y compris ceux ne recherchant pas parce qu'occupés ! Au-delà, il faudrait aussi inclure ceux qui ne sont pas demandeurs, parce que découragés, trop éloignés, exclus. Au final, les demandeurs d'emplois au sens large (on parle de halo du chômage) dépassent vraisemblablement les 5 millions en France, une personne sur cinq ayant au final un rapport éloigné ou insuffisant au travail.

Demandeurs d'emploi (1000)	Mars 2011	Taux de chômage	T4 2010
Catégorie A	2680	Ensemble	9,2
Catégorie B	543	Hommes	8,5
Catégorie C	822	Femmes	9,9
Catégories A+B+C	4045	Moins 25 ans	22,3
dont longue durée A+B+C	1531	25-49 ans	8,5
Catégorie D	238	Plus de 50 ans	6,3
Catégorie E	352		
Toutes catégories	4636		

Source : Dares, INSEE. Chômage au sens du BIT.

Le taux de chômage est quant à lui légèrement supérieur à 9 %, après le plus de 10 du cœur de crise. Le chômage concerne plus que proportionnellement les femmes et, surtout, les jeunes, puisque 22 % sont au chômage au sens strict.

Toujours mi-2011, environ un chômeur sur deux toutes catégories est indemnisé au titre du chômage, près de 60 % après prise en compte des personnes dispensées de recherche d'emploi (dispositif supprimé en 2012). Le système d'indemnisation du chômage a été revu au printemps 2009, puis prorogées en 2011, jusqu'en 2013 au moins. La règle de base est la suivante : un mois d'indemnisation pour un mois cotisé dans les 28 derniers mois, avec un minimum de 4 mois et un maximum de 24 mois (36 pour les seniors). Le montant d'indemnisation est inchangé : de 57,4 % à 75 % de l'ancien salaire. Ce cadre prévoit une règle d'automaticité de baisses de cotisations pour les entreprises si le déficit de l'Unedic se résorbe. Aujourd'hui, l'indemnité chômage est en moyenne de 900 à 1 000 euros net mensuels alors que l'allocation de solidarité spécifique (ASS) versée par l'État pour les chômeurs en fin de droits est de 400 euros nets mensuels.

En même temps, la définition d'une « ***offre raisonnable d'emploi*** », récemment décidée, est de nature à améliorer les incitations à la recherche d'un emploi et ainsi à contribuer à une diminution de la durée des périodes de chômage. L'offre raisonnable d'emploi contraint les chômeurs à réduire progressivement leurs prétentions de salaire et d'éloignement du lieu de travail après 3, 6 ou 12 mois de chômage. Un chômeur refusant deux fois de suite une « offre raisonnable » sera radié temporairement de la liste des demandeurs d'emploi, et donc privé d'allocations chômage pendant cette période.

2) Le chômage sur longue période, et les évolutions de population active

De façon structurelle, l'un des éléments d'influence du chômage est évidemment l'évolution de la population active, i.e. le nombre de personnes présentes sur le marché du travail. Elle a beaucoup augmenté ces dernières années, de sorte que les 80 000 créations annuelles nettes d'emplois en moyenne depuis quarante ans n'ont pas suffi à absorber les flux nouveaux sur le marché du travail.

Comment la population active va-t-elle évoluer dans les prochaines années ? Alors que l'INSEE la voyait en baisse à partir de 2007, puis de 2010, ses dernières estimations (2011) montrent au contraire que la France va gagner 110 000 actifs par an d'ici à 2025, puis 45 000 à partir de 2035. Cette projection s'appuie sur la hausse récente du taux d'activité des seniors, liée aux réformes sur les retraites, sur l'arrêt de l'allongement des études des jeunes, et sur la permanence d'un niveau de fécondité toujours étonnement élevé, dans un contexte d'immigration nette stable de l'ordre de 100 000 personnes par an. Le graphique suivant montre la perspective d'évolution de la population active, et les différents scenarii selon l'évolution de ces trois grandeurs (taux d'activité, fécondité, immigration).

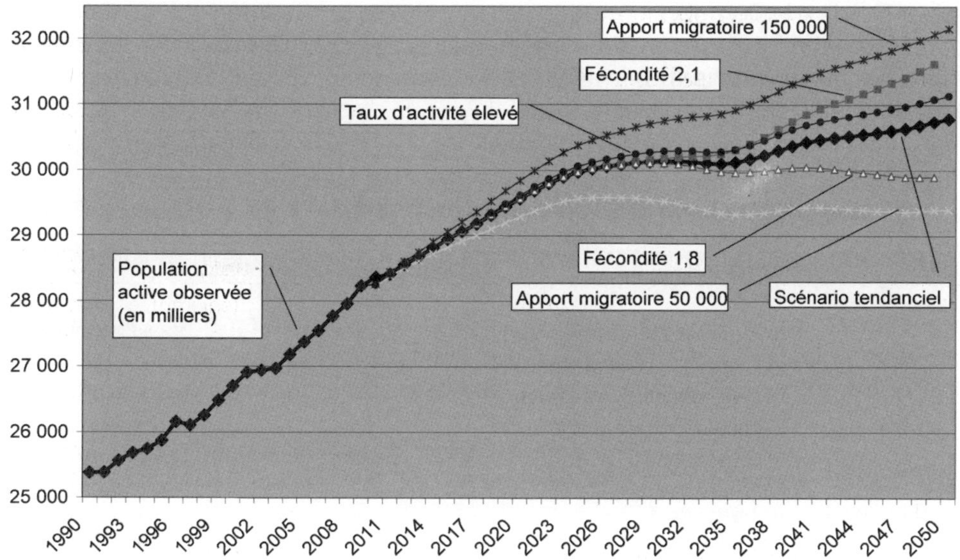

Selon le scénario central, ce sont donc 1,6 millions d'actifs supplémentaires qu'il faut attendre sur le marché du travail d'ici 2025, 2,8 millions d'ici 2060. En conséquence, il faudra créer 110 000 emplois nouveaux par an, dans les prochaines années, pour ne serait-ce que stabiliser le chômage en nombre. Il faut aussi rappeler qu'une augmentation de population active est toujours source de rehaussement de la croissance potentielle (v. Chapitre 15). À la France de profiter de cette manne pour créer de l'activité, et des emplois !

3) Le chômage pendant la crise

Le choc subi par le marché du travail en 2008-2009 a été considérable. De fait, ce sont 399 000 emplois qui ont été perdus, 151 000 en 2008, 248 000 en 2009. Les 161 000 créations de 2010, les 100/150 000 espérés en 2011 ne permettront donc pas de retrouver le niveau d'emplois d'avant crise.

Mais cette chute de l'emploi doit être mesurée à l'aune de celle de l'activité. Et de fait, la baisse de l'emploi marchand sur 2008-2009 aura été limitée à 2,5%, alors que la valeur ajoutée, elle, a chuté de 5,3% sur la même période. L'impact de la crise sur l'emploi a donc été plus limité que lors des précédentes récessions: en 1992-1993 par exemple, l'emploi salarié avait ainsi même davantage diminué que la valeur ajoutée (-2,1% contre -1,9% respectivement).

Les entreprises ont donc amorti largement les effets de la crise sur l'emploi, d'abord en ne renouvelant pas les contrats courts (intérimaires puis CDD), ensuite en ayant recours aux dispositifs permettant pour faire varier les heures travaillées (annualisation du temps de travail, temps partiel, congé formation et chômage partiel) plutôt que de se séparer des salariés. La dichotomie du marché du travail décrite en début de chapitre s'en est trouvée exacerbée : au CDI, la stabilité, aux FPE, l'ajustement.

Ainsi, l'économie française aurait choisi, consciemment ou pas, de sauvegarder au moins en partie les effectifs. Avec pour corollaire une chute plus prolongée et plus marquée de la productivité par tête qu'au cours des crises de 1993 et 2001.

Le revers de cette – reluisante - médaille est évidemment que les entreprises vont maintenant chercher à reconstituer leurs marges, à restaurer leur productivité : c'est pour cela que le chômage devrait logiquement augmenter en 2011 et 2012, alors même que l'amélioration de la situation économique peut ramener sur le marché du travail des chômeurs qui s'en sont éloignés (le taux de flexion d'activité se redressant avec l'amélioration conjoncturelle).

À NOTER • Le chômage français a du mal à passer sous la barre de 8 %, en dépit des dispositifs de flexibilité introduits récemment. Il est aujourd'hui à plus de 9 %. Alors que 5 millions de personnes se trouvent dans le halo du chômage, il faudra créer 110 000 emplois chaque année d'ici quinze ans pour absorber les nouveaux entrants ; mais l'augmentation attendue de la population active est surtout une source de dynamisme de l'économie qu'il faut savoir saisir.

Le marché des capitaux

Chapitre 8

1 Le financement de l'économie

A – Économie d'endettement et économie de marché

Les banques sont au cœur du financement de l'économie : elles prêtent les dépôts qui leur sont confiés. Un tel système économique porte le nom d'***économie d'endettement***. Les entreprises, notamment les PME, sont très dépendantes des banques pour leur financement : on parle de ***finance indirecte ou intermédiée.***

Cependant, le transfert d'épargne entre ceux qui disposent de fonds prêtables et ceux qui souhaitent en disposer peut s'effectuer grâce au marché des capitaux. Ce système porte le nom d'***économie de marché.*** Dans une économie de marché, les emprunteurs émettent des ***titres*** qui sont souscrits par les agents disposant d'une épargne. Dans cette ***finance directe***, prêteurs et emprunteurs échangent de la monnaie contre des actifs à court ou à long à terme.

B – De l'économie d'endettement à l'économie de marché

Depuis une vingtaine d'années, on assiste à une mutation du financement de l'économie, l'économie de marché prenant le pas sur l'économie d'endettement. Le trait le plus apparent de cette évolution est le développement d'un large marché des capitaux, encouragé par les pouvoirs publics, et soutenu par le foisonnement des innovations financières.

Les valeurs mobilières sont des titres émis à long terme par les entreprises ou l'État pour financer leurs investissements. Les principales valeurs mobilières sont les actions et les obligations :

– ***une action*** est un titre de propriété sur une partie du capital de l'entreprise. L'actionnaire reçoit une fraction des bénéfices de l'entreprise, le ***dividende***. Seules les entreprises les plus grandes sont habilitées à émettre des actions ;

– ***une obligation*** est un titre de créance à long terme émis par une entreprise ou l'État pour une période fixée à l'avance. Une obligation représente une dette et donne donc lieu au versement d'un intérêt annuel, le ***coupon***. Les obligations peuvent être émises par les entreprises ou par l'État.

L'explosion du financement direct des agents date de la décennie quatre-vingt, il ne s'est pas démenti depuis. Ainsi, aujourd'hui :

- les émissions d'actions et d'obligations représentent en moyenne plus de la moitié des ressources externes des entreprises industrielles et commerciales ;
- les administrations couvrent plus des trois quarts de leur déficit par émissions d'obligations.

2 Le marché des capitaux : marché monétaire et marché financier

A – Le marché des capitaux

Le ***marché des capitaux*** est le lieu de rencontre entre les offres et les demandes de capitaux, c'est-à-dire d'argent. Plus précisément, c'est sur le marché des capitaux que l'on peut emprunter et prêter directement de l'argent. Quand l'échange se fait à court ou moyen terme (de un jour à sept ans), le marché concerné est le ***marché monétaire***. Quand l'échange se fait à long terme (au-delà de sept ans), le marché concerné est le ***marché financier***.

B – Le marché monétaire

Le marché monétaire comprend le marché interbancaire et le marché des titres de créances négociables.

1) Le marché interbancaire

Le marché interbancaire est réservé aux banques qui s'échangent les avoirs (la monnaie) qu'elles ont sur un compte à la Banque centrale. Pour quelle raison les banques auraient-elles besoin de s'emprunter de l'argent les unes aux autres ? Reprenons l'exemple du Chapitre 4 : deux banques créent de la monnaie sans en référer à la Banque centrale, parce qu'elles accordent des crédits dans la même proportion que leur part de marché en termes de dépôts. Supposons maintenant que la banque A, qui a une part de marché de 80 %, autorise 1 000 € de crédits, alors que la banque B qui détient 20 % du marché, n'autorise que 200 € de crédits.

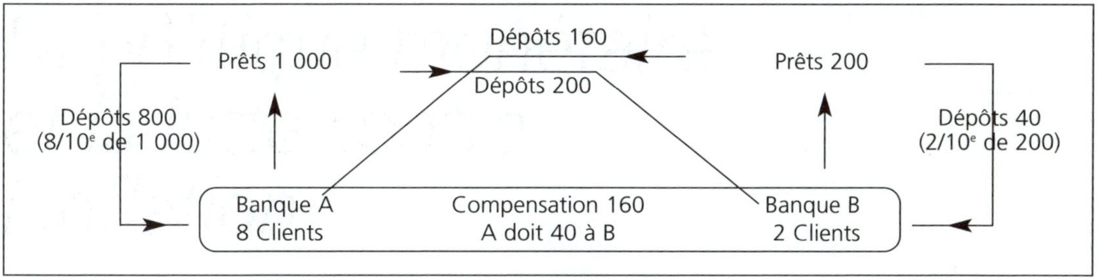

Après que les clients des deux banques aient utilisé leurs crédits en faisant des dépenses par chèque, A détiendra pour 160 € de chèques de B (80 % de 200 €) alors que B détiendra pour 200 € de chèques de A (20 % de 1 000 €). Après compensation, A devra toujours 40 € à B, qu'elle lui empruntera sur le marché interbancaire. Comme cela lui coûte de l'argent, elle sera incitée à limiter le volume des crédits qu'elle consent. La création de monnaie des banques est donc limitée par leur part de marché.

Concrètement, les offres et les demandes de prêts sont centralisées et confrontées sur le marché interbancaire. L'essentiel des échanges porte sur des prêts d'argent au jour le jour ou pour des durées assez courtes. L'équilibre entre l'offre et la demande sur ce marché détermine ***le loyer de l'argent*** pour les banques. Les conditions du marché monétaire déterminent ainsi le ***taux de base bancaire***, taux d'intérêt à partir duquel les banques vont fixer les taux des différents crédits qu'elles consentent.

2) Le marché des titres de créances négociables

Le marché des titres de créances négociables (TCN) est le compartiment du marché monétaire ouvert à tous les agents. Cependant, les prêts et emprunts portent sur un montant minimum de 150 000 €. Parmi les titres de créances négociables, on distingue :

– les ***billets de trésorerie***, qui sont émis par les sociétés non financières par actions et par les entreprises publiques pour une durée de dix jours à un an. Les entreprises émettent par exemple des billets de trésorerie quand il existe un décalage entre les périodes de recettes (Salomon vend des skis en hiver) et de dépenses (les skis sont fabriqués toute l'année) ;

– les ***certificats de dépôts*** qui sont émis par les banques autorisées à recevoir des dépôts à moins de deux ans ;

– les ***bons du Trésor*** qui sont émis par le Trésor Public, la banque de l'État.

C – Le marché financier

Le marché financier est le marché des fonds prêtables à long terme (sept à quinze ans et plus). On peut y distinguer le marché primaire et le marché secondaire :

– le ***marché primaire*** porte sur la mise en vente de titres nouvellement émis. C'est le cas lorsqu'une entreprise augmente son capital pour financer son développement;

– le ***marché secondaire***, ou la Bourse, est un marché de l'occasion où l'on peut négocier les titres déjà émis. La Bourse est très importante pour l'économie : elle permet d'obtenir facilement de l'argent en échange des titres déjà acquis (elle facilite la liquidité des titres) ; elle autorise les changements dans la structure financière des entreprises cotées.

3 La Bourse, organisation et évolution

A – Bourses et indices

La Bourse est le lieu où s'échangent les actions et les obligations déjà émises. Dans les années 90, le développement du marché boursier s'est traduit par l'apparition de nouvelles formes d'actions et d'obligations (les dernières obligations d'État sont indexées sur l'inflation). Mais on a surtout vu apparaître des SICAV (Sociétés d'Investissement à CApital Variable) qui font partie des OPCVM (Organismes de Placement Collectif en Valeurs Mobilières). Il s'agit de portefeuilles collectifs de valeurs mobilières gérés par les spécialistes des banques et constitués par les fonds des épargnants. Les SICAV sont en général spécialisées (SICAV actions françaises, SICAV actions des pays émergents...). Il existe aussi des SICAV dites monétaires car leur portefeuille est composé de valeurs (Bons du Trésor, Billets de trésorerie) échangées sur le marché monétaire.

La capitalisation boursière d'une entreprise correspond au nombre d'actions cotées en bourse multiplié par le cours de l'action. Fin 2010, La capitalisation boursière mondiale est de l'ordre de 55 000 milliards de dollars (30 000 en 2000 mais 60 000 en 2007), avec une part de marché de 22 % pour Wall Street (New York Stock Exchange). Viennent ensuite le NASDAQ, bourse des valeurs de nouvelles technologiques aux États-Unis, le Tokyo Stock Exchange, la City de Londres et Euronext, qui regroupe les bourses de Paris, Amsterdam, Bruxelles, Lisbonne et Milan. Ces cinq places boursières représentent tout juste 50 % de la capitalisation boursière mondiale, contre 63 % en 2008 par exemple, avant la crise. De fait, la croissance des bourses se situe bien chez les émergents, comme le montrent les plus fortes hausses de 2010, toutes en Asie.

Capitalisation boursière par place (milliards de $) et croissance (%)

Par niveau	Fin 2010	Par croissance	2010 / 2009
1 -NYSE Euronext (US)	13 394	Colombo	+108
2 - NASDAQ OMX (US)	3 889	Philippine	+ 82
3- Tokyo Stock Exchange Group	3 828	Thailand	+ 67
4 - London Stock Exchange Group	3 613	Indonesia	+ 56
5 - NYSE Euronext (Europe)	2 930	Shenzhen	+ 53
Total	54 884	Total	+ 14,9

Capitalisation des actions d'entreprises domestiques, en pourcentage de la capitalisation mondiale. *Source* : Fédération internationale des bourses de valeurs – *http://www.fibv.com*

Euronext devait préfigurer la création souhaitée d'une Bourse européenne capable de concurrencer la Bourse américaine. Mais depuis 2007, Euronext, qui est une entreprise privée, a fusionné avec le New York Stock Exchange (NYSE, autrement dit *Wall street*), pour créer la première bourse mondiale à vocation transatlantique. Une bataille boursière au printemps 2011 oppose le NYSE-Euronext au Nasdaq pour fusionner avec la Deutsche Börse, qui pilote la place de Francfort. Dans le même temps, Londres fusionne avec Toronto. Il s'agit dans tous les cas d'anticiper l'émergence de mastodontes asiatiques, et de lutter contre les bourses alternatives, moins réglementées, telle Chi-X-Europe, née en 2007 à la suite d'une directive européenne visant à briser le monopole des places historiques, et qui est devenue en 2010 la deuxième Bourse d'Europe en termes de transactions, derrière Londres mais devant Euronext !

Les principaux indices boursiers sont en France le CAC40 (40 plus grandes entreprises en termes de capitalisation), le SBF 120 (40 + 80 plus fortes capitalisations), le SBF 250 ou, en termes sectoriels, le CAC IT 20 (sociétés technologiques). Ailleurs, on trouve évidemment le Dow Jones (New York, 30 valeurs industrielles parmi les plus importantes), le SP 500 (Standard and Poors, valeurs les plus importantes des 3 marchés de New York : NYSE, Nasdaq et AMEX), le NIKKEI 225 (Japon), le FOOTSIE 100 (Londres) ou encore le DAX 30 (Allemagne). L'Euro Stoxx 50 regroupe lui les 50 valeurs parmi les plus significatives cotées sur différentes places boursières de la zone euro.

Sur la place de Paris, fin 2009, 42,3% de la capitalisation boursière des entreprises françaises du CAC 40 étaient détenus par des investisseurs non-résidents, un chiffre qui augmente régulièrement. A contrario, le taux de détention d'actions par les ménages français diminue : un cinquième des ménages détiennent des valeurs mobilières en 2010, contre un quart en 2004. Ce repli concerne à la fois les compte-titres ordinaires et les Plans d'Épargne en Actions (PEA). L'engouement des français pour la bourse est aujourd'hui derrière nous.

B – Les facteurs d'influence du cours des actions

Le cours des actions résulte au niveau micro-économique des bénéfices des entreprises et perspectives du secteur, au niveau macro-économique principalement du taux d'intérêt. La relation entre le taux d'intérêt et le cours des actions passe par les obligations.

1) Cours des obligations et taux d'intérêt

Prenons l'exemple d'une entreprise qui a émis dans la journée d'hier une obligation simple d'une valeur de 100 € à 1 an au taux de 10 %. L'acquéreur a donc versé 100 € hier et recevra l'an prochain 110 € (10 € d'intérêts plus le remboursement de l'obligation). Supposons qu'aujourd'hui le taux d'intérêt s'élève à 15 %. Une obligation de même valeur émise pour la même durée au taux du marché rapportera 115 € dans un an. De toute évidence, il est plus intéressant de détenir la seconde obligation plutôt que la première.

		Taux d'intérêt	Remboursement prévu 1 an plus tard
Marché Primaire	Hier	10 %	100 € + 10 % de 100 € = 110 €
	Aujourd'hui	15 %	100 € + 15 % de 100 € = 115 €
Bourse	Aujourd'hui		Vente des obligations émises hier pour acheter les obligations émises aujourd'hui sur le marché primaire

Les détenteurs de la première obligation, déjà émise et donc cotée en Bourse, vont alors chercher à s'en défaire. Ceci va faire baisser son prix jusqu'à ce qu'il n'y ait aucun avantage à détenir l'une ou l'autre des obligations. Le nouveau prix de la première obligation à la Bourse se fixera dans cet exemple à un peu moins de 96 € (95,65 € exactement). En effet, il est indifférent d'acheter une obligation nouvelle à 100 € qui me rapportera 115 € dans un an ou une obligation ancienne à 96 € qui me rapportera 110 € dans un peu moins d'un an. Le corollaire de la baisse du cours de l'obligation ancienne est l'augmentation de son taux de rendement : ma rémunération ne change pas (10 €) pour une mise de fonds moindre (96 €). Une augmentation de taux d'intérêt a donc pour effet de faire baisser le cours des obligations anciennes et d'augmenter leur taux de rendement.

2) Cours des actions et taux d'intérêt

Le taux de rendement des actions dépend lui aussi de leur prix et de leur rémunération, le dividende. À supposer que les variations de taux d'intérêt soient sans conséquences sur les bénéfices des entreprises (ce qui est vrai à court terme), l'augmentation de taux d'intérêt laisse inchangé le taux de rendement des actions. Toutes choses égales par ailleurs, il devient alors plus avantageux pour les agents de détenir des obligations (leur taux de rendement a augmenté) plutôt que des actions. Il faut donc vendre les actions et acheter les obligations. Ceci a pour conséquence de faire baisser le cours des actions. Il existe donc aussi une relation inverse entre le taux d'intérêt et le cours des actions.

3) L'influence des autres grandeurs économiques

La Bourse est aussi influencée par d'autres grandeurs économiques, comme le taux d'inflation, le taux de croissance ou le taux de chômage. Mais ces influences passent toutes par le taux d'intérêt. Ainsi, si les boursiers anticipent une reprise de l'inflation, ils pensent que la Banque centrale va augmenter son taux d'intérêt (v. chapitre 11). Ils anticipent donc une baisse du cours des actions et ils vendent. De même, si la croissance est forte, ou, ce qui va normalement de pair, si le chômage diminue, les marchés anticipent une reprise de l'inflation, et on revient au raisonnement précédent. C'est ainsi que l'on peut entendre à la télévision qu'une baisse importante du chômage est à l'origine d'une chute de la Bourse !

4) Cours des titres et anticipations

Ceci illustre aussi l'importance des anticipations sur les marchés financiers. Il faut toujours anticiper l'évolution des grandeurs qui ont une influence sur le cours des titres. Ainsi, dans notre exemple, si la Banque centrale relève effectivement ses taux d'intérêt, cela sera sans effet sur la Bourse, puisque les agents l'ont déjà parfaitement anticipé et que le cours des titres a déjà baissé. Si vous réagissez le jour même, vous êtes perdant.

À NOTER • Le taux d'intérêt est la grandeur économique qui a le plus d'importance pour les analystes financiers. Chaque fois que les boursiers pensent que le taux d'intérêt va baisser, cela veut dire que le cours des actions doit augmenter. C'est donc le moment d'acheter et la Bourse augmente (raisonnement inverse pour une hausse du taux d'intérêt).

C – La rentabilité des actions : évolution à long terme du CAC 40

Le CAC 40 a été créé en décembre 1987 avec une valeur de 1 000 points. Son évolution traduit celle de la valeur moyenne des actions à la Bourse de Paris. Depuis 1987, année où la Bourse a subi une correction importante (on parle de mini-krach), le CAC 40 a connu quatre évolutions distinctes :

– ***de 1987 à 1996,*** le CAC 40 passe de 1 000 à 2 000 points en particulier du fait de l'engouement des français pour la bourse (la détention de valeurs mobilières par les français a atteint un point haut en 1991, avec 14 millions de détenteurs) ;

– ***à partir de 1996 jusqu'à 2000,*** le CAC 40 passe de 2 000 à près de 7 000 points, puis revient à 3 000 points, principalement en raison de la bulle créée autour des valeurs dites de nouvelles technologies (voir l'évolution de l'indice ITCAC), et son éclatement, les entreprises du secteur tardant à dégager les bénéfices escomptés ;

– ***depuis 2003 jusqu'au déclenchement de la crise***, le CAC s'accroît fortement jusqu'à 6 000 points, dans le contexte d'une croissance mondiale exceptionnelle (5 % sur le début des années 2000 dans le monde), alors que les entreprises du CAC réalisent 80 % de leur chiffre d'affaires à l'étranger. Les niveaux exceptionnellement bas de taux d'intérêt mondiaux dans un contexte d'abondance des liquidités expliquent également cette croissance soutenue de l'indice ;

– des prémisses de la crise fin 2007 à sa propagation, le CAC chute de moitié environ, passant de 6 000 à moins de 3 000 points au plus fort de l'incertitude sur la capacité des économies occidentales à s'extraire du marasme, au printemps 2009. Durant ces trois années, les vagues de baisses du CAC sont finalement assez régulières, preuve d'une prise de conscience progressive de la crise à venir ou en cours ; depuis 2009, le CAC remonte sans atteindre les niveaux des années 2000. Il est de l'ordre de 3 800 points à l'été 2011.

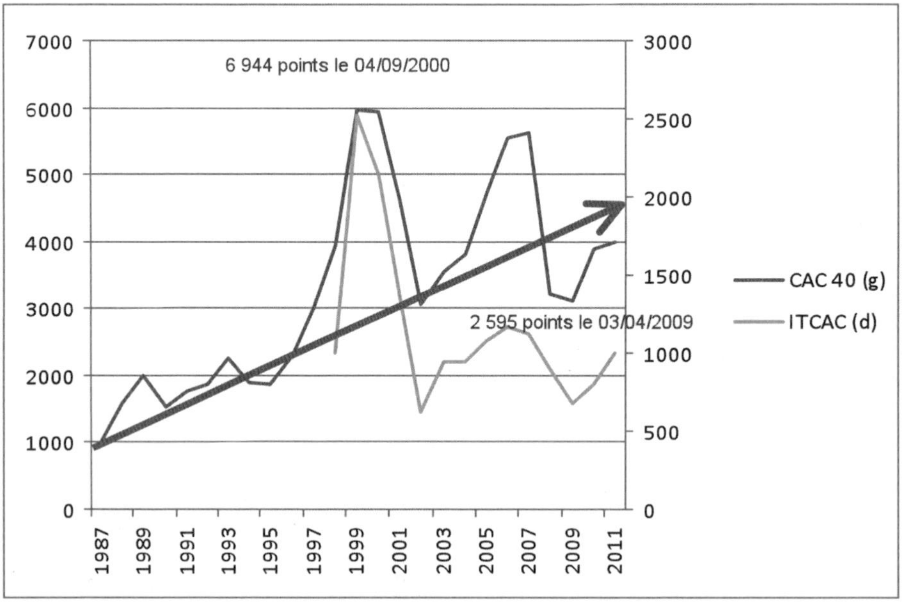

Au final, et en dépit de la baisse récente, toutes les études montrent qu'à long terme, les actions offrent un rendement supérieur à toutes les autres classes d'actifs. La hiérarchie traditionnelle des performances selon le type d'actif est la suivante : les actions viennent en tête, suivies de l'immobilier, puis des obligations et enfin des placements monétaires.

Sur quinze ans, le taux de rendement interne (TRI) – un calcul qui intègre à la fois les éventuelles plus-values et les dividendes – est de l'ordre de 7 % ; en moyenne sur une période de trente-cinq ans, la rentabilité annuelle des actions françaises dépasse 10 %. Le graphique illustre ainsi une tendance vers les 4 500 points (hors situation de crise en Europe), soit 6,5 % de croissance annuelle depuis 1987, auquel s'ajoute le rendement sur dividende compris entre 2 % et 3 %. On retrouve ainsi une rentabilité de long terme comprise entre 8 % à 10 %. Dans le même temps, le placement en immobilier de bureau rapporte 4,9 %, l'or environ 5 % et le livret A se contente d'un rendement de 3 %.

À NOTER • Le CAC 40 mesure l'évolution de la valeur boursière des 40 premières entreprises françaises en termes de capitalisation boursière. Base 1000 fin 1987, il avait atteint presque 7 000 points en 2000, au plus fort de la bulle spéculative sur les valeurs Internet. Sa tendance est autour de 4 500 points, soit une rentabilité de long terme de 8 à 10 % en incluant le rendement des dividendes.

4 La finance, points de repère

La Bourse est la composante visible d'un marché financier beaucoup plus étendu. La finance est devenue une activité à part entière, parfois largement déconnectée de l'économie réelle, dont le poids dans l'économie peut être considérable : elle représente ainsi 15 % de l'économie britannique, contre 5 % en France. La city fournit encore en 2011, après les saignées liées à la crise, 320 000 emplois, contre 150 000 à Paris. De fait, le Royaume-Uni a clairement fait le choix d'une spécialisation productive vers l'industrie financière. On comprend dès lors ses réticences à réguler ce secteur, donc à se priver d'un avantage comparatif acquis.

A – Les acteurs de la finance mondiale

Quels sont les acteurs du marché financier ? Ce sont principalement des fonds gérants des capitaux pour autrui : ***fonds de pension*** (fonds de retraite), ***fonds mutuels*** (OPCVM, Sicav, fonds commun de placement, etc.), ***fonds spéculatifs*** (par exemple les *hedge funds*), ***fonds d'investissement*** (*private equity*) et ***fonds souverains*** (fonds de placement des États disposant d'une manne pétrolière ou gazière ou de réserves de change importantes). Un rapport du forum de Davos de 2011 estime que ces fonds géreraient fin 2009 environ 65 000 milliards de dollars d'actifs, dont 27 000 gérés par des institutions ayant une visée de long terme (assureurs, fonds de pensions, fonds souverains et autres institutions de financement public, fondations et fonds d'investissements familiaux). Et encore le rapport estime-t-il que ces investisseurs ne consacrent pas plus de 25 % de leurs actifs (soit 6 500 milliards de dollar) à l'investissement à long terme... Bref, la visée de la finance mondiale est bien le rendement à court terme. Autre exemple de la démesure de la finance, selon Reuters, le montant des avoirs enregistrés dans les comptes de Clearstream, chambre de compensation internationale entre banques et opérateurs financiers, serait de 11 000 milliards d'euros en janvier 2011 !

Ces fonds n'ont pas les mêmes contraintes que les banques, en particulier ne sont pas soumis à la réglementation bancaire (dite de Bâle), relatives aux fonds propres et à leur composants. On parle parfois des non-banques. Un pas plus loin, on retrouve des fonds qui exercent des activités bancaires sans recevoir de dépôts, donc sans être soumis à réglementation. Il s'agit du ***shadow banking***, zone de non-droit de la finance internationale. Aux États-Unis, les chiffres supposés du Shadow banking étaient presque équivalents à ceux de l'activité bancaire à la veille de la crise financière de 2008, plus de 10 trillons de dollars (10 000 milliards de dollars). Le *shadow banking* contourne aussi les bourses, elles-aussi régulées. Une place comme Euronext ne gère plus que les deux tiers des échanges d'actions dans les pays où elle travaille. Les autres transactions ont migré vers d'autres lieux comme Chi-X, déjà évoqué.

B – Deux exemples de techniques financières : la titrisation, le high frequency trading

La finance structurée vise à disperser le risque quand la banque et l'assurance le concentrent pour le mutualiser. Elle est au cœur de la crise financière et de son déclenchement. Elle repose sur la ***titrisation***. La titrisation est une technique financière qui transforme des actifs peu liquides, c'est-à-dire des actifs pour lesquels n'existe aucun marché efficace (par exemple un crédit) en valeurs mobilières pour lesquelles existe un marché efficace. Les actifs peu liquides sont vendus à une société intermédiaire *ad hoc* (les *special purpose vehicles*, SPV) qui se financent en émettant des titres négociables (les *asset backed securities*, ABS) garantis par les actifs peu liquides qui ont été cédés. L'ABS peut lui-même être découpé en tranches différenciées selon son degré d'exposition au risque (de A à C, de moins à plus risqué). En fonction des actifs auxquels ils sont adossés, on distingue deux grandes familles d'ABS, les *mortgage backed securities* (MBS), et les *collateralized debt obligations* (CDO).

Un autre volet de la sophistication de la finance est son informatisation à outrance. Sur Euronext par exemple, chaque titre fait l'objet de 600 ordres par seconde, dont 99,5 % sont annulés dans les 25 microsecondes qui suivent ! C'est le « ***high frequency trading*** », ou « *flash trading* », qui vient surtout du fait qu'une même action est cotée en même temps à plusieurs endroits. Le flash trading est sans doute l'une des explications du « minikrach » observé le 6 mai 2010 à Wall Street (- 9 % en cinq minutes, faisant disparaître près de 1000 milliards de dollars ...). La raison ? Un ordre de vente de 75 000 contrats à terme (« futures »), d'environ 4 milliards de dollars, donné à travers un programme informatique par un courtier, ayant entraîné une réaction en chaîne à cause de l'utilisation massive de techniques de spéculation «à haute fréquence», qui ne sont ni plus ni moins que des programmes informatiques jouant sur des micro-secondes pour gagner des millions.

C – La spéculation

La spéculation a toujours eu cours, en tout cas depuis qu'existent des marchés qui concentrent les intérêts divergents de leurs participants. Elle a fonction essentielle d'assurer la liquidité et la profondeur des marchés, c'est-à-dire de permettre aux émetteurs de trouver un prix et une quantité suffisante à tout moment, y compris en l'absence de contrepartie (d'acheteurs ou investisseurs). En cela, la spéculation est fondamentalement utile aux marchés.

Ce qui a changé ces dernières années, c'est le pouvoir destructeur de cette spéculation par le biais des produits dérivés, d'une complexité toujours croissante, et toujours plus éloignés de l'instrument sous-jacent qu'ils sont censés représenter.

Prenons l'exemple des CDS, les ***Credit Default Swaps***, dont on a beaucoup entendu parler à l'occasion de la crise des pays périphériques de la zone euro. Comme souvent, l'idée de départ est bonne puisqu'il s'agit de dissocier le risque de crédit associé à un émetteur de la dette elle-même. Ainsi, un investisseur soucieux du risque de faillite d'une institution peut acheter une « assurance faillite », le CDS, à une banque d'affaires ou une compagnie d'assurance. Cette assurance permettra à l'investisseur qui le possède d'échanger son obligation en défaut de paiement contre le paiement de celle-ci : il est assuré. L'assureur, i.e. le vendeur du CDS, pourra payer puisqu'il aura vendu suffisamment d'assurances de nature diverse pour que les primes couvrent la perte. Il s'agit donc d'une simple histoire d'assurance.

Sauf que trois éléments compliquent le phénomène. Le premier est l'intervention dans le marché de spéculateurs (par exemple des Hedge Funds non règlementés) disposant de sommes parfois sans commune mesure avec le support de l'assurance (la dette) ; cela peut perturber le marché. Le deuxième est que l'on a totalement dissocié l'assurance de son support, puisque rien n'oblige l'acheteur du CDS à détenir la dette correspondante en portefeuille ; les CDS sont des produits financiers comme les autres. Le troisième résulte du fait qu'il n'existe aucune chambre de compensation qui enregistre et contrôle les transactions ; on ne sait pas combien de CDS sont détenus par les spéculateurs ou investisseurs.

La conséquence de tout cela est que la motivation des acteurs ou les sommes en jeu peuvent être fort éloignées des fondamentaux du marché, donc menacer les émetteurs d'assurance (les banques ou assurances) ou les émetteurs de dette (les Etats). C'est le cas si les spéculateurs achètent massivement une assurance particulière sur un pays, ce qui fait monter son prix, et fait donc craindre un défaut de ce pays… qui le paiera cher en refinancement… au risque de faire effectivement défaut au final !

À NOTER • La finance est une industrie très innovante, largement fondée sur les mathématiques et l'informatique, qui s'est largement déconnectée de ses soubassements réels. Les comportements spéculatifs par exemple, logiquement bénéfiques au bon fonctionnement des marchés, ont été largement dévoyés et peuvent déstabiliser les agents et États.

PARTIE 2
La conjoncture économique

La représentation de l'économie nationale

CHAPITRE 9

1 Le circuit économique

Les opérations économiques peuvent être ventilées en trois catégories : ***opérations sur biens et services***, ***opérations de répartition*** et ***opérations financières***.

A – Les opérations

Les opérations sur biens et services sont la ***production*** (P), la ***consommation finale*** (C_f) ou ***intermédiaire*** (C_i), l'***investissement*** (I), les ***exportations*** (X) et les ***importations*** (M).

Ces opérations sont reliées entre elles par une relation d'équilibre. Ainsi, au cours d'une période donnée (un an) et dans un espace donné (l'économie nationale), il est nécessaire que tous les biens et services offerts trouvent un emploi. C'est l'***équation ressources-emplois*** du marché des biens et services, qui traduit l'égalité entre l'offre et la demande. Elle s'écrit :

$P + M = C_f + C_i + I + X$.

Tous les biens et services offerts sont soit produits dans le pays (P), soit produits à l'étranger et vendus dans le pays (M). Les biens et services sont demandés soit pour être consommés dans le pays (C), soit pour être investis dans le pays (I), soit pour être consommés ou investis à l'étranger (X). La consommation peut correspondre :

– à une utilisation finale (C_f), les biens et services servant à la satisfaction directe des besoins des ménages ;

– à une utilisation intermédiaire (C_i), les biens et services étant détruits dans le processus de production des entreprises. La consommation intermédiaire est un élément de la demande qui s'incorpore dans la production des entreprises donc dans l'offre.

Le schéma suivant résume l'égalité entre l'offre et la demande sur le marché des biens et services. Il fait aussi apparaître l'articulation entre ce marché et celui des facteurs à l'origine de la production, travail et capital. On note le rôle particulièrement important de l'investissement dans l'économie puisqu'il est à la fois élément de demande (les achats de machines par des entreprises représentent un débouché pour d'autres entreprises) et un élément d'offre (les entreprises qui ont acheté ces machines produiront davantage demain).

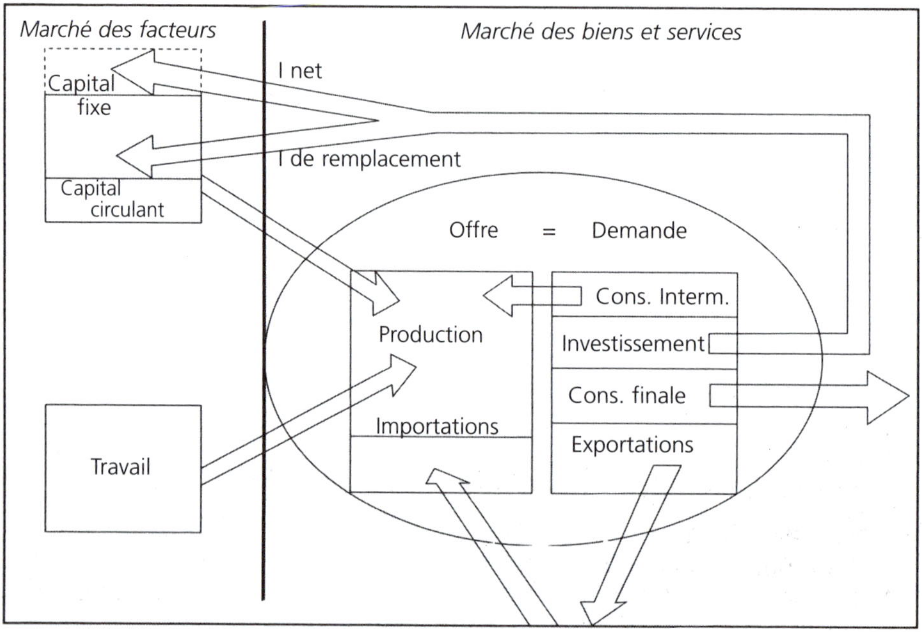

Les opérations de répartition sont toutes les ***opérations de distribution ou de redistribution*** du revenu entre les agents économiques. Elles concernent deux catégories de revenus, ceux directement issus de la participation à la production (salaires pour les ménages, profits pour les entreprises, taxe professionnelle pour l'État...) et ceux issus d'un mécanisme redistributif (prestations sociales pour les ménages, dividendes résultant des participations financières pour les entreprises, cotisations sociales pour l'État...).

Les ***opérations financières*** sont toutes celles qui modifient les créances et les dettes des différents agents économiques.

B – Le circuit économique

Le circuit économique est une représentation schématique de l'activité économique. Dans cette représentation, la production est à l'origine de toute l'activité économique : elle est à la fois la principale source des biens et services disponibles dans l'économie (l'autre source est l'importation), mais également la source unique des revenus (salaires, profits).

1) Le circuit en économie fermée et en présence des seuls ménages et entreprises

Dans ce schéma où seuls sont représentés les flux monétaires, les entreprises produisent des biens de consommation finale pour les ménages et des biens de consommation intermédiaire et d'équipement pour elles-mêmes. Elles rémunèrent les facteurs de production en versant des salaires, des intérêts et des dividendes. Elles financent leurs investissements avec l'épargne des ménages. L'existence de cette épargne traduit le fait que les ménages gagnent plus d'argent qu'ils n'en dépensent. Ils sont en situation de ***capacité de financement***. À l'inverse, les entreprises ne gagnent pas assez d'argent pour financer leurs investissements. Elles sont en situation de ***besoin de financement***. Les opérations financières permettent ainsi à la capacité de financement des uns de combler le besoin de financement des autres.

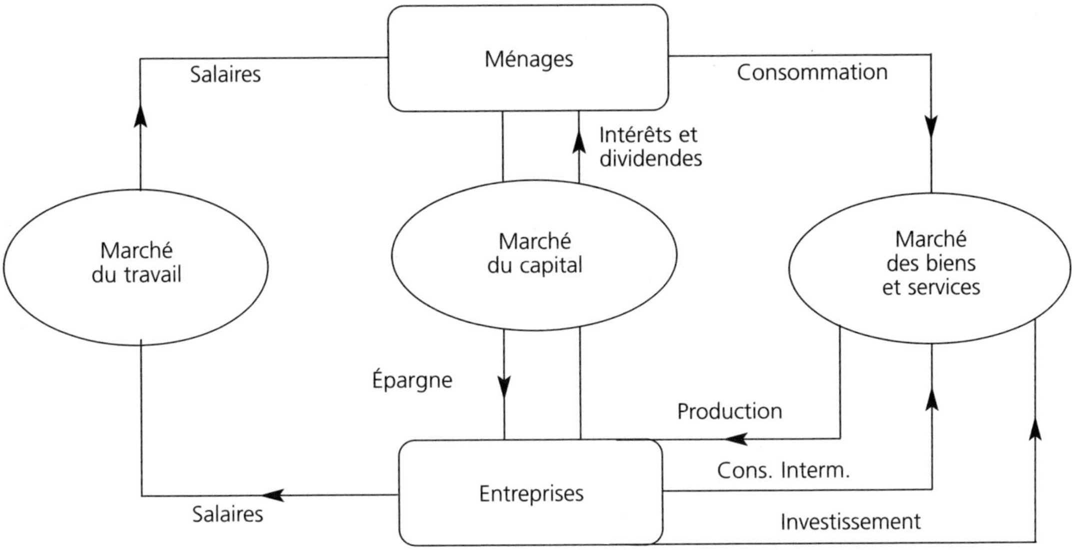

Cette situation se retrouve dans le compte des agents : les revenus des ménages sont plus importants que leur consommation, de sorte qu'ils épargnent. Cette épargne vient financer les investissements des entreprises.

2) Le circuit en économie ouverte et en présence de tous les agents

Le schéma suivant complète le précédent en incorporant les administrations, les banques et le reste du monde. Il apparaît que :

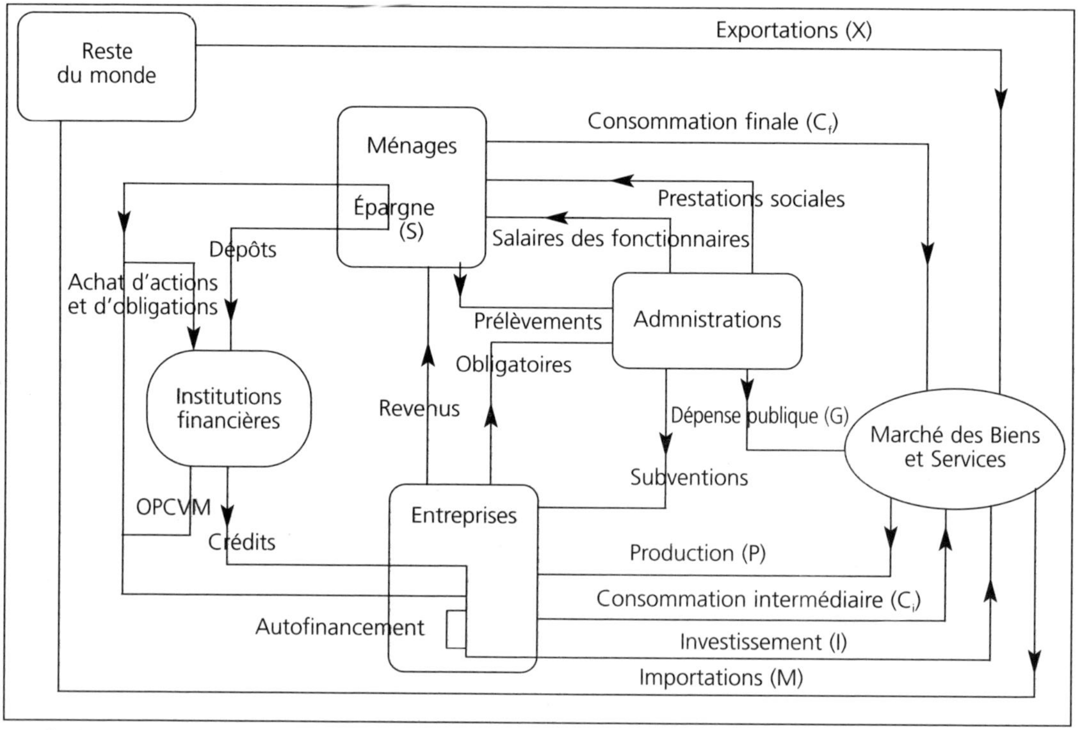

Les flèches indiquent la direction des flux monétaires. Les flux réels sont de sens inverse.

– sur le marché des biens et services, en économie ouverte, l'offre comprend maintenant les importations et la demande, les exportations et la dépense publique ;

– les revenus des agents sont modifiés par les opérations de répartition souvent orchestrées par les administrations ;

– les entreprises peuvent réserver une partie de leurs bénéfices au financement de leur développement : on dit qu'elles s'autofinancent. On retrouve alors les trois grandes sources de financement des investissements des entreprises : l'émission d'emprunts, l'émission de titres et l'autofinancement ;

– enfin, les banques servent d'intermédiaire entre les agents à capacité et les agents à besoin de financement, ici les ménages et les entreprises.

De la même façon que précédemment, les comptes des agents font apparaître l'excédent de revenu après impôts des ménages sur leur consommation. Ici en revanche, les investissements des entreprises sont en partie autofinancés, du fait de l'excédent des recettes de l'entreprise (production et subventions) sur les dépenses courantes (consommations intermédiaires, rémunération des facteurs et de l'État).

À NOTER • Le circuit économique s'organise autour de l'équation d'équilibre des opérations sur biens et services. Il fait apparaître les interactions entre les agents économiques.

2 La comptabilité nationale et la mesure de l'activité

La comptabilité nationale est « la présentation dans un cadre comptable rigoureux de l'ensemble des informations chiffrées relatives à l'activité économique. Elle décrit les phénomènes fondamentaux de la production, de la distribution, de la répartition et de l'accumulation des richesses ».

La comptabilité nationale est établie sur le modèle du circuit économique. Elle examine les relations entre les agents économiques, appelés ici ***secteurs institutionnels***, pour déterminer des résultats appelés ***agrégats*** : les principaux sont le Produit Intérieur Brut (PIB), le Revenu National Disponible Brut (RNDB), l'Épargne Brute, etc. Les secteurs institutionnels nationaux sont au nombre de six : les SNF (Sociétés Non Financières, à savoir les entreprises), les MÉNAGES (ménages et entreprises individuelles), les SF (les Sociétés Financières, à savoir les banques et les compagnies d'assurance), les APU (Administrations PUbliques) et les ISBLsm (Institutions Sans But Lucratif au service des ménages, à savoir les associations (Loi 1901, les partis politiques, etc.). Le reste du monde est considéré comme un agent unique dénommé reste du monde.

La comptabilité nationale est une comptabilité de flux et non de stock. Elle permet par exemple de connaître la richesse créée en une année dans le pays mais pas le montant des richesses accumulées au fil des ans. L'INSEE publie donc aussi tous les ans les comptes de patrimoine qui présentent une estimation des éléments d'actif et de passif des agents économiques.

La comptabilité nationale produit chaque année deux tableaux particulièrement importants :

– le premier s'intitule le ***Tableau Économique d'Ensemble (TEE)***. Il offre une présentation simultanée des opérations des différents secteurs institutionnels. Les opérations sont regroupées dans des comptes. Il rassemble pour une année l'essentiel des résultats économiques et financiers de chaque agent et de l'économie toute entière;

– le second tableau s'intitule le ***Tableau des Entrées-Sorties (TES)***. Il présente les résultats économiques des branches d'activité. Son intérêt majeur est de faire apparaître l'interdépendance des branches à travers les consommations intermédiaires. Il permet alors de mesurer l'effet d'entraînement sur l'économie d'une relance dans une branche donnée. Ainsi, le gouvernement peut savoir s'il est préférable pour la croissance de donner une prime à l'achat d'une voiture ou d'un ordinateur. Étant donné l'importance du secteur automobile en France et ses effets d'entraînement sur toute l'économie, c'est la première solution qui avait été retenue il y a quelques années.

A – Le produit intérieur brut (PIB) comme mesure de l'activité

Le Produit Intérieur Brut (PIB) mesure la production d'une année dans un pays. Au sens large, la production est la création de biens et de services afin de satisfaire des besoins. Cette définition implique que la production n'est pas seulement le fait des entreprises.

1) Production marchande et production non marchande

Certaines activités de service, telles que l'enseignement ou les services hospitaliers, sont incluses dans la production. Ces services, uniquement produits par les administrations, sont non marchands. La comptabilité nationale évalue les productions non marchandes à leurs coûts de production.

Exemple

Une heure d'enseignement contribue à augmenter le PIB de la France. C'est une production non marchande puisqu'elle est fournie gratuitement. De quel montant le PIB est-il augmenté ? Essentiellement du montant du salaire payé à l'enseignant auquel il faut ajouter les consommations pendant l'heure de cours (marqueur, énergie, papier, etc.) et l'amortissement des matériels (rétroprojecteur, salle de cours, etc.).

2) La valeur ajoutée, mesure de la production

La production d'un pays ne peut pas être calculée comme la somme des productions des agents, sous peine de compter plusieurs fois les mêmes flux. En effet, les consommations intermédiaires étant livrées par un agent à un autre agent, elles apparaissent deux fois : dans la production de celui qui vend et dans la production de celui qui achète. Comment éviter de comptabiliser deux fois les mêmes choses ? Il faut faire la somme des valeurs ajoutées.

Le PIB est donc égal, aux impôts indirects près (TVA et droits de douane), à la somme des valeurs ajoutées :

$$PIB = \sum VA + TVA + DD.$$

3) Le PIB évalué dans une optique de demande

Reprenons l'équation d'équilibre sur le marché des biens et services :

$$P + M = C_i + C_f + I + X.$$

Dans la comptabilité nationale, les éléments de droite de l'équation sont évalués aux prix du marché (à ce que payent les utilisateurs, c'est-à-dire taxes indirectes comprises), et ceux de gauche aux coûts des facteurs (à ce que reçoivent ceux qui en sont à l'origine, c'est-à-dire taxes indirectes exclues). Pour que l'égalité soit respectée, il faut ajouter les taxes indirectes à la production et aux importations : $P + M + TVA + DD = C_i + C_f + I + X$.

Le PIB apparaît dans l'équation en faisant passer les consommations intermédiaires dans le membre de gauche :

$(P - C_i) + TVA + DD + M = C_f + I + X$

ou $\sum VA + TVA + DD + M = C_f + I + X$,

soit : $PIB + M = C_f + I + X$.

Le premier membre constitue l'offre de biens et services dans l'économie. Le second membre constitue la demande adressée à l'économie. La demande est d'origine interne ou externe. La composante interne inclut la consommation finale et l'investissement, et la composante externe, les exportations. En comptabilité nationale, cette équation est toujours vérifiée quelle que soit la situation économique.

Parmi les éléments de demande interne, l'investissement recouvre à la fois l'investissement net, l'investissement de remplacement (qui constituent tous deux la Formation Brute de Capital Fixe) et la variation des stocks :

$$I = I_{net} + I_{remplacement} \pm \Delta S = FBCF \pm \Delta S.$$

Selon quelle logique les variations de stocks figurent-elles dans l'investissement ?

– L'idée est ici que la constitution de stocks, en amont quand il s'agit des matières premières, ou en aval quand il s'agit des produits finis, revient toujours à immobiliser de l'argent aujourd'hui pour en gagner plus demain. En cela, il s'agit bien d'un comportement d'investissement ;

– le fait de faire apparaître les variations de stocks dans la demande présente un autre avantage, très important. En effet, que se passe-t-il si les entreprises n'arrivent pas à vendre l'intégralité de leur production ? Les invendus apparaissent quand même dans la demande, en augmentation des stocks. Mais dans ce cas, l'offre désirée n'est pas égale à la demande désirée. Ceci montre bien que l'équation d'équilibre sur le marché des biens et services traduit un équilibre comptable et pas nécessairement économique.

Par la suite, C sera la consommation finale, I l'investissement au sens strict (la Formation Brute de Capital Fixe), ΔS la variation des stocks et X et M les exportations et les importations. Dans une optique de demande, le PIB s'écrit :

$PIB = C + I \pm \Delta S + (X - M)$.

Il est donc constitué de la consommation finale des agents économiques intérieurs, de leurs investissements, de la variation des stocks et du solde de la balance des biens et services.

Enfin, dans l'équation précédente, on ne distingue pas les opérations économiques selon l'agent qui en est à l'origine. Il peut être cependant intéressant de faire intervenir les administrations, puisque celles-ci interviennent aussi sur le marché des biens et services. On peut ainsi distinguer la consommation finale ou l'investissement selon qu'ils sont le fait des agents privés (ménages ou entreprises) ou des administrations. Notons G, la dépense publique en biens et services. C et I deviennent la consommation et l'investissement privés. On peut alors écrire l'équation d'équilibre sur le marché des biens et services en présence de l'État :

$$PIB = C + I \pm \Delta S + G + (X - M).$$

Cette équation fait maintenant apparaître les dépenses en biens et services des administrations comme un débouché possible pour les entreprises. Une étape supplémentaire consiste à dire que l'État peut se substituer aux agents privés en situation d'insuffisance des débouchés. On est donc bien dans le cadre d'une représentation keynésienne de l'économie.

4) La croissance économique mesurée par les augmentations de PIB

La croissance se mesure par les augmentations de PIB. Le PIB s'écrivant comme la somme de la consommation, de l'investissement et du solde de la balance des biens et services, on a ici les sources de la croissance à court terme. Ainsi, quand on entend les commentateurs économiques dire que la croissance est tirée par la demande interne, cela signifie que la croissance trouve son origine dans les augmentations de la consommation et/ou de l'investissement. De même, quand la croissance est tirée par la demande externe, cela signifie que le solde de la balance des opérations sur biens et services avec l'étranger s'améliore.

Par ailleurs, une situation de croissance résulte d'une augmentation de PIB en volume et non en valeur : si vous achetez aujourd'hui un livre qui vaut 20 € et que vous achetez demain le même livre au prix de 21 €, votre consommation a augmenté de 1 € en valeur. Votre satisfaction à consommer aura-t-elle pour autant augmenté ? Bien sûr que non puisque vous consommez toujours autant. C'est pour cela que la croissance doit être calculée à partir du PIB en volume (ou à prix constants), c'est-à-dire corrigé des augmentations de prix.

5) Les autres agrégats de production

Le PIB est donc l'ensemble des biens et services produits dans le pays, c'est-à-dire par les agents économiques situés à l'intérieur du pays. Ces agents dits « résidents » peuvent être de nationalité française ou étrangère.

Mais au lieu de s'intéresser à la production des unités résidentes, on peut aussi s'intéresser à la production réalisée ou aux revenus perçus par les ressortissants d'un pays. On obtient alors le Produit National Brut (PNB) ou le Revenu National Brut (RNB). Le PNB est obtenu en ajoutant au PIB la production des nationaux à l'étranger net de la production des étrangers en France. On obtient le RNB en ajoutant au PIB les recettes nettes en provenance de l'étranger au titre des salaires et revenus de la propriété.

Exemple

Dans quel agrégat faut-il inclure la production des usines Renault au Brésil ? Elle sera comprise dans le PIB brésilien, et dans le PNB français. De même, les revenus des travailleurs expatriés de Renault ou les bénéfices transférés par Renault Brésil en France se retouvreront dans le RNB français.

La différence entre le PIB et le PNB voire le RNB est faible pour un pays comme la France (les investissements français à l'étranger sont de même ordre de grandeur que les investissements étrangers en France). Elle ne l'est pas pour les pays en développement, ces pays accueillant beaucoup d'entreprises étrangères et ayant peu d'entreprises implantées à l'étranger.

Enfin, la différence entre un agrégat brut et un agrégat net tient à la prise en compte ou non de la dépréciation du capital, i.e. l'amortissement.

Au final, le schéma suivant fait le lien entre le PIB, agrégat central mais lointain, et le revenu disponible perçu par chaque ménage, très concret.

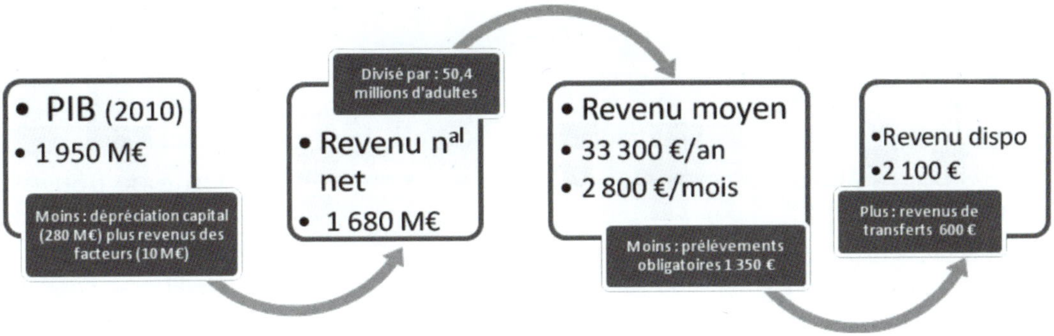

Source: C. Landais, T. Piketty & E. Saez, Pour une révolution fiscale, 2011.

À NOTER • Dans une optique d'offre, le PIB est la somme des valeurs ajoutées plus les impôts indirects ; dans une optique de demande, il est la somme de la consommation, des investissements, des variations de stocks, et du solde de la balance des biens et services. Une dernière optique le décrit comme la somme des revenus primaires distribués dans l'économie.

B – Les problèmes de mesure de l'activité

Le PIB mesure donc la création de richesse dans un pays en un an. La richesse créée sera bien sûr d'autant plus forte que le pays est grand. C'est pour cela que le niveau de développement est mesuré par le ***PIB par habitant***, qui traduit la richesse créée et donc les revenus reçus en moyenne par les habitants d'un pays. Deux questions se posent cependant : le PIB mesure-t-il bien la richesse créée par un pays ? Le PIB par habitant mesure-t-il bien le niveau de développement d'un pays ?

1) Le PIB comme mesure de la richesse créée dans un pays

La mesure de la production par la comptabilité nationale exclut les activités illégales et les activités domestiques :

– le premier point pose un problème lorsque l'on veut comparer la richesse créée dans différents pays : ainsi, en 2010, l'OCDE estime la part de l'économie non officielle dans le produit intérieur brut des pays de l'OCDE à 14%. Les pays baltes et les pays d'Europe méditerranéenne connaitraient les ratios les plus élevés : l'économie souterraine représenterait 25% du PIB en Grèce et autour de 40% en Lettonie et en Estonie, contre 11 % en France par exemple ;

– le deuxième point revient à minorer considérablement le volume d'activité. On estime ainsi que l'auto-production domestique représente 30 à 45 % du PIB : faites une pâtisserie vous-même et vous n'augmentez pas la production du pays, allez l'acheter chez un pâtissier et vous contribuez à l'augmenter ! En conséquence, le PIB d'un pays sera très différent selon que l'activité féminine y est forte ou faible. Ici encore, on sous-estime la richesse créée en Italie, puisque le taux d'activité féminin est traditionnellement plus faible dans les pays latins.

2) Le PIB par habitant converti en une monnaie commune : la parité de pouvoir d'achat

Pour comparer le niveau de développement des pays, il convient de convertir le PIB par habitant des pays en une monnaie commune. Or, les comparaisons internationales de PIB par habitant posent un problème de forme lié à la conversion des données dans la même monnaie. Supposons que le PIB par habitant soit de 30 000 dollars aux États-Unis et de 20 000 euros en Europe. Au taux de change courant (par exemple 1 dollar = 1 euro), un américain est une fois et demie plus riche qu'un européen (qui touche en moyenne 20 000 dollars). Mais supposons aussi qu'avec 20 000 euros en Europe, on puisse acheter ce qu'un américain achète avec 30 000 dollars aux États-Unis (le coût de la vie serait plus élevé aux États-Unis de 50 %). Dès lors, peut-on dire que le niveau de vie des américains est de 50 % supérieur à celui des européens ? Bien sûr que non, le niveau est de toute évidence le même. Pour cela, les niveaux de vie sont comparés en utilisant le taux de change qui procure le même pouvoir d'achat (1,5 dollar pour 1 euro dans notre exemple). Ce taux de change a pour nom le ***taux de parité de pouvoir d'achat (PPA)***.

L'OCDE propose depuis peu une comparaison non plus du PIB, mais du revenu national brut par habitant en PPA. Selon les derniers chiffres, chaque français dispose ainsi d'un revenu de 33 300 $, identique ou presque à celui d'un allemand ou d'un anglais (36 000), loin devant celui d'un portugais (22 300), d'un estonien (19 400) ou d'un chilien (13 300) mais largement inférieur à celui d'un norvégien (59 300) ou d'un américain (47 300).

Quels enseignements tirer de ces données ? D'une part, il existe bien un écart de niveau de vie entre la moyenne des pays de l'OCDE, et les États-Unis. Chaque américain a par exemple un revenu moyen supérieur de l'ordre du tiers à celui d'un français en termes de sa capacité à acheter ! Il reste que ce chiffre est une moyenne qui tord la réalité : en termes de médiane, l'écart serait de l'ordre de 10 % seulement. Au-delà, on ne peut pas sur la base de ses seuls chiffres dire que la France décroche, ou s'appauvrit, par rapport à la moyenne des pays développés. Nous sommes avec la photographie d'aujourd'hui, au même niveau que les autres : un français a le même niveau de vie, au sens de ce qu'il peut acheter, qu'un britannique, qu'un canadien, ou qu'un allemand. Cela limite l'intérêt d'un débat sur le déclin français. Mais cela ne doit pas empêcher de s'interroger sur les tendances récentes défavorables à l'économie française (v. Chapitre 15).

3) Les critiques du PIB comme mesure du niveau de développement d'un pays

Une première critique vis-à-vis du PIB tient à ce qu'il s'agit d'un compte de flux et non de stock. En bref, il mesure la richesse créée, non le stock de richesse. Une illustration frappante de cela peut être donnée avec la catastrophe qu'à connu le Japon au printemps 2011. Selon les premières estimations, les dégâts seraient de l'ordre de 200 milliards de dollars, soit 4 % du PIB. Est-ce à dire que le PIB baisse de 4 % ? Evidemment non, puisque le PIB mesure le flux de production nouvelle en une année, et non la valeur des maisons, des routes ou des usines détruites. En revanche, il prendra en compte leur reconstruction. Il sera certes affecté par les pertes de production et la paralysie partielle de l'activité dans les zones sinistrées, mais seulement de façon temporaire. Au final, la logique veut que le Japon dispose d'une base de croissance pour les années à venir, puisqu'il faudra reconstruire les zones détruites !

Une autre critique, de nature presque philosophique, renvoie à la notion de bonheur, et à sa corrélation avec le PIB : le développement dépend-il seulement de la richesse créée en moyenne dans le pays ? Le bonheur se mesure-t-il aux seuls revenus gagnés ? On peut en douter.

En particulier, il n'existe sans doute pas une préférence exclusive pour le revenu monétaire, ce qui est le postulat des comparaisons internationales de niveaux de vie proposés à partir du PIB par habitant. Une étude du milieu des années 2000 montrait par exemple l'existence d'une corrélation entre le PIB par habitant et le bien être jusqu'à 15 000 $, après, la relation n'est plus établie. Le CEPII a ainsi calculé un indicateur de niveau de vie intégrant différents aspects du bien-être individuel et social :

– ***le temps de travail*** : il s'agit de tenir compte de l'arbitrage collectif entre temps de loisir et temps de travail : un revenu assorti de moins (plus) de temps libre sera corrigé à la baisse (à la hausse) ;

– ***la précarité liée au chômage*** : au-delà du manque à gagner monétaire, le chômage crée un risque d'instabilité des revenus qui touche l'ensemble de la population ;

– ***l'espérance de vie en bonne santé*** : la santé est souvent citée comme la première source de bien-être, et bénéficier d'une meilleure santé peut être considéré comme équivalant à disposer d'un revenu plus élevé ;

– ***les inégalités*** : un revenu moyen n'a pas la même valeur pour le bien-être social selon la façon dont il est réparti. Si l'on a une aversion pour les inégalités, on préfèrera un revenu national moindre mais plus également réparti ;

– ***la « soutenabilité »*** : les ressources naturelles constituent un élément de richesse. L'exploitation courante de ces ressources apparaît dans le PIB, mais le coût que représente l'épuisement du stock de ressources non renouvelables est ignoré.

Dans ce classement, la France gagne des places, principalement au titre d'une préférence pour le temps de loisir et la soutenabilité, tandis que les États-Unis reculent. Le niveau de vie des deux pays devient alors quasiment identique.

D'autres indicateurs alternatifs existent, le principal étant sans doute l'indicateur de bien être économique qui pondère d'un même poids les flux de consommation, le stock de richesse au sens large, l'insécurité économique et les inégalités. Au-delà, au printemps 2011, l'OCDE publie un indicateur de bien être spécifique à chacun, selon sa pondération, à partir de onze critères : logement, revenu, travail, communauté, éducation environnement, gouvernance, santé, bien être subjectif, sécurité et conciliation travail-vie privée. Dans un grand nombre de domaines, l'Australie et la canada se trouvent bien placés. Enfin, la commission Stiglitz recommande d'utiliser une batterie d'indicateurs, plutôt qu'un indicateur unique, pour qualifier la situation économique et son évolution. L'INSEE travaille en ce sens depuis quelques mois maintenant.

À NOTER • Le PIB est un indicateur au mode de calcul cohérent et homogène entre les pays. La comparaison des PIB par habitant en parité de pouvoir d'achat exprimés en une monnaie commune donne donc une indication sur le niveau de développement des pays. Mais il ne peut se suffire à lui-même, parce que le PIB ne mesure pas les stocks, et parce que PIB ne mesure pas le bien-être économique, encore moins le bonheur.

Les principaux faits économiques de l'année 2010

CHAPITRE 10

1 L'articulation des comptes d'opérations dans le TEE

Dans le TEE, les opérations (sur biens et services, de répartition ou financières) entre secteurs institutionnels (les agents économiques pour la comptabilité nationale) sont inscrites dans des comptes. Ces comptes permettent de comparer le comportement des secteurs et d'évaluer leur poids dans l'économie. Les comptes et leurs enchaînements sont les suivants :

Compte d'un agent particulier et/ou compte de la nation			
	Emplois	**Ressources**	**Logique des comptes**
Compte de production	– Cons. interm. = V A B	Production	Les agents consomment des biens intermédiaires pour produire. Leur véritable production est constituée de la production moins les consommations intermédiaires incorporées (la valeur ajoutée). Le solde du compte présente la richesse créée par l'agent, la Valeur Ajoutée Brute (VAB).
Compte d'exploitation	– Rémunération des salariés – Impôts liés à la production **= E B E** **ou R M**	V A B + Subventions	Avec la Valeur Ajoutée Brute, l'agent rémunère ceux qui en sont directement à l'origine : les salariés, qui ont apporté leur travail, et l'État, qui a mis à disposition des moyens (les routes...). Il reste ensuite une somme au producteur, l'Excédent Brut d'Exploitation (EBE) ou Revenu Mixte (RM) pour l'entrepreneur individuel.
Compte d'affectation des revenus primaires	– Intérêts versés – divid. versés = S B R P	E B E / RM + Rémunérat. des salariés + Intérêts + Dividendes reçus	Ce compte fait apparaître les gains et versements primaires de chaque agent, c'est-à-dire les revenus liés à la mise à disposition d'un facteur de production : travail ou capital. Après ces affectations de revenus primaires, il reste à l'agent le Solde Brut des Revenus Primaires (SBRP).

Compte d'un agent particulier et/ou compte de la nation			
	Emplois	**Ressources**	**Logique des comptes**
Compte de distribution secondaire du revenu / Compte de distribution du revenu en nature	– Impôts courants – Cotisations sociales **= R D B non ajusté** **= R D B ajusté**	S B R P + Prestations sociales + Transferts sociaux en nature	Ce solde est ensuite augmenté des prestations sociales et transferts sociaux en nature, c'est-à-dire les remboursement des soins de santé par la sécurité sociale et la fourniture de services gratuits (enseignement, hospitalisation…) et diminué des impôts et cotisations qui les financent. Après cette redistribution, il reste une somme définitive à l'agent, son Revenu Disponible Brut (RDB).
Compte d'utilisation du revenu	– Cons. finale **= E B**	R D B	Ce compte décrit la répartition du revenu disponible brut entre la consommation finale et l'Épargne Brute (EB), qui est le solde du compte.
Compte des acquisitions d'actifs non financiers	– FBCF – ± Δ de stocks	E B	Cette Épargne Brute sera principalement utilisée à l'investissement (ou Formation Brute de Capital Fixe). S'il reste quelque chose, l'agent dispose d'une capacité de financement. Sinon, il a un besoin de financement.
	Cap. (+) ou Besoin (–) de financement		
Compte financier	Emprunt à court terme. Émissions d'actions et d'obligations.	Placement à court terme. Achats d'actions et d'obligations.	Ce compte retrace toutes les opérations financières, y compris celles qui permettent de combler le besoin de financement ou de placer la capacité de financement.

À partir du TEE de l'année 2010 (base 2000), on examine successivement le budget économique de la France, la répartition de la valeur ajoutée, les principaux comptes des entreprises, des ménages et des administrations, et les situations de capacité et besoin de financement des agents économiques français et de la France en général.

2 Budget économique de la France en 2010

Le tableau suivant décrit le budget économique de la France, c'est-à-dire l'équation d'équilibre entre l'offre et la demande sur le marché des biens et services pour l'année 2010.

Ressources[1]	Valeur[2]	Variation[3]	Emplois[1]		Valeur[2]	Variation[3]
PIB (78) VA Impôts	1 932 1 738 194	1,5	Consommation (65)		1 604	1,3 (1,1)
				MÉNAGES APU	1 435 169	1,3 (1,0) 1,5 (0,1)
			FBCF (15)		373	–1,2 (–0,2)
Importations (22)	577	8,8 (–2,2)		SNF et EI MÉNAGES APU	193 105 59	2,4 (0,2) –1,5 (–0,1) –9,6 (–0,3)
			Δ stocks		1	0,6 (0,6)
			Exportation (20)		492	9,7 (2,3)
Total	2 514		Total		2 470	

1. Entre parenthèses, contribution au total de l'offre ou de la demande (en %). La consommation des ménages est leur consommation effective, y compris les dépenses de consommation des ménages payées par les administrations (remboursements médicaux…). **2.** En milliards d'euros. **3.** 2010 par rapport à 2009, en volume et en %. Entre parenthèses, la contribution à la croissance (la somme des contributions donne le taux de croissance).

Source : INSEE, www.insee.fr

En 2010, le PIB français est de 1932 milliards d'euros, dont 1738 pour la valeur ajoutée.

Il représente 78 % de l'offre de biens et services à l'économie. Par rapport à 2009, il a augmenté de 1,5 % en volume : c'est le chiffre de la croissance de l'économie française pour 2010.
Les importations représentent 22 % de l'offre de biens et services. Les exportations sont moins importantes, à 20 % de la demande (l'offre et la demande sont par définition égales). Autrement dit, la France a enregistré en 2010 un déficit sur ses opérations extérieures de biens et services. Ce déficit équivaut *grosso modo* à celui de la balance des transactions courantes. On note également que les exportations, qui sont issues de la production nationale, représentent 28 % de la valeur ajoutée (492 rapporté à 1 738) : cela traduit l'internationalisation de l'économie française. En 2010, les exportations françaises de biens et services ont baissé de 9,7 % et les importations ont augmenté 8,8 %. Ce faisant, les échanges extérieurs ont contribué positivement à la croissance économique pour 0,1 point. La forte hausse des exportations de 2010 résulte aussi mécaniquement de l'effondrement de 2009.

La consommation est de loin l'élément le plus important de la demande de biens et services puisqu'elle en représente presque les deux tiers (65 %). Elle est principalement le fait des ménages, de façon directe ou indirecte (quand les ménages consomment et les administrations payent). En 2010, la consommation des ménages a augmenté de 1,3 % et celle des administrations de 1,5 %. Les deux ont contribué à la croissance pour 1,1 point : la croissance française s'explique par le soutien de la consommation.

Les investissements ne représentent que 15 % de la demande environ. Leur poids dans l'économie est en fait plus important puisqu'ils représentent aussi un élément d'offre, permettant la production future. Ils ont augmenté de 1,2 % en 2010, contribuant négativement à la croissance pour 0,2 point cette diminution a été le fait des ménages et, surtout, des administrations, après le soutien à l'économie de 2009, les entreprises reprennent, elles, confiance donc réinventent.

3 Répartition de la valeur ajoutée

Par secteurs (1 512 Mds €)[1]		Par destination 1418 Mds €)	
Entreprises	1 194 (79)	Rémunérations des salariés du privé	722 (51)
dont SF	973	rénumérations des salariés du public	259 (18)
dont EI	134	Revenus mixtes	119 (8)
dont DF	86	Excédents bruts d'exploitation (SNF/SF/Men)	318 (22)
Administrations	318 (21)		

1. Ces données n'intègrent pas la valeur ajoutée des ménages liée à la location immobilière qui est à l'origine d'un EBE (154 milliards) pour les même ménages. Entre parenthèses, le pourcentage dans le total.

La création de richesse de l'économie découle de la production qui se mesure par la valeur ajoutée. Elle est le fait des entreprises à 79 % et des administrations à 21 %. Elle est répartie entre rémunération des salariés (69 %) et rémunération des entreprises (22 %), la distinction entre les deux étant impossible dans le cas des artisans et travailleurs indépendants (8 %).

4 Comptes des entreprises (SNF)

Emplois	(Mds €)	Ressources	(Mds €)
Valeur ajoutée brute	973		
EBE	294	Rénumération des salariés Impôts à la production	722
Revenu propriété nets versés **Épargne**	99 **143**	***EBE***	294
FBCF	181	*Épargne* **Besoin de financement**	143 **–25**

Le tableau n'est pas exhaustif de sorte que les soldes ne sont pas égaux aux différences.

Les entreprises créent donc de la valeur ajoutée qui rémunère les agents qui en sont directement à l'origine : les salariés, l'Etat, pour la mise à disposition d'infrastructures nécessaires à la production (routes...) et l'entreprise elle-même (EBE).

Sur ces sommes, les entreprises rémunèrent les apporteurs de capitaux (banques, actionnaires, sociétaires...). En 2010, après ces opérations, il est resté aux entreprises une épargne pour 143 milliards d'euros. Cette épargne s'est avérée insuffisante pour financer la totalité des investissements, de 181 milliards. Au final, les entreprises ont donc enregistré un besoin de financement de 25 milliards.

5 La formation et l'utilisation du revenu des ménages

Emplois	(Mds €)	Ressources	(Mds €)
Impôts (revenu, patrimoine) et cotisation sociales	296	Salaires reçus	764
		Excédent Brut d'exploitation[1]	154
		Revenus mixtes	119
		Intérêts et dividendes nets reçus	125
		Prestations sociales reçues	416
Revenu Disponible Brut	***1 292***		
Consommation finale	1084	Revenu Disponible Brut	***1 292***
Épargne brute	***207***		
Consommation finale effective[2]	1435	Revenu Disponible Brut Ajusté[2]	1 603
Épargne brute	***207***		
FBCF	116	*Épargne brute*	*207*
Capacité de financement	**89**		

1. Revenus tirés de la location de logements.
2. Tenant compte des remboursements de prestations de Sécurité sociale, d'assurance sociale... Le tableau n'est pas exhaustif de sorte que les soldes ne sont pas égaux aux différences.

Les revenus des ménages sont assez diversifiés : revenus du travail, des placements immobiliers et financiers, de la redistribution. Après paiement des impôts et cotisations sociales à la charge des salariés, ils ont disposé en 2010 d'un revenu disponible brut de 1 292 milliards d'euros (ou de 1 603 milliards si l'on y inclut la consommation qu'ils n'ont pas eu à payer). Après consommation justement, il leur reste une épargne de 207 milliards d'euros qui leur suffit à financer leurs acquisitions immobilières (les investissements). Au final, ils disposent d'une capacité de financement de 89 milliards.

6 Comptes des administrations publiques

Emplois	(Mds €)	Ressources	(Mds €)
Dépenses de fonctionnement		Impôts	532
Consommation intermédiaire	107	Cotisation sociales	322
Rémunérations salariés	259	Recettes de production	70
Prestations sociales	496	Autres transferts	
Intérêts	50	Revenus propriété	15
		...	
		Épargne brute	*nd*
		Besoin de financement (dont État)	**137 (121)**
FBCF	59		

Le tableau n'est pas exhaustif de sorte que les soldes ne sont pas égaux aux différences.

Les administrations publiques perçoivent des prélèvements obligatoires, principalement des impôts et des cotisations sociales. Ces sommes sont utilisées pour la redistribution et le fonctionnement des administrations (principalement la rémunération des fonctionnaires et les pensions). Elles servent également à payer les intérêts de la dette et les transferts au secteur privé, dont les subventions aux entreprises. La différence entre le besoin de financement des administrations (une situation normale) et leurs investissements montre de facto que leur épargne brute (donnée non disponible) est négative : avant même de songer à investir, les administrations sont déjà dans le rouge. Il faut dire que le soutien à l'économie a été particulièrement important encore en 2010.

7 Capacité ou besoin de financement des agents et de la nation

Secteurs à capacité de financement	(Mds €)	Secteurs à besoin de financement	(Mds €)
MÉNAGES	89	SNF	25
SF	32	APU	137
ISBL			
FRANCE - Besoin de financement			42

La nation française est l'agrégation de ses membres, principalement les ménages, les entreprises et les administrations. Les premiers sont en capacité de financement, les secondes et troisièmes en besoin de financement. Comme le besoin de financement des uns excède la capacité des autres, il manque de l'argent, qui correspond au besoin de financement de la nation française, pour plus de 40 milliards d'euros.

Ce besoin de financement observé pour 2010 est persistant depuis plusieurs années maintenant, après les excédents du tournant des années 2000, quand le solde extérieur de la France était positif. En conséquence, fin 2010, la France est débitrice nette du reste du monde, pour 200 milliards environ. Autrement dit, le solde entre ce que l'étranger doit à la France fin 2010 et ce qu'il nous doit est négatif à hauteur de 10 % environ de nos revenus (le PIB). La situation financière de la France est donc négative sans être catastrophique (v. Chapitre 12 sur la dette et Chapitre 18 sur le solde antérieur).

À NOTER • La croissance a été de 1,5 % en France en 2010, encore faible donc dans un contexte chancelant de sortie de crise. Elle a été tirée vers le haut par la demande intérieure, finalement assez dynamique, et – légèrement – vers le bas par les échanges extérieurs, notamment en raison du dynamisme des importations. Les ménages ont dégagé une capacité de financement qui n'a pas suffi à compenser les besoins de financement des autres acteurs de l'économie. En conséquence, la France a connu une situation de besoin de financement, pour 42 Mds €. Ce besoin de financement creuse la dette de la France, estimée à 200 Mds €, un peu plus de 10 % des revenus annuels donc.

La politique monétaire et la lutte contre l'inflation

Chapitre 11

La politique monétaire vise deux objectifs, la lutte contre l'inflation, plus exactement le ciblage d'une inflation stable et modeste, et la régulation de l'activité, plus souvent la stimulation de la croissance pour atteindre son niveau potentiel.

1 L'inflation

L'inflation est l'augmentation du niveau général des prix dans l'économie. Les prix peuvent être mesurés au niveau de la production des entreprises ou au niveau de la consommation des ménages. Les deux ne sont pas identiques : les entreprises produisent certes des biens pour la consommation nationale mais aussi des biens de production destinés aux autres entreprises et des biens destinés aux marchés étrangers.

L'indice des prix à la production a aussi pour nom le ***déflateur du PIB***. La mesure du déflateur du PIB a un intérêt principal : déduire des variations de la valeur de la production (les augmentations du PIB en valeur) celle des volumes produits, ce qui permet de mesurer la croissance de l'économie (*cf.* Chapitre 10). Plus généralement, corriger une grandeur de l'effet des variations de prix consiste à passer du nominal au réel, ou des euros courants aux euros constants. De la même façon, on distingue l'économie monétaire (qui étudie la monnaie et les prix) de l'économie réelle (qui étudie les volumes produits et consommés).

Mais c'est surtout ***l'indice des prix à la consommation*** (IPC) qui est utilisé pour mesurer les tensions inflationnistes dans un pays. L'actuel IPC, décomposé en 265 postes et 1 000 variétés de produits (qui constituent ce que l'on appelle le panier de la ménagère), couvre environ 90 % de la consommation des ménages. Chacun des 265 postes est pondéré en fonction de la part des dépenses correspondant à ce poste dans la dépense totale de la consommation des ménages. La pondération est révisée chaque année.

Parmi les produits figurant dans le panier de la ménagère, certains connaissent des variations de prix importantes sur courte période (produits agricoles et énergétiques notamment). Pour connaître le véritable niveau des tensions inflationnistes, il est utile de calculer l'inflation sans prendre en compte les prix de ces produits (qui entrent dans l'indice à hauteur de 38,5 %). Un tel indice d'inflation, appelé indice d'« *inflation sous-jacente* », est naturellement plus stable que l'indice global.

L'indice calculé par l'INSEE est par ailleurs harmonisé pour pouvoir être comparé à celui des autres pays : c'est *l'indice des prix à la consommation harmonisé* (IPCH).

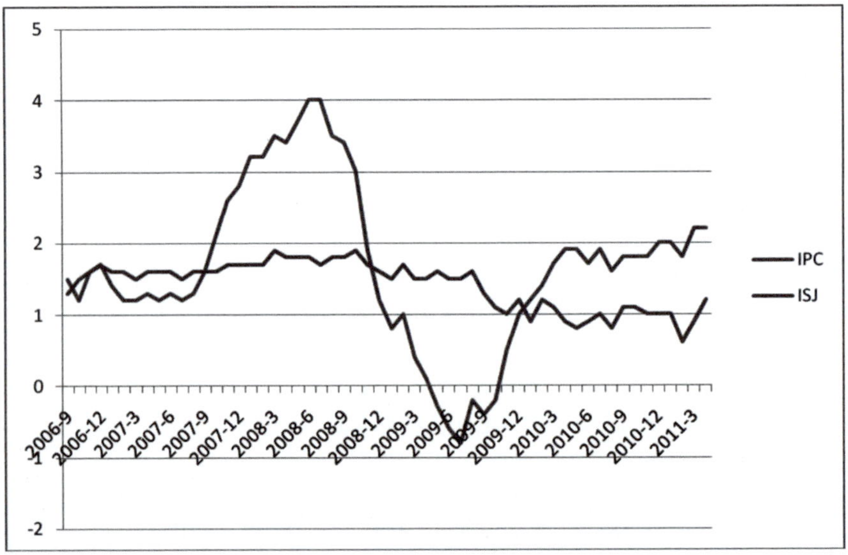

A – Les situations inflationnistes

Toute hausse des prix n'implique pas que la situation économique soit inflationniste. Celle-ci se caractérise soit par des augmentations fortes et généralisées de prix, soit par pics d'augmentation de prix. En cela, caractériser l'inflation nécessite de s'intéresser au rythme d'augmentation des prix et à la variation de ce rythme. La situation d'un pays sera aussi plus ou moins inflationniste selon la situation à l'étranger : on s'intéresse alors au ***différentiel d'inflation***, c'est-à-dire à l'écart de taux d'inflation entre le pays et l'étranger.

Chaque niveau d'inflation caractérise une situation économique différente :

– *un taux d'inflation compris entre 0 et 5 %* traduit une faible inflation… sauf si l'inflation a tendance à croître ce qui traduit une situation d'inflation rampante. La France est aujourd'hui en situation de faible inflation : les taux y sont proches de 2 % (v. graphique). On note aussi que l'actuelle période de stabilité des prix est exceptionnelle par sa durée ;

– *au-delà de 5 %*, le pays est en situation d'inflation soutenue. Au-delà de 50 %, on parle d'une situation d'hyperinflation. Ainsi, après le premier choc pétrolier et jusqu'en 1983, la France a connu une situation d'inflation soutenue et fluctuante ;

– à l'inverse, *toute réduction durable de l'inflation* traduit une situation de ***désinflation***. La France a connu la désinflation à partir de 1983 (on a parlé de désinflation compétitive) ;

– enfin, une période de désinflation (à des niveaux d'inflation faibles) conjuguée à une période de récession économique, caractérise une *situation déflationniste*. La situation de ***déflation***, synonyme de récession, est souvent auto-entretenue : si les prix baissent beaucoup, pourquoi acheter aujourd'hui ce que l'on peut avoir moins cher demain ?

Ceci est d'autant plus vrai que la baisse des prix valorise davantage la rémunération de l'épargne (les taux d'intérêt réels, c'est-à-dire diminués de l'inflation, augmentent). Les dépenses sont donc remises à demain, ce qui implique des baisses de salaires et des réductions d'effectifs dans les entreprises, accentuant encore le comportement attentiste des ménages.

Pour éviter d'entrer dans la spirale de la déflation, un peu d'inflation est donc nécessaire à l'économie (certains parlent de 3 %, la BCE vise les 2 % dans la zone euro). Un peu d'inflation a aussi un autre avantage : dans une situation où les salaires sont rigides à la baisse, ceci permet de diminuer les salaires réels (salaires qui tiennent compte de l'inflation), donc de baisser le coût réel du travail pour les entreprises et de stimuler l'emploi.

À NOTER • Un peu inflation stimule la consommation et permet de réduire les salaires réels. Une forte inflation érode la valeur de la monnaie, ce qui décourage l'épargne et l'investissement, et pénalise les exportations. La déflation est-elle largement auto-entretenue, les baisses de prix générant les reports de consommation qu'elles induisent.

B – Les conséquences négatives de l'inflation

A contrario, pourquoi les autorités monétaires font-elles de la lutte contre l'inflation leur objectif principal ? Principalement parce que l'inflation réduit le pouvoir d'achat de la monnaie dans l'économie. Ceci a trois conséquences négatives :

– en premier lieu, l'inflation fait qu'il est difficile de savoir ce que vaudra l'argent demain. Ceci perturbe le calcul économique des agents qui retardent leurs projets ;

– ensuite, en situation d'inflation, les gens cherchent à épargner sous la forme de biens plutôt que sous une forme monétaire ou financière puisque la monnaie perd de sa valeur. Il y a donc moins d'épargne disponible pour ceux qui veulent emprunter, en particulier pour les entreprises qui financent leurs investissements par l'emprunt ;

– enfin, l'inflation renchérit les coûts de production des entreprises qui perdent de la compétitivité par rapport aux entreprises étrangères. La solution réside alors dans la dévaluation de la monnaie. Mais celle-ci, ou sa perspective, a pour effet de faire fuir les capitaux étrangers ce qui réduit encore davantage les possibilités de financement dans le pays.

C – Les causes de l'inflation

Une situation d'inflation est toujours due à un choc qui affecte positivement la demande ou négativement l'offre et qui se propage dans l'économie par des politiques et des anticipations accommodantes.

1) Les chocs à l'origine de l'inflation

Il peut y avoir momentanément excès de demande dans l'économie du fait par exemple d'un accroissement des revenus (en cas de très bonne saison touristique ou de découverte d'un gisement de gaz qui augmentent les revenus de l'État). Cet accroissement des dépenses sera plus ou moins inflationniste selon que les entreprises peuvent y répondre ou non sans accroissement de prix, i.e. selon le *taux d'utilisation des capacités productives* des entreprises (c'est-à-dire le degré d'utilisation des facteurs de production – travail et capital – dans l'entreprise).

Les chocs de prix peuvent également venir de l'offre :

– *la première cause* d'un choc d'offre est l'augmentation des coûts de l'entreprise, par exemple parce que les coûts d'approvisionnement s'élèvent brutalement (hausse du prix des matières premières), que la fiscalité qui pèse sur les entreprises s'accroît ou encore que le coût du crédit s'élève ;

– *la deuxième cause* est un accroissement du pouvoir économique des producteurs face aux distributeurs (par exemple à la suite de fusions) ce qui leur permet d'augmenter leur prix de vente.

2) Les facteurs explicatifs de la persistance de l'inflation

Le choc donne une impulsion à l'inflation. Il n'est cependant pas suffisant pour expliquer la persistance de l'inflation. Il existe deux canaux de propagation de l'inflation :

– le premier est une *politique monétaire accommodante* de la Banque centrale. Si la Banque centrale n'augmente pas la masse monétaire ou le volume des crédits, un choc inflationniste ne peut pas se transformer en inflation soutenue ;

– le second est l'existence *d'anticipations d'inflation* chez les agents économiques. Si les travailleurs et les fournisseurs des entreprises anticipent une inflation forte et croissante, ils tenteront de se protéger en exigeant des augmentations de salaires (supérieures aux gains de productivité) et de prix dans les contrats. Une inflation peut ainsi se nourrir d'elle-même si les anticipations d'inflation sont élevées.

D – L'évolution récente de l'inflation en France

Le monde a connu une phase longue de maîtrise de l'inflation, pendant près de 25 ans. Ceci tenait largement au contexte de la mondialisation :

– d'abord, le ralliement progressif de tous les pays du monde à l'économie de marché a provoqué une surproduction mondiale qui a tiré les prix à la baisse ;

– ensuite, la globalisation financière obligeait les autorités monétaires à agir efficacement contre l'inflation, faute de quoi les capitaux allaient ailleurs ; il en a résulté une vague d'indépendance des banques centrales, pour asseoir la crédibilité de cette action ;

– enfin, les nouvelles technologies, la révolution de l'internet en particulier, ont permis des réductions considérables de coûts (en particulier de communication) et ont amélioré l'efficacité productive des entreprises, d'où une maîtrise de l'augmentation des coûts de production.

Mais cette période de stabilité monétaire a pris fin avec la crise, et le contexte nouveau de la mondialisation (v. Chapitre 17).

D'abord, la crise a fait craindre la survenance du pire des scénarii, la déflation généralisée. De fait, les prix ont hésité à plonger en 2009, pour finalement maintenir un rythme d'augmentation proche des 1 %, dans le sillage des injections massives d'argent des États et Banques centrales dix mois durant (de fin 2008 à début 2010). L'histoire jugera ici que les dirigeants économiques ont su éviter au monde une plongée dans les sables mouvants de la déflation.

Ensuite, depuis la mi-2010, les prix augmentent de nouveau, faisant craindre par mouvement de balancier un retour de l'inflation, qui serait dû :

– à la hausse des prix des matières premières pour lesquelles dans beaucoup de cas une rareté apparaît avec la croissance forte de la demande de matières premières dans les pays émergents ;

– aux tensions accrues sur les marchés du travail dans les pays émergents à forte croissance, d'où la hausse des coûts salariaux dans ces pays.

De fait, nous serions dans la partie croissance d'une courbe en U traduisant la relation entre la mondialisation et l'inflation ce que montre le schéma suivant :

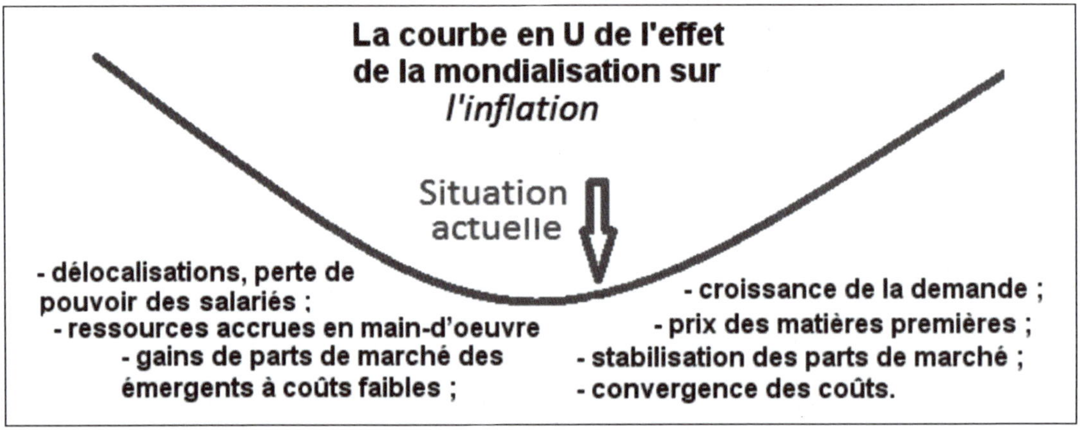

À NOTER • La longue période de maîtrise de l'inflation s'explique par certains aspects des premières phases de la mondialisation : surproduction mondiale, concurrence pour attirer les capitaux, nouvelles technologies. Aujourd'hui, la nature de la mondialisation change, les surcapacités diminuent, des ressources se font rares, les prix augmentent.

2 La politique monétaire

La politique monétaire consiste à faire varier *la quantité de monnaie en circulation dans l'économie* pour lutter contre l'inflation et réguler l'activité. Elle est définie par la Banque centrale et mise en œuvre par l'intermédiaire d'une *variation des taux d'intérêt à court terme*. Voyons d'abord comment la Banque centrale régule la quantité de monnaie créée par les banques commerciales.

A – Comment la Banque centrale contraint-elle la création monétaire ?

L'action de la politique monétaire s'appuie sur le fait que les banques commerciales doivent faire appel à la Banque centrale quand elles font des crédits.

Dans l'exemple des chapitres 4 et 8, deux banques A et B faisaient des crédits qui revenaient entièrement dans les comptes sous forme de dépôts. Supposons maintenant que les clients des banques souhaitent conserver 10 % des sommes dont ils disposent à la suite des crédits sous la forme de billets de banque – si vous avez 400 € en permanence sur votre compte, il n'est pas illogique que vous ayez en permanence 40 € d'argent liquide (de billets) dans votre poche. Dans notre exemple, les deux banques réalisaient pour 1 200 € de crédit (1 000 € pour A et 200 € pour B). Les clients de A conservent donc maintenant 100 € des sommes créditées sous forme de billets, les clients de B en conservent 20.

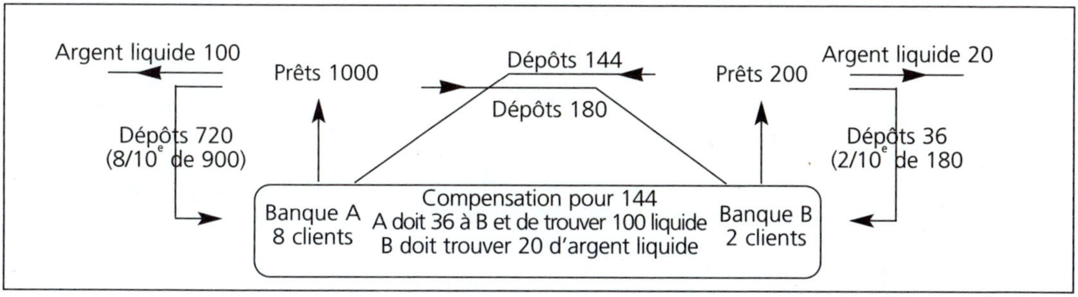

La banque A doit donc trouver 100 € d'argent liquide, en plus des 36 € qu'elle doit à B : sur les 900 € de crédits de A qui reviennent en dépôts (1 000 – 100), 180 € vont dans les comptes de B (20 % de 900), alors que sur les 180 € de crédits de B qui reviennent en dépôts (200 – 20), 144 vont dans les comptes de A (80 % de 180). Ces 36 € résultent du fait que la Banque A a accordé plus de crédits que ne lui permettait sa part de marché (v. Chapitre 8). Par ailleurs, B doit trouver 20 € d'argent liquide (ils peuvent être pris sur ce que A lui doit).

Voici pourquoi une banque doit nécessairement se refinancer auprès de la Banque centrale nationale quand elle accorde un crédit. C'est en jouant sur les conditions de ce refinancement que la Banque centrale nationale va mettre en œuvre la politique monétaire : la hausse des taux d'intérêt décourage la demande de crédit, ce qui permet aux banques d'ajuster leur bilan, c'est-à-dire de réduire leurs besoins en monnaie centrale (pièces et billets, et avoirs détenus par les banques commerciales sur les comptes de la Banque centrale nationale).

B – Définition de la politique monétaire dans le contexte européen

Une règle générale de politique monétaire consiste à fixer le taux d'intérêt à court terme en fonction :

– de l'écart de l'inflation par rapport à son niveau d'objectif ;

– de l'écart de l'activité réalisée par rapport à l'activité tendancielle.

Si l'activité ou l'inflation dépassent leurs niveaux d'objectif, la politique monétaire devient restrictive et les taux courts s'élèvent. Dans la zone euro, la BCE se fixe depuis presque dix ans une cible d'inflation de 2 % et non, comme à ses débuts, un plafond d'inflation à 2 %, ceci pour éviter que des pays ou produits soient en situation d'inflation négative. C'est ce que l'on appelle la politique d'inflation ***targeting*** (ciblage d'inflation) des banques centrales.

1) La politique monétaire européenne dans les textes

En Europe, les décisions de politique monétaire sont prises par la Banque centrale européenne (BCE) tandis que leur mise en œuvre est assurée par les Banques centrales nationales (BCN), le tout formant le Système européen de Banques centrales (SEBC). Le traité de Maastricht dispose que *l'objectif principal de la politique monétaire est de maintenir la stabilité des prix et que sans préjudice de cet objectif, le SEBC apporte son soutien aux politiques économiques générales dans la Communauté européenne*. Les textes établissent donc une hiérarchie dans les objectifs, au bénéfice de la stabilité des prix et au détriment du soutien à la croissance.

2) La politique monétaire européenne dans la pratique

À sa création, la BCE a été vue, en particulier en France, comme une excroissance de la Bundesbank (la Banque centrale allemande), laquelle érigeait la stabilité des prix en priorité absolue. D'un autre côté, les caractéristiques de la zone euro (taille, diversité des économies) se rapprochent plus de celles de l'économie américaine que de celle de la seule Allemagne. Or, la Réserve fédérale américaine (la FED, la Banque centrale américaine) donne un poids plus important à l'objectif de stabilité du taux de croissance. Ceci s'explique par le fait que l'économie américaine connaît des cycles d'une ampleur inconnue en Europe et que ces amplitudes ont des effets réels dommageables sur l'économie.

Au final, l'expérience des années passées montre que la BCE a adopté une règle intermédiaire entre celle pratiquée précédemment par la Bundesbank et celle pratiquée par la FED. En particulier, la BCE semble observer une règle selon laquelle les objectifs de prix et de croissance ont un poids identique. Cela correspond à ce que l'on appelle la *règle de Taylor* pour la politique monétaire.

3) Les problèmes rencontrés par la BCE dans la définition de sa politique

La définition de la politique monétaire européenne fait face à deux problèmes spécifiques :

– le premier résulte du fait qu'une variation du taux d'intérêt n'a pas le même impact dans tous les pays européens, pour plusieurs raisons : les structures financières sont différentes, les modes de financement des entreprises aussi, ainsi que la place respective des financements de court et de long terme. Ainsi par exemple, la part des crédits à taux variables dans les prêts immobiliers varie de 15 % en Allemagne à 95 % en Espagne ou 98 % au Portugal (35 % pour la France), de sorte qu'une modification du taux directeur de la BCE a des conséquences plus ou moins immédiates selon les pays ;

– le second problème tient au fait que la situation conjoncturelle entre les pays de la zone euro est souvent très différente. L'hétérogénéité s'est par ailleurs accrue sur la période récente dans la zone euro (v. chapitre 19). Dès lors, la politique monétaire a du mal à concilier des impératifs nationaux très différents.

Ceci montre qu'il faut utiliser d'autres instruments que la politique monétaire pour réguler les différences de cycle conjoncturel entre les pays européens (c'est dans ce cadre que s'inscrit le besoin de fédéralisme avancé comme réponse à la crise). La politique monétaire européenne doit donc surtout être stable : faire varier le taux d'intérêt le moins possible et de façon la plus transparente possible pour que les agents puissent la comprendre et s'y adapter.

À NOTER • La politique monétaire vise, par l'intermédiaire des variations de taux d'intérêt, à contrôler l'inflation et à soutenir la croissance (ou à la stabiliser). Dans le traité de Maastricht, le premier objectif est prioritaire. En pratique, la BCE accorde une importance égale aux deux objectifs.

C – Modalités et techniques d'application de la politique monétaire

La politique monétaire européenne passe – en temps normal – par le seul canal du taux d'intérêt : le mécanisme de transmission de la politique monétaire à l'économie réelle repose sur la réponse de la demande au taux d'intérêt. La BCE fait ainsi varier le taux d'intérêt de façon à dissuader les banques d'accorder trop de crédits qui sont source d'inflation, en fonction des anticipations d'inflation qu'elle réalise. Les prévisions d'inflation résultent de l'observation d'une large gamme d'indicateurs économiques et financiers (l'agrégat monétaire M3, le taux de change effectif, les anticipations d'inflation des agents économiques, les écarts par rapport à la croissance potentielle, les tensions sur les marchés de matières premières…) susceptibles d'influencer le niveau des prix.

1) Le taux d'intérêt au cœur de la politique monétaire

Le taux d'intérêt est le prix qui permet de comparer la valeur de la monnaie dans le temps (un euro aujourd'hui et un euro dans le futur). Il existe autant de taux d'intérêt que d'échéances (dates de remboursement dans le futur). C'est pour cela que le taux d'intérêt est le prix sur tous les marchés des capitaux : sur le marché monétaire, le prix est le *taux d'intérêt à court terme*, sur le marché financier, le prix est le *taux d'intérêt à long terme*.

Pour conduire sa politique, la BCE définit un taux directeur qui a pour nom le taux Refi (comme refinancement). Ce taux est ainsi qualifié de directeur parce que les banques se calent sur lui pour établir les taux à court terme (puis à long terme) de leurs propres crédits. Ce taux influence en effet les taux que pratiquent les banques entre elles sur le marché interbancaire : les taux EONIA (au jour le jour) ou EURIBOR (de une semaine à douze mois), puis les taux des crédits à la consommation ou de trésorerie pratiqués par les banques en direction des particuliers, des entreprises ou de l'État (Bons du Trésor). Ce taux influence également, de façon plus diffuse, le taux des obligations assimilables au trésor (OAT, de 7 à 30 ans), et donc les taux de crédits immobiliers (particuliers) et d'équipement (entreprises).

Au final, la séquence de l'influence des taux directeurs sur l'économie est la suivante :

– le taux directeur de la BCE influence d'abord directement les taux d'intérêt à court terme des pays ;

– les mouvements sur les taux à court terme se diffusent sur les taux à long terme dans une mesure qui dépend de la stabilité des anticipations d'inflation et de la confiance en l'avenir des agents économiques. Par ailleurs, les taux à long terme sont directement influencés par l'offre d'épargne des ménages et la demande de capitaux des entreprises et de l'État (d'où les constants rappels à l'ordre de la BCE pour que les États maîtrisent leurs déficits publics) ;

– les taux d'intérêt à court et long terme conditionnent le montant des crédits à l'économie, les prix des actifs et en particulier des actifs financiers à la Bourse (v. chapitre 8), le niveau des intérêts à payer sur la dette de l'État (la charge de la dette) et le montant des entrées et sorties de capitaux entre le pays et le reste du monde ;

– ces éléments influencent à leur tour directement la demande intérieure (dépenses des administrations, consommation des ménages, investissement des ménages et des entreprises) et la demande extérieure (exportations) ainsi que le niveau des prix à l'importation ;

Ces éléments exercent une *influence de même sens* sur la croissance de l'économie et l'inflation. La politique monétaire doit donc constamment rechercher l'équilibre entre la réalisation de l'objectif de stabilité des prix et celui de croissance (ou de stabilité de la croissance). Autrement dit, une bonne politique monétaire consiste à stabiliser les prix sans nuire à la croissance.

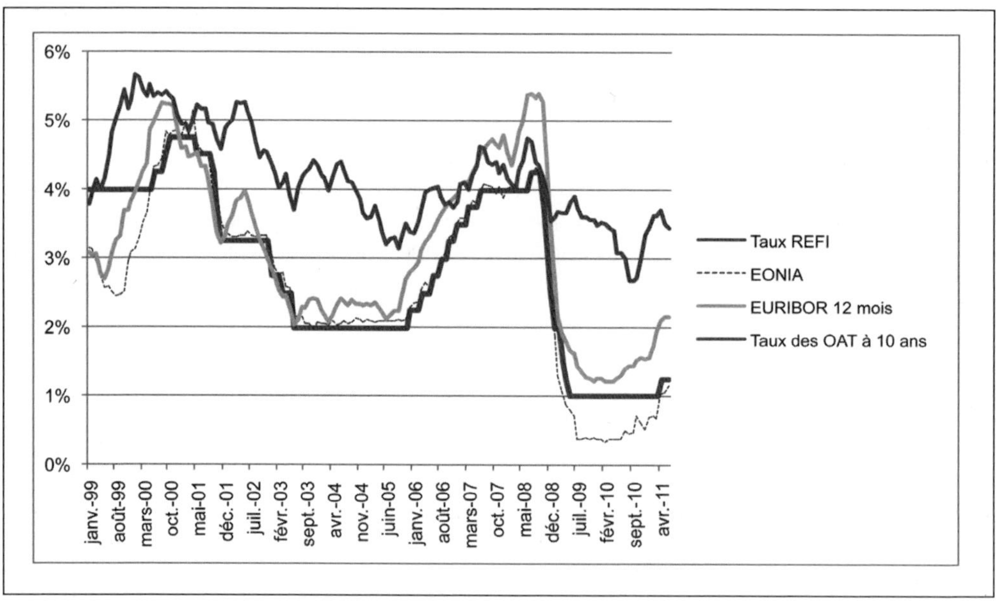

2) Au-delà, les techniques d'intervention de la BCE

L'instrument principal de la politique monétaire est l'utilisation d'opérations d'*open market* au sens large. Ceci signifie que chaque BCN accorde aux banques domestiques des prêts (pour quelques jours) et prises de pension (pour 24 heures) sur appel d'offres en échange de titres qu'elles détiennent. Concrètement, la BCN demande les quantités de monnaie que les banques souhaitent emprunter et le taux qu'elles proposent, en prenant pour socle le taux refi. Après centralisation des réponses, la banque sert les banques qui ont proposé le taux le plus fort, pour un volume donné. Le taux auquel les banques sont servies a pour nom le ***taux repo***. Les autres établissements ne sont pas écartés : ils peuvent aussi emprunter de la monnaie centrale, mais à un taux légèrement supérieur à celui de l'appel d'offres.

Ces prêts et prises de pension peuvent être complétés par les opérations d'open market au sens strict qui consistent pour la BCN à acheter et à vendre des titres de créances négociables sur le marché monétaire. Chaque fois que la BCN pratique ce type d'intervention, elle exerce un effet sur la liquidité bancaire : un achat de titres se traduit par un versement de monnaie centrale qui va alimenter le compte d'une banque sur ses livres.

Enfin, et pour assurer la liquidité quotidienne du marché monétaire, la BCE prévoit aussi de recourir à deux facilités permanentes destinées à encadrer les taux du marché monétaire (la première est une opération de prêt permettant aux banques d'obtenir des liquidités à 24 h à des taux supérieurs à ceux du marché, constituant ainsi un *plafond* pour le taux au jour le jour, la seconde est une facilité de dépôt dont le taux de rémunération constituera un *plancher*) et à un système de *réserves obligatoires* fixées sur une base mensuelle à 2 % des dépôts.

À NOTER • La Banque centrale européenne s'est fixée une cible d'inflation à 2 %. Pour cela, elle fixe le taux de soumission minimal (le taux Refi) pour le refinancement des banques commerciales. Elle ajuste l'offre de monnaie à ce taux cible sur le marché interbancaire dans le cadre de ses opérations d'open market.

D – Le contexte nouveau des politiques monétaires

1) Les politiques monétaires non conventionnelles

Pendant la crise, et le temps de défiance généralisée, les politiques de baisses massives des taux d'intérêt pour arriver à un niveau proche de zéro se sont montrées insuffisantes pour relancer le crédit et, en conséquence, l'économie. Ce phénomène est connu sous le nom de la « trappe à liquidités » de Keynes : en situation de taux très faibles, les acteurs économiques ont tendance à anticiper une remontée des taux qui risque de dégrader leur portefeuille de titres (v. chapitre 8), ils préfèrent détenir de la monnaie et ne pas dépenser. Par ailleurs, la contrainte de positivité (il n'existe pas de taux nominal négatif) interdisait toute nouvelle baisse de taux.

Pour cela, les banques centrales ont été amenées à proposer des politiques dites non conventionnelles. Elles se déclinent de deux façons, l'assouplissement quantitatif d'une part, l'assouplissement des conditions de crédit d'autre part.

L'assouplissement quantitatif (***quantitative easing*** en anglais) vise à augmenter la quantité de monnaie en circulation dans l'économie. Mais pour palier le risque de la trappe à liquidité, l'offre de monnaie est canalisée vers un seul acteur : l'Etat. On est sûr qu'il la dépensera par le biais du déficit budgétaire, avec un effet certain sur l'activité. On parle ici de ***monétarisation*** de la dette publique. Cette politique se traduit donc essentiellement par l'acquisition massive de titres publics par la banque centrale. La monétisation peut être directe ou indirecte. La monétisation directe est une situation où la Banque Centrale achète et met sur son bilan des quantités importantes de dette publique. La monétisation indirecte est, elle, une situation où les banques commerciales achètent et mettent dans leur bilan des quantités importantes de dette publique. Il s'agit bien d'une monétisation, puisque les banques peuvent ensuite utiliser ces portefeuilles de dette publique pour se refinancer à la Banque centrale, via les politiques d'open market (v. Chapitre 20).

L'assouplissement des conditions de crédit (***credit easing*** en anglais) caractérise une situation où la banque centrale se porte acheteuse de titres représentant des crédits à l'économie : billets de trésorerie, obligations privées, bons hypothécaires. Ce type de politique est utile si les banques rationnent le crédit aux emprunteurs, ou si certains émetteurs n'ont plus accès aux marchés financiers dans des conditions normales.

Les politiques non conventionnelles ne sont pas systématiquement source de création monétaire, si les achats de titres ou les crédits aux banques sont stérilisés. Dans ce cas, la Banque centrale retire du marché monétaire l'équivalent de ce qu'elle injecte par ailleurs (v. chapitre 21).

2) La BCE face aux bulles spéculatives

Depuis le début des années 1980, la plupart des Banques centrales sont devenues indépendantes et sont passées à l'inflation *targeting*. La pratique de la politique monétaire est donc devenue assez simple : les Banques centrales choisissent les taux d'intérêts directeurs en fonction de leurs anticipations (et des indicateurs avancées) de l'inflation future.

Mais il existe dorénavant, sans doute plus qu'avant, un nouveau risque économique directement lie à la quantité de monnaie en circulation : l'apparition de bulles sur le prix des actifs. Les bulles ne sont pas nouvelles. C'est ainsi qu'on a déjà vu sur la période récente :

– la bulle sur les actions de nouvelles technologies à la fin des années 1990 ;

– la bulle sur l'immobilier de 2002 à 2007 aux États-Unis, au Royaume-Uni ou encore en Espagne à l'origine de la crise ; plus récemment, une note du centre d'analyse stratégique du printemps 2011 met en alerte sur l'existence d'une bulle sur le marché immobilier français, notamment dans l'ancien : depuis leur point bas de 1998, les prix de ces logements ont été multipliés par 2,5 et leur rapport au revenu disponible moyen des ménages s'est envolé de plus de 60 %. Dans le même temps, les loyers n'ont progressé que de 30 %, en ligne avec le revenu des ménages. Les fondamentaux du marché ne suffisent pas à expliquer cette évolution : les conditions de financement *favorable* (baisse des taux d'intérêt et fiscalité incitative) ont déjà été observées par le passé, le déséquilibre entre l'offre et la demande, réel, ne s'est pas accentué, le prix de la construction a évolué raisonnablement (+ 3,4 % par an). L'INSEE, toujours au printemps 2011, marque, lui, le rôle prépondérant des facteurs réels, mais admet que cette part tend à se réduire comme facteur explicatif du prix des logements dans l'évolution des prix ;

– la bulle sur les prix des matières premières et sur les actions des pays émergents au début 2008, due à la conviction à cette époque que la crise des *subprimes* ne s'étendrait pas aux pays émergents.

Les bulles se multiplient donc, aussi en lien avec la création monétaire, et les effets de leur dégonflement ou de leur éclatement sont de plus en plus douloureux.

On sait donc aujourd'hui qu'il est possible qu'il y ait de longues périodes d'inflation faible durant lesquelles les prix des actifs et les encours de crédit augmentent très rapidement. L'éclatement des bulles, économiquement et socialement très douloureux, représente en particulier un risque majeur pour les économies. Il est donc clair que les Banques centrales ne peuvent plus aujourd'hui se focaliser sur la seule inflation des prix des biens de consommation, elles doivent aussi surveiller l'évolution du prix des actifs, des titres aux matières premières en passant par l'immobilier. Autrement dit, elles doivent viser la stabilité financière au-delà de la stabilité monétaire, et admettre que la seconde n'est plus aujourd'hui synonyme de la première. Si on leur assigne également des objectifs de stabilité macroéconomique (par exemple du taux de change) et de régulation de l'activité, on comprend que le taux d'intérêt ne peut plus être l'instrument unique de pilotage de l'activité. À une pluralité des objectifs doit correspondre une diversité des instruments. Un nouveau champ de réflexion pour la politique monétaire et les banques centrales !

À NOTER • Sur la période récente, les banques centrales ont adopté des politiques monétaires non conventionnelles, notamment l'assouplissement quantitatif et la monétisation des dettes publiques, pour soutenir l'économie dans un contexte de taux directeurs proches ou égaux à zéro. Elles font aussi face à de nouveaux risques liés à la création monétaire, au-delà du risque d'inflation, par exemple l'apparition de bulles spéculatifs destabilisantes pour les économies.

La politique budgétaire et fiscale

CHAPITRE 12

1 Généralités

Le budget de l'État fixe les dépenses publiques et les taux d'imposition. Dans ce cadre, la politique budgétaire consiste à jouer sur le niveau des dépenses de l'État, alors que la politique fiscale consiste à jouer sur le niveau des prélèvements obligatoires (recettes de l'État mais aussi des collectivités locales et de la sécurité sociale). La politique budgétaire et fiscale a pour principal objectif de ***réguler l'activité économique.***

A – Le caractère mécanique de la régulation

La fonction de régulation a d'abord un caractère très mécanique : quand la croissance économique est faible, les besoins (et donc les dépenses) sont plus nombreux, et les recettes rentrent moins bien. Le budget est donc logiquement en déficit. À l'inverse, quand la croissance s'accélère, les dépenses baissent et les recettes augmentent. Le budget devient excédentaire. Ainsi, le budget atténue l'impact des fluctuations sur l'économie. Pour cela, on dit qu'il joue le rôle de ***stabilisateur automatique.***

B – Les politiques volontaristes

La politique budgétaire et fiscale peut aussi être plus volontariste : le budget est alors un instrument d'absorption des à-coups conjoncturels et de recherche d'une croissance soutenue. Une politique budgétaire volontariste consiste par exemple à augmenter les dépenses publiques, financées par l'emprunt, au cours des années de faible croissance, et à réduire les dépenses, lorsque l'économie va mieux, pour rembourser les emprunts. On dit que la politique budgétaire est ***contracyclique*** : expansionniste quand la conjoncture est basse et restrictive quand la conjoncture est haute.

L'expérience de ces dix dernières années en France nous enseigne que si la première partie du programme (des déficits quand l'économie s'essouffle) a été respectée à la lettre, la seconde partie (des excédents quand l'économie repart) n'a pas été tenue. Pour cela, les pays européens ont jugé qu'il fallait rendre la discipline budgétaire obligatoire. Ils ont donc adopté, dans le cadre du passage à l'euro, un ***pacte dit de stabilité et de croissance*** (souvent bafoué, v. Chapitre sur la crise de la dette) qui fixe la limite du déficit des administrations publiques à 3 % du PIB sous peine de sanctions.

2 Comment la politique budgétaire influence-t-elle l'activité ?

A – Les effets directs

La dépense publique est d'abord une composante directe de la demande globale de l'économie. Quand la région programme la construction d'un lycée, c'est un débouché supplémentaire pour les entrepreneurs retenus. Une baisse d'impôts modifie, elle aussi, la demande : un ménage qui paiera moins d'impôts sur le revenu ou moins de TVA consommera une partie de ce revenu disponible supplémentaire.

B – Les effets indirects : le multiplicateur de la dépense publique

La demande de l'État ne constitue cependant qu'une partie de la demande totale de l'économie : environ 20 %. On voit alors mal comment la politique budgétaire va pouvoir remplir son objectif contracyclique. L'explication tient dans ce que l'on appelle l'***effet multiplicateur***.

Reprenons l'exemple de la construction du lycée. Les entreprises chargées de sa construction vont employer davantage de personnel. Ces personnels supplémentaires vont être rémunérés. Les salaires supplémentaires distribués vont être pour partie dépensés dans l'économie. De la même façon, le bénéfice de l'entreprise chargée de la construction va sans doute augmenter puisqu'il a fallu engager davantage de capitaux dans l'entreprise. Ce bénéfice sera ensuite distribué entre les apporteurs de capitaux, qui en consommeront aussi une partie. Toutes ces consommations supplémentaires (en fréquentation de cinémas par exemple) vont nécessiter une production supplémentaire de la part des entreprises à qui elles sont destinées (il faudra plus de personnels dans le cinéma parce que la fréquentation augmente et plus d'acteurs pour faire de nouveaux films). Cette production supplémentaire sera à son tour à l'origine de revenus supplémentaires et ainsi de suite. Au final, si l'État a décidé de dépenser 100 € pour cette construction, la dépense dans l'économie augmentera d'un montant supérieur à 100, le multiplicateur étant le rapport entre les deux. En injectant peu dans l'économie, l'État en attend beaucoup.

C – Les critiques de l'effet multiplicateur

À lire cet exemple, on a le sentiment que la politique budgétaire peut être très efficace. En fait, les partisans de l'effet multiplicateur (les économistes du courant interventionniste) admettent que cette efficacité peut être limitée. Les adversaires de l'effet multiplicateur (les économistes du courant libéral) en critiquent les conséquences ou en réfutent les effets.

1) Les limites de l'effet multiplicateur

L'efficacité de la politique budgétaire sera limitée parce qu'il existe des fuites dans le mécanisme du multiplicateur :

– les employés de l'entreprise de construction du lycée ne consommeront qu'une partie de leurs salaires supplémentaires, l'autre partie étant épargnée ;

– cette consommation supplémentaire ne concernera que partiellement des produits français (de nombreux films qu'iront voir les consommateurs seront réalisés aux États-Unis) ;

– ceux à qui ont été distribués une partie des bénéfices ont déjà peut-être des revenus importants et ne souhaitent pas augmenter leur consommation (on sait que les revenus du capital sont moins consommés que les revenus du travail).

2) La critique des conséquences de l'effet multiplicateur

La critique des conséquences de l'effet multiplicateur repose sur ce que l'on appelle l'***effet d'éviction*** : c'est vrai que la politique budgétaire permet d'augmenter la consommation des ménages, mais elle a aussi pour effet d'augmenter le taux d'intérêt de l'économie pour deux raisons :

– la production augmentant, la demande de monnaie (par le crédit) augmente aussi puisqu'il y a plus de choses à acheter, et la Banque centrale réagit en augmentant ses taux directeurs à court terme ;

– l'État (ou la région) doit financer ses dépenses supplémentaires en empruntant sur le marché financier (en émettant des obligations), ce qui fait croître la rémunération qu'il doit proposer. Le taux d'intérêt à long terme augmente donc pour tous à la suite d'une relance budgétaire.

En conséquence, l'investissement des entreprises et des ménages diminue. Or ces éléments sont aussi une composante de la dépense totale des agents. Il y a donc éviction de la dépense privée par la dépense publique (la dépense publique chasse la dépense privée). Pour peu que l'on pense que la seconde est préférable à la première, on comprend que certains critiquent l'intérêt d'une politique de relance budgétaire.

3) La négation de l'effet multiplicateur

Le raisonnement qui nie toute efficacité à la politique budgétaire s'appuie sur ce que l'on appelle l'***équivalence ricardienne*** (du nom de l'économiste Ricardo) : les consommateurs sont aussi des contribuables et quand la région programme la construction d'un lycée, ils se demandent qui va payer. Ils savent que la Région ou l'État, c'est tout le monde, donc eux, et que la dette supplémentaire devra être remboursée en augmentant les impôts dans le futur. En conséquence, pourquoi consommer plus aujourd'hui puisqu'ils devront consommer moins demain (ils seront plus taxés), ce qu'ils ne souhaitent pas. L'augmentation de revenu qui résulte de la relance budgétaire va donc être entièrement épargnée pour payer les suppléments d'impôts à venir. La fuite dans le mécanisme multiplicateur est alors totale : il n'y a pas diffusion de l'augmentation de consommation dans l'économie.

À NOTER • Une politique budgétaire expansionniste vise à augmenter le niveau de la demande dans l'économie, soit directement (l'État augmente ses dépenses), soit indirectement par le jeu de l'effet multiplicateur. Les effets d'une telle politique font l'objet d'une controverse entre économistes interventionnistes et économistes libéraux.

3 La politique budgétaire française dans les contextes européen et de la crise

A – Politique budgétaire française et respect du Pacte de stabilité et de croissance

La politique budgétaire française s'inscrit notamment dans le cadre du respect du Pacte de Stabilité et de Croissance (PSC) qui stipule que le déficit public (au sens des administrations publiques) ne doit pas dépasser 3 % du PIB.

Ce Pacte, quoi que décrié, aurait plutôt bien fonctionné avant crise, puisque le solde budgétaire de la zone euro s'est amélioré pendant quatre années consécutives, de 2004 à 2007. Il était de – 0,6 % du PIB de la zone en 2007.

Mais la crise a fait voler en éclat ce cadre, et sa cohérence. Deux mécanismes revisités ont donc été proposés au printemps 2011, un mécanisme de prévention des crises, et un mécanisme de gestion et de résolution des crises (v. Chapitre 21).

Les finances publiques françaises au regard du Pacte de stabilité et de croissance

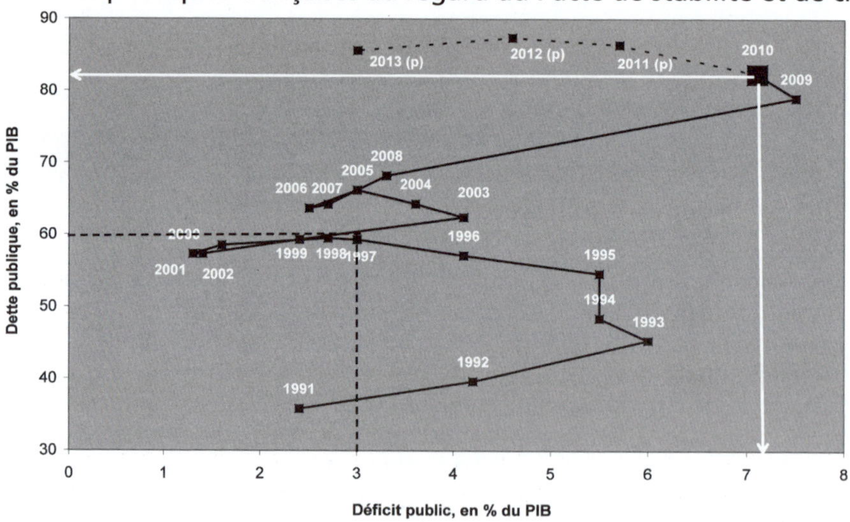

Pour ce qui est du mécanisme de prévention des crises, le nouveau régime s'appuie toujours sur la règle des 3 % mais tiendra également compte du ratio d'endettement, avec toujours la visée de 60 % de plafond de dette publique au PIB, et de la dette implicite (les gouvernements devront tenir compte des retraites futures et du coût éventuel de sauvetage de leurs banques). Les sanctions resteront non automatiques, mais à logique inversée, puisqu'il faudra dorénavant une majorité pour s'y opposer, et non un vote pour les administrer.

Enfin, il est aujourd'hui admis que toutes les crises ne sont pas d'origine budgétaire et que la compétitivité, l'équilibre macroéconomique ou la stabilité financière ont également leur importance. En conséquence, trois procédures de surveillance macroéconomique sont prévues en ces domaines, ce qui ne participe pas à renforcer la lisibilité de ce nouveau cadre de politique économique pour le grand public.

B – L'engagement français de réduire les déficits

Depuis 2008, le budget de l'État s'inscrit selon une logique triennale, dans le cadre des programmes de stabilité transmis à Bruxelles.

La France s'est ainsi engagée dans son programme 2011-2014 à revenir à la limite de 3% de déficit public en 2013 « quelle que soit la conjoncture économique ». Le programme de stabilité prévoit une légère amélioration du déficit public en 2011 à 5,7% du PIB, et confirme l'objectif d'atteindre 4,6% en 2012, 3,0% en 2013 et 2,0% en 2014. Le graphique précédent montre aussi l'incidence de ces orientations sur la dette, qui ne diminuerait, en proportion de la richesse nationale, qu'à partir de 2014.

Pour atteindre cet objectif, le levier principal est celui des dépenses de l'Etat :

– leur progression sera au plus égale, à périmètre constant, à l'évolution prévisionnelle des prix à la consommation. Il s'agit de la norme « zéro volume » déjà en application ;

– hors charge de la dette et hors contributions aux pensions des fonctionnaires de l'État, les dépenses et prélèvements sur recettes sont stabilisés en valeur à périmètre constant. Cette dernière disposition garantit que les économies dégagées sur les dépenses de pension des fonctionnaires grâce à la réforme des retraites de 2010, ou d'éventuelles économies sur la charge de la dette, ne pourront pas être recyclées sur d'autres dépenses.

Pour atteindre ces objectifs, l'objectif de non-remplacement d'un fonctionnaire partant à la retraite sur deux est réaffirmé, et est étendu aux opérateurs de l'Etat (Météo-France, CNRS, musées, etc.), qui devront réduire leurs effectifs de 1,5% chaque année, soit un effort comparable à celui de l'État (2 600 emplois pour 2012 par exemple). Par ailleurs, les dépenses de fonctionnement de l'État et des opérateurs, tout comme les dépenses d'interventions, doivent baisser de 10 % sur la période 2011-2013, dont 5 % dès 2011.

4 La politique fiscale en débat

La politique fiscale, plus généralement de prélèvements obligatoires est aujourd'hui remise en question sur trois plans : les incohérences de la taxation du patrimoine et du capital, la progressivité de la taxation des revenus, le financement de la protection sociale. La question d'une réforme fiscale de grande ampleur est donc posée.

A – La taxation du patrimoine et du capital

Le gouvernement souhaitait coupler l'abrogation du bouclier fiscal à une grande réforme du patrimoine, donc de l'impôt de solidarité sur la fortune (ISF), en proposant de passer d'une taxation du patrimoine à une taxation des revenus du patrimoine (c'est l'image du propriétaire d'un lopin de terre sur l'île de Rê qui doit payer l'ISF, et donc vendre, parce que les prix du foncier ont explosé !). Au final, le bouclier fiscal est bien supprimé, mais l'ISF simplement aménagé, avec un seuil d'entrée relevé à 1,3 million d'euros de patrimoine (800 000 précédemment) et des taux d'imposition abaissés. Converti en immobilier parisien, puisque c'est bien l'immobilier qui est principalement concerné par l'ISF (la résidence principale fait l'objet d'un abattement de 30 %), cela fait passer la barre d'imposition d'un appartement de 100m² à 160m². La légitimité de l'ISF, impôt bien perçu mais ni juste, ni efficace, reste donc toujours posée.

Au-delà, la fiscalité du capital pose question, moins par son niveau que par la capacité de celui-ci à échapper à l'impôt. En effet, la taxation du capital est non négligeable : les revenus (plus-values, dividendes, intérêts, etc.) sont taxés à hauteur de 12,3 et 19 % au titre des prélèvements sociaux et fiscaux, soit un total d'imposition de 31,3 %. Mais seulement 40 et 15 % des revenus du capital sont déclarés à la CSG et à l'IRPP, une grande partie n'y étant pas assujettie ! Au final, le taux effectif de taxation du capital est donc faible.

B – La taxation des revenus

Le débat sur la fiscalité des revenus a été relancé début 2011 par la parution d'un livre, la révolution fiscale, par Landais, Piketty et Saez. En particulier, ils ont établi de façon claire la régressivité de l'impôt pour les 500 000 personnes les plus riches : tous prélèvements confondus, les taux d'imposition baissent à partir d'un certain seuil, pour les 1 % les plus riches. La régressivité provient du fait que le supplément d'impôts sur le capital ne compense pas les moindres cotisations sociales et TVA versées, mais surtout que l'impôt sur le revenu devient paradoxalement régressif passé un certain seuil (du fait des niches, exemptions et règles dérogatoires pour les hauts salaires ou revenus du capital) !

C – Le financement de la protection sociale

Les pays font des choix différents dans le niveau de prise en charge collective des dépenses de protection sociale. Il faut ensuite trouver les financements avec le coût le plus faible en emplois et en production, et donc le bon mix entre la taxation des salaires (charges sociales), de la consommation (impôts indirects, TVA) ou de l'ensemble des revenus (du travail et du capital).

La France a choisi dès 1945 de financer sa protection sociale par cotisation sur les salaires. Une seule inflexion majeure mais partielle est intervenue depuis, le basculement d'une partie des cotisations sur la CSG, qui concerne tous les revenus (salaires mais aussi pensions et revenus du capital). Mais la France reste au final l'un des pays qui taxe le plus les salaires (voir aussi chapitre suivant sur le coin fiscal et social). Or, les études montrent de façon répétée que des charges sociales élevées sur les salaires réduisent le taux d'emploi et font monter le chômage. Par ailleurs, la rémunération du travail tend de plus en plus à se réaliser hors salaires, ce qui réduit la base des prélèvements pour la sécurité sociale. La question du financement de la protection sociale est donc elle aussi posée (v. Chapitre 5).

D – Pistes pour une réforme fiscale

Des deux derniers points en particulier (régressivité de l'impôt sur le revenu, niveau trop élevé des cotisations) nait l'idée d'un basculement des cotisations vers un ensemble CSG/IRPP.

Le premier niveau de réflexion est l'articulation de la CSG avec l'IRPP. Formellement, la CSG est un impôt proportionnel, l'IRPP un impôt progressif. À ce titre, le second est plus juste que le premier, dont l'assiette est cependant plus large. Certains évoquent la fusion des deux impôts avec barème progressif. Plusieurs points, techniques mais fondamentaux, doivent alors être évoqués, celui de la retenue à la source et du problème du décalage d'imposition (si on opte pour la retenue à la source en 2013, on paye sur les revenus de 2013, mais quid de l'imposition des revenus de 2012 ?), celui du choix de la taxation au niveau de l'individu (c'est le cas de la CSG) ou du couple (IRPP), celui de la prise en compte de la politique familiale dans la définition de l'impôt (le quotient familial, et les parts associées).

Le deuxième point porte sur un basculement des cotisations sociales vers d'autres supports. C'est l'objet de la ***TVA sociale***, le basculement des cotisations sur la TVA, l'impôt de la consommation. L'opération est théoriquement neutre pour les ménages si la hausse de TVA ne fait que compenser la baisse du prix hors taxe. Et cette dernière renforce notre compétitivité sur les marchés étrangers, alors même que les entreprises étrangères participent dorénavant au financement de notre protection sociale (elles subissent l'augmentation de TVA sans bénéficier de la baisse de cotisations). L'écueil de la mesure serait que les prix augmentent, soit parce que nos entreprises ne baissent pas leur prix HT (elles reconstituent leurs marges), soit parce que les entreprises étrangères peuvent répercuter la hausse de TVA sur le prix TTC. Pour cela, mais aussi parce que la TVA est un impôt injuste, l'idée serait alors plutôt de basculer les cotisations vers la CSG … ou l'ensemble CSG/IRPP.

À NOTER • La fiscalité pose question à tris égards : la taxation du capital ou du patrimoine, la progressivité de l'impôt sur les revenus, le financement de la protection sociale. Une voie est le basculement des cotisations sur un nouvel ensemble CSG/IRPP.

5 La dette des administrations et de la France : vrais enjeux et fausses peurs

Fin 2010, la dette des administrations est de 1 591 milliards d'euros, dont 1 245 pour l'État, 160 pour les collectivités locales, et 170 pour les organismes de sécurité sociale, pour partie via la CADES, caisse d'amortissement de la dette sociale. Rapporté au PIB, donc à la création de revenus d'une année en France, la dette des administrations s'élève à plus de 82 %, 76 % si l'on enlève ce que d'autres doivent aux administrations (dette nette).

La dette des administrations, de l'État en particulier, est donc considérable, il faut en mesurer la portée, et les incidences. Mais elle doit être relativisée, dans une logique de comparaison internationale d'abord, parce que l'État n'est pas la France surtout.

A – La dette des administrations : ampleur et incidences

Le fait que l'État ait une dette est tout à fait normal. En effet, lorsque l'on construit une école, ou une route, cela signifie que l'économie française sera plus efficace demain : la formation des travailleurs ou les conditions de circulation en seront améliorées. Concrètement, cela signifie que des richesses supplémentaires seront créées demain, donc que l'État percevra plus de revenus. Pourquoi, dès lors, financer avec de l'argent d'aujourd'hui ce qui en rapportera davantage demain ? La dette est donc parfaitement justifiée (le même raisonnement s'applique aux entreprises). Le problème n'est donc pas tant l'existence de la dette de l'État que son niveau.

À cet égard, on comprend mieux la portée vertigineuse du montant de la dette à partir des chiffres « obus » d'une dette publique rapportée à la capacité contributive de chacun. Ainsi, si chaque français de plus de 20 ans devait contribuer en une seule fois au remboursement de la dette, il lui en couterait 32 400 €. Si l'on décidait de ne mobiliser que les actifs occupés (hors chômeurs donc), il faudrait débourser 61 750 €. Enfin, chaque famille (2,3 personnes en moyenne en France) en serait pour 56 270 € !

Au-delà de ce raccourci évidemment insuffisant (personne ne rembourse sa dette en une année, une partie de la dette est due à d'autres français...), pourquoi est-il nécessaire de réduire la dette ?

Principalement parce qu'elle coûte cher ! En France, le service de la dette (les intérêts payés sur la dette, pas le remboursement du capital) représente 45 milliards d'euros en 2011 (55 en

2013), soit plus de 15 % des dépenses. Et encore la France bénéficie-t-elle de son statut de «AAA», c'est-à-dire d'État figurant parmi les mieux notés au monde. Cela lui permet d'emprunter à des taux historiquement bas (2,5 % en 2010 pour les obligations d'une durée supérieure à 2 ans). Si la France perd sa note, ou si les taux augmentent, la facture deviendra vraiment salée. C'est ce que vivent aujourd'hui les pays périphériques de la zone euro, dans une logique mortifère.

B – Comment réduire la dette publique ?

S'il faut réduire la dette de l'État, en tout cas son ratio de dette au PIB, quelles sont les solutions possibles ? Le ratio de dette sur PIB à une période t est donné par la formule suivante.

$$\left(\frac{Dette}{PIB}\right)_t = \left(\frac{Dette}{PIB}\right)_{t-1} * [1 + (i_t - g_t)] + \left(\frac{SP}{PIB}\right)_t$$

Avec i, le taux d'intérêt, g, le taux de croissance nominal, SP, le solde budgétaire primaire, qui se calcule comme le solde budgétaire hors charge d'intérêts.

Appliquons cette formule à la France. Pour 2010-2012, avec des hypothèses de croissance nominale à 3 %, de taux d'intérêt nominal à 1,7 %, d'inflation à 1,4 % et de dette sur PIB à 90 %, le solde primaire requis pour réduire le ratio d'endettement est de -1,1 % du PIB. En conséquence, pour réduire sa dette, la France doit réduire de plus de quatre points son déficit primaire (il est de 5,1 % en 2011). Au-delà, avec la charge d'intérêt, la France doit tendre vers un excédent public de l'ordre de 1,1 % du PIB (les intérêts représentent aujourd'hui 2,2 % du PIB). C'est l'objet de l'engagement de la France décrit plus haut.

Quelle sont les autres éléments de l'équation qui permettraient de réduire la dette relative, au délà du solde primaire ? Il y a tout d'abord les taux d'intérêt. Mais ils sont auourd'hui historiquement bas, peu d'espoir de ce coté donc, des menaces mêmes s'ils venaient à augmenter (c'est même une contrainte pour la politique monétaire, celle ne pas étrangler les Etats par des augmentations trop brutales de taux !). Il y a aussi, évidemment, le taux de croissance, mais il est aussi contraint à court terme (v. Chapitre 15). Il y a enfin l'inflation, qui permet de rembourser en monnaie de singe. C'est ce que l'on appelle la taxe de seigneuriage. Créer de l'inflation serait donc une solution à la crise de l'endettement, au détriment des créanciers, mais, diront certains, au bénéfice de tous. Attention toutefois, l'inflation ne se décréte pas, une situation inflationnisme peut comporter des risques, et l'inflation importée (les prix des matières premières par exemple) n'est pas la solution, puisque c'est une inflation qui appauvrit. Enfin, les obligations d'État sont maintenant le plus souvent indexées sur l'inflation, de sorte que la charge d'intérêt augmente mécaniquement avec la hausse des prix.

Dernière option, qui n'apparaît pas dans la formule : le défaut, partiel ou total. Le défaut est au regard de l'histoire, non une incongruité, mais une sorte de norme. De nombreux États ont par le passé fait défaut. L'abbé Terray contrôleur général des finances du royaume de France de 1768 à 1774 disait même que « *la banqueroute est nécessaire une fois tous les siècles, afin de mettre l'Etat au pair* ». Le problème du défaut est qu'il n'est pas sans risque, en tout cas il ne fonctionne qu'une fois, et par surprise ! Signalons qu'il serait un défaut singulier, mais peut-être indolore, celui qui consisterait pour les Banques centrales à renoncer aux remboursements qu'elles sont légitimement en droit de demander à la suite de leurs politiques de quantitative easing, achats directs ou indirects de titres publiques. Mais nous sommes là très loin de l'orthodoxie monétaire.

C – Le niveau de la dette française est-il soutenable ?

D'abord, pour évaluer le niveau de l'endettement public, il faut aussi s'inscrire dans une logique de comparaison internationale. En Europe, le ratio de la dette au PIB dépasse les 100 % dans deux pays, la Grèce, avec 143 %, et l'Italie, avec 119 %. Pour les autres, comme l'Allemagne (83 %) ou le Royaume-Uni (82 %), on est proche du niveau de la France. Ailleurs, les situations sont très différentes, le japon étant le pays le plus endetté (en termes publics), avec une dette de 210 % du PIB, les Etats-Unis se situant à 81 % (citons toutefois le montant de la dette américaine : 14 294 milliards de dollars en avril 2011 !). Bref, à cet égard, la France ne fait pas différemment des autres.

Ensuite, les chiffres brutes d'endettement sont largement trompeurs, puisqu'il convient de mesurer la dette de tous les acteurs de l'économie, pas seulement celle de l'Etat. Ainsi, la dette du secteur privé (ménages et entreprises) est de 130 % du PIB dans la zone euro, 150 % aux États-Unis, et 230 % au Royaume-Uni ! Par ailleurs, il faudrait aussi tenir compte des avoirs des uns et des autres, puisque l'on peut avoir à la fois une dette et des créances. Prenons les japonais par exemple. L'État est très endetté effectivement, mais les ménages japonais disposent de créances considérables, alors même qu'ils sont eux-aussi endettés ! Bref, il faut a minima regarder l'endettement total d'un pays, et non son seul endettement public, surtout regarder l'endettement extérieur net des créances sur le reste du monde. Le schéma suivant résume cela pour la France.

Si la dette totale brute des administrations est bien de 1 590 milliards d'euro, la dette extérieure nette de la France n'apparaît qu'à 200 milliards, principalement parce que les ménages sont créditeurs du reste du monde. Cette somme ne représente qu'un dixième de nos revenus annuels, mais s'accroît chaque année, dans le sillage de nos déficits extérieurs. La France n'est donc pas en faillite, loin s'en faut, mais sa dette s'accroît dangeureusement.

À NOTER • La dette de l'État est importante, ramenée à chacun, elle est considérable. Il faut la réduire, ne serait-ce que parce qu'elle coûte cher en intérêts. Hormis les efforts quotidiens, peu de marges : les taux d'intérêt sont déjà bas, la croissance est contrainte, l'inflation ne se décrète pas, le défaut est risqué. Au-delà, la dette de la France est maîtrisée, en termes nets, elle est peu importante. Mais elle se dégrade, c'est là le problème.

La politique salariale

CHAPITRE 13

La politique salariale - on parle aussi de la politique des revenus, ou de pouvoir d'achat - consiste à jouer sur le niveau des salaires pour réguler l'activité. L'idée est ici qu'une augmentation des salaires stimule la consommation et soutient la croissance.

1 Salaires, coin fiscal et social et pouvoir d'achat

A – Salaire net et coût du travail

Le salaire de référence de l'économie est le salaire brut. C'est le langage commun entre salariés et employeurs. Cependant, il ne concerne directement ni les uns ni les autres :

– les employés sont directement intéressés par ce qu'ils touchent : c'est le ***salaire net.*** La différence est constituée de cotisations payées par l'employé (en fait versées directement par l'employeur) qui vont financer les organismes de sécurité sociale. Ces cotisations s'élèvent à environ 18 % du salaire brut ;

– les employeurs, eux, sont directement intéressés par ce qu'ils versent : c'est le ***coût du travail.*** La différence est aussi constituée de cotisations versées aux organismes de sécurité sociale. Elles approchent les 40 % du salaire brut. Les entreprises payent aussi la taxe sur les salaires et d'autres taxes assises sur les salaires (taxe d'apprentissage, participation à la formation professionnelle continue, ...) qui représentent au total 10 % du salaire brut.

Au final, le ratio entre ce que verse l'employeur et ce que perçoit le salarié s'inscrit dans une fourchette qui va de 1,5 (vous percevez 1180 € par mois, il en coûte 1800 à l'entreprise pour un salaire brut de 1500 €) à 1,8 (2340 à 4300 pour un cadre au brut de 3000 €).

Par ailleurs, pour comparer le coût du travail d'une entreprise ou d'un pays à l'autre, il ne suffit pas de mesurer les coûts horaires (ou mensuels) du travail. Il faut aussi tenir compte de la productivité du travail qui mesure l'efficacité des salariés. En effet, quelle importance cela a-t-il qu'un salarié coûte deux fois plus cher s'il est trois fois plus efficace ? On calcule donc le *coût unitaire du travail*, qui consiste à rapporter le coût mensuel (ou horaire) à la production mensuelle (ou horaire) du travailleur, sa productivité.

B – Coin fiscal et social

Au-delà, pour les comparaisons internationales, il peut être intéressant de comparer ce que paye vraiment l'entreprise (le coût du travail) avec ce que touche vraiment le salarié (le salaire net après impôts). Cette différence s'appelle le « ***coin fiscal et social*** ».
Selon les statistiques de l'OCDE, la France figure parmi les pays qui appliquent les prélèvements fiscaux et sociaux sur les revenus du travail les plus lourds. Le coin fiscal et social est, en France, supérieur de 12% à celui de la moyenne des pays de l'OCDE. Il varie de 37 à 53 % selon les situations (niveau de salaires, situation maritale et nombre d'enfants).
Le tableau suivant décrit cela, dans une logique de comparaison avec l'Allemagne : à salaire brut égal, le coût du travail est plus élevé en France, parce que le coin social est plus important (alors que le coin fiscal, i.e. l'impôt sur le revenu, l'est moins). Si le niveau du salaire net après impôt est plus élevé en France à salaire égal, le niveau moyen des salaires apparaît en revanche plus élevé en Allemagne.

Comparaison des fiches de paie pour 3 niveaux de salaire

Salaire annuel brut	20 000 €		40 000 €		70 000 €	
*en % du salaire moyen**	*49*	*60*	*98*	*121*	*171*	*212*
	Allemagne	France	Allemagne	France	Allemagne	France
Coût du travail	23 945	26 434	47 890	58 724	81 113	99 575
Salaire net ap. impôts	13 982	15 028	24 468	28 117	39 318	45 551
en % du coût du travail						
Coin social	33,9	40,6	33,9	46,4	28,0	44,2
Coin fiscal	7,7	2,6	15,0	5,7	23,5	10,0
Coin socio-fiscal	41,6	43,1	48,9	52,1	51,5	54,3

** Salaire annuel brut moyen d'un célibataire sans enfant en 2009 selon l'OCDE : 40 929 € en All. ; 33 065 € en Fr.*

Source : Les prélèvements fiscaux et sociaux en France et en Allemagne, Cour des comptes, 2011.

Le coin fiscal et social varie évidemment en fonction du niveau de salaires. De fait, les allégements de charges sur les bas salaires se retrouvent dans tous les pays. En France, les entreprises bénéficient, depuis 2003, d'une exonération quasi-totale des cotisations maladie, retraite et famille au niveau du smic (réduction de 26 points de salaire et même 28,1 points sur les dix-neuf premiers salariés) ; cet allégement est dégressif et s'annule au niveau de 1,6 smic. L'idée en 2011 est de sanctuariser ces allégements en les intégrant dans le barème des cotisations sociales, ce qui revient en quelque sorte à les calculer à la source.

C – L'évolution du pouvoir d'achat

Plus des deux tiers des Français estiment que le pouvoir d'achat de leur revenu disponible brut (le solde entre l'évolution des revenus après impôts et l'inflation) a diminué depuis 2001. Ce n'est pas la réalité des chiffres tels que décrits par l'INSEE : la croissance moyenne du pouvoir d'achat des français est de l'ordre de 2 % depuis presque quinze ans.

Plusieurs facteurs expliquent le décalage entre l'évolution du pouvoir d'achat recensée par les statistiques et celle perçue par les consommateurs.

Les premiers sont liés à l'évolution ou à l'utilisation des revenus :

– l'individualisation des évolutions de revenus et les accidents de vie font que la situation de chacun correspond de moins en moins à la moyenne ; et ceux dont les revenus baissent le ressentent fortement ;

– l'augmentation du pouvoir d'achat du revenu des ménages est moins nette lorsqu'elle est rapportée au niveau de chaque ménage, puisque le nombre de ménages augmente en lien avec la démographie et les évolutions sociétales (v. Chapitre 3) ;

– une part croissante des dépenses est contrainte en raison d'engagements contractuels (logement, énergie, services de téléphonie, assurances, services financiers, charges de remboursement d'emprunts). L'INSEE estime le poids des dépenses contraintes à 29 % du revenu en 2010, en augmentation de 3 points depuis 2000. Or, pour les ménages les plus pauvres, ces dépenses contraintes réduisent le reste à vivre dans des proportions parfois insupportables (une étude du Crédoc de 2009 chiffrait le reste à vivre à 80 € pour une personne disposant de 625 euros par mois !). Même si le pouvoir d'achat du revenu augmente, le reste à vivre, lui, n'augmente pas nécessairement.

Les seconds résultent de considérations sur les prix :

– les produits dont les prix augmentent le plus sont aussi ceux que l'on achète le plus souvent (produits alimentaires et boissons, tabac, loyers et entretien du logement ou encore frais de transport...), même s'ils ne pèsent pas nécessairement beaucoup dans le panier du consommateur. Il existe donc un sentiment assez net d'accroissement des prix plus important que celui donnée par l'INSEE ;

– les indices de prix sont calculés à qualité constante. Or la qualité des produits s'accroît, ce que l'INSEE traduit par des moindres augmentations de prix que celles observées par le grand public ;

– l'indice des prix à la consommation reflète un panier de biens et services représentatif de la structure moyenne de consommation de l'ensemble des ménages. Mais celle-ci varie sensiblement d'un ménage à l'autre, en fonction de la composition des niveaux de revenu. Par exemple, les loyers ne pèsent que 6 % dans le panier de l'INSEE, mais pour ceux qui ont à les payer... cela représente plutôt de 15 à 20 % de leur revenu !

À NOTER • Le pouvoir d'achat augmente en moyenne en France de l'ordre de 2 % environ. Mais dans une société hétérogène, les moyennes reflètent de moins en moins la situation de chacun, d'où une aspiration collective au soutien du pouvoir d'achat

2 L'État et la politique salariale et de pouvoir d'achat

La question du pouvoir d'achat, donc de la politique salariale, est au cœur du débat public. Elle est accentuée par la croissance faible, et le chômage élevé, la hausse des prix des matières premières et le sentiment de déformation du partage des revenus au détriment des salariés. L'Etat cherche donc à mobiliser tous les outils pour soutenir le pouvoir d'achat sans nuire à la compétitivité. Cinq leviers sont ici présentés, au-delà des allégements de charges déjà décrits.

A – La rémunération des agents publics

Le premier levier est celui de la masse salariale publique. Les emplois publics représentent environ 25 % du total des emplois de l'économie. Une augmentation du salaire des agents publics s'apparente à une relance budgétaire. Il reste que la situation des finances publiques conduit aujourd'hui le gouvernement à geler le point d'indice de la fonction publique, en 2011 puis en 2012. Il n'y a et aura pas d'augmentation généralisée des salaires des fonctionnaires. Une polémique oppose à ce titre syndicats et gouvernement, les premiers observant la stagnation du salaire moyen par tête, le second arguant d'une augmentation du pouvoir d'achat des fonctionnaires de 10% en net entre 2007 et 2010, du simple fait du vieillissement des salariés de la fonction publique, qui bénéficient des effets d'évolutions de carrière.
Les fonctionnaires bénéficient également de la restitution de 50 % des économies liées au non-remplacement d'un départ sur deux à la retraite, mais verront leur taux de cotisation retraite s'aligner progressivement sur celui du privé, passant, d'ici 2020, de 7,85 % à 10,55 %.

B – Le SMIC

L'augmentation du SMIC (Salaire Minimum Interprofessionnel de Croissance) est une façon d'augmenter les salaires dans l'entreprise privée. Le SMIC assure aux salariés dont les rémunérations sont les plus faibles la garantie du maintien de leur pouvoir d'achat et d'une participation à la croissance. La garantie du pouvoir d'achat est obtenue par l'indexation du SMIC sur un indice de pouvoir d'achat des salaires horaires moyens calculés par l'INSEE : il est automatiquement revalorisé dès que l'inflation dépasse les 2 % en cumul glissant sur plusieurs mois. La participation à la croissance résulte d'éventuels coups de pouce donnés au SMIC au 1er janvier de chaque année (augmentation au-delà de la garantie de pouvoir d'achat). Le salaire minimum après l'augmentation de l'été 2011 est de 9,18 euros, soit 1 392 euros brut mensuels pour 35 heures.

Plus de 2,3 millions de personnes perçoivent le SMIC en France, soit 9,8 % du total des salariés toutes structures confondues, une proportion en baisse sensible depuis quelques années (13,9 % en 2008 par exemple). La proportion de smicards est particulièrement élevée dans le secteur domestique (services à la personne par exemple), le commerce, le social mais surtout la restauration (un tiers des effectifs). En particulier, six salariés français sur dix au SMIC travaillent dans les branches de la restauration rapide et des entreprises de propreté ! Par ailleurs, le SMIC concerne 22 % des salariés à temps partiel, ce sont les travailleurs pauvres de nos sociétés.

Le niveau du SMIC joue également sur les salaires au-delà de ceux qui le perçoivent. À ce titre, on sait que 65 % des effectifs des établissements employant de 1 à 5 salariés perçoivent un salaire inférieur à 1,33 SMIC, tout comme 65 % des effectifs des secteurs de l'hôtellerie-restauration ou du textile habillement. On estime à 1 million le nombre de salariés dont le salaire est indirectement lié au SMIC.

Au final, l'existence et le niveau du SMIC en France ont incontestablement participé à la moindre augmentation des inégalités de revenus par rapport à ce qui a pu être observé ailleurs (v. chapitre 3). De fait, le SMIC est prégnant en France, puisqu'il représente 60 % du salaire médian en 2009, en augmentation depuis 2000, contre 37 % aux États-Unis, 44 % en Espagne et 46 % au Royaume-Uni par exemple. Les augmentations de SMIC sont également le socle des gains de pouvoir d'achat des bas salaires. Il reste également que ce sont des facteurs de pénalisation du coût du travail des moins qualifiés, et donc de chômage. Les allégements de charge sur les bas salaires, même régressifs, exercent enfin un effet de trappe à bas salaire duquel il est compliqué de s'extraire.

C – Le Revenu de solidarité active

Le RSA est entré en vigueur le 1er juin 2009 et comporte deux volets : le RSA socle, qui remplace le RMI et l'API, et le RSA complément d'activité, qui apporte un supplément de revenu aux travailleurs pauvres. Le RSA socle, d'un montant de 430 euros, est alloué aux personnes sans aucun revenu, sous conditions patrimoniales. Le RSA activité est calculé selon la formule suivante, sous réserve d'un revenu inférieur à 1,04 SMIC :

RSA = Montant forfaitaire + 62% des revenus d'activité du foyer
– Ressources du foyer + Forfait d'aide au logement.

Par exemple, un couple avec deux enfants, 590 € de revenus mensuels, 125 € de prestations familiales et une aide au logement bénéficiera d'un RSA de 492 € mensuel.

L'idée du RSA est aussi de ne pas faire dépendre certains droits annexes mais importants pour leurs bénéficiaires (exonération de taxe d'habitation, aide au logement, accès à la couverture médicale universelle – CMU) du statut (comme avec le RMI), mais des revenus : l'incitation au retour à l'emploi en est améliorée. Le dispositif prévoit enfin un accompagnement vers l'emploi ou un suivi social des bénéficiaires par Pôle emploi.

Une évaluation d'étape du dispositif a été proposée à l'automne 2010, avant l'évaluation complète de décembre 2011. En septembre 2010 donc, 1,8 million de foyers bénéficiaient du RSA, soit quelque 3,8 millions de personnes, dont 1.1 million au titre du RSA activité seul.

Par ailleurs, depuis septembre 2010, un RSA jeune a été introduit, alors même que le RSA, à la suite du RMI, ne concerne pas les moins de 25 ans. Son caractère apparaît cependant assez restrictif : il faut avoir travaillé l'équivalent de deux ans au cours des trois dernières années pour en bénéficier. De fait, il concerne moins de 10 000 jeunes début 2011.

D – La défiscalisation des heures complémentaires

Le dispositif de défiscalisation des heures supplémentaires s'inscrivait dans la loi dite TEPA (en faveur du travail, de l'emploi et du pouvoir d'achat) de 2007, qui comportait également le bouclier fiscal abandonné en 2011 avec la refonte de l'ISF. Il consiste, outre la majoration de 25 % de la rémunération horaire, en une exonération de l'impôt sur le revenu et des allégements de cotisations salariales et patronales pour les heures supplémentaires et complémentaires effectuées.

L'idée générique était de travailler plus pour gagner plus : en stimulant l'emploi et donc le pouvoir d'achat de ceux qui étaient déjà en poste, on créait une dynamique bénéfique à tous, y compris plus tard aux chômeurs dans le cadre d'un effet de souffle. En 2011, il est difficile de tirer un bilan de cette mesure. La crise a évidemment contrarié l'ambition initiale. Si les heures complémentaires ont effectivement augmenté, hors effet crise, cela peut résulter d'un simple effet d'aubaine et d'une optimisation fiscale de la part des salariés et entreprises. L'augmentation de pouvoir d'achat de ceux qui en ont bénéficié n'a pas eu l'incidence globale escomptée. Le coût du dispositif est jugé prohibitif par certains, de l'ordre de 4 milliards par an (2,7 milliards pour les exonérations de charges et 1,3 d'exonérations d'impôt sur le revenu).

E – La prime en cas de hausse des dividendes versés

Au printemps 2011, le gouvernement a décidé d'obliger les entreprises de plus de 50 salariés à verser une prime à leurs salariés en cas d'augmentation du dividende versé par rapport à la moyenne des deux années passées. Les deux tiers des 6 millions de salariés travaillant dans une entreprise de plus de 50 salariés et distribuant des dividendes, soit 4 millions de personnes, pourraient recevoir une prime en 2011.

Le montant (et les modalités) de cette prime sera négocié au sein des entreprises et exonéré de cotisations sociales, hormis la CSG-CRDS et le forfait social, jusqu'à un plafond de

1 200 euros. L'employeur pourra verser l'avantage autrement que sous forme d'une prime (intéressement ou participation supplémentaires, actions gratuites...) à condition que le personnel (ou ses représentants) soit d'accord.

Il reste aussi que seules 16 % des entreprises de moins de 250 salariés versent des dividendes, 31 % dans les entreprises de taille intermédiaire, et même 41 % dans les grandes entreprises (plus de 5 000) selon l'INSEE. Bref, ce dispositif n'oblige pas a priori les entreprises de moins de 50 salariés ni celles qui ne distribuent pas de dividendes, même s'il leur reste l'incitation via l'exonération de cotisations. Pour les finances publiques, « le coût principal » viendra de la déductibilité (de l'impôt sur les sociétés) du montant des primes versées.

À NOTER • Les voies de soutien du revenu sont nombreuses. Outres les exonérations de cotisations, qui visent surtout à ne pas pénaliser l'emploi des moins qualifiés, on trouve les augmentations de SMIC, le RSA, la défiscalisation des heures supplémentaires, bientôt une prime pour les salariés des entreprises dont les dividendes augmentent. Mais il reste fondamentalement que le pouvoir d'achat est lié à la croissance, donc aux gains de productivité.

PARTIE 3
La politique structurelle

Le capitalisme financier et ses conséquences

Chapitre 14

1 Le capitalisme français inspiré du modèle anglo-saxon

Au sens strict, le capitalisme fait référence au mode de financement des entreprises, notamment les plus grandes. On peut globalement opposer deux variétés de capitalisme, selon que les entreprises financent ou non leur développement par le biais des marchés financiers.

A – Les types de capitalisme

Le « ***capitalisme financier*** » est un système où les fonds d'investissement de différents types (fonds de pension, assureurs, *hedge funds*, fonds de *private equity*…) détiennent une part importante du capital des entreprises et en déterminent la gestion en fonction de leurs intérêts. C'est en particulier le cas du capitalisme anglo-saxon qui possède les caractéristiques suivantes :

– financement davantage en actions que par la dette ;

– détention du capital des entreprises majoritairement par des investisseurs institutionnels ;

– gestion des entreprises dans l'intérêt des actionnaires (la *shareholder value*, valeur pour l'actionnaire) et non des autres partenaires de l'entreprise (salariés, clients, sous-traitants, État, prêteurs…).

Par opposition, dans un modèle de « ***capitalisme non financier*** », les entreprises peuvent être financées par la dette, par exemple dans une logique de partenariat à long terme avec les banques (le capitalisme rhénan), ou par des acteurs variés, actionnaires publics (le capitalisme d'État), familles à l'origine de la création de l'entreprise (le capitalisme familial) ou salariés et clients des entreprises (le système mutualiste ou coopératif).

B – La prééminence du modèle anglo-saxon

Depuis une décennie, le capitalisme financier s'est peu à peu imposé au monde, en raison de ses propres atouts, et du fait de disfonctionnements des autres types de capitalisme.

Sur le premier point, le capitalisme financier permet une meilleure allocation de l'épargne vers les entreprises (ou les secteurs) les plus performantes, contribuant à la mise en œuvre d'une logique de « destruction créatrice ». Dans ces entreprises, les dirigeants ont une incitation forte à gérer efficacement et à innover pour profiter des rentes associées. Les marchés bénéficient d'une meilleure qualité de l'information sur les entreprises, par rapport à celle que peuvent obtenir les banques ou l'État par exemple.

Sur le second point, les autres modes de capitalisme ont fait montre par le passé de dysfonctionnements importants. Le capitalisme rhénan, par exemple, qui était en vigueur en Allemagne mais aussi sous une forme différente au Japon, s'est heurté aux excès d'endettement liés au maintien de lignes de crédits bancaires à des entreprises en difficulté, du fait d'un défaut d'analyse des risques. Le Japon a ainsi mis plus d'une décennie à apurer son système bancaire handicapé par les créances douteuses. Les banques se sont donc retrouvées dans l'incapacité de financer les entreprises saines, ce qui explique pour partie la crise économique des années 90. Par ailleurs, la détention du capital par l'État ou par un actionnariat dispersé conduit souvent à une gestion inefficace des entreprises (difficultés de la prise de décision, investissements non rentables…) comme l'a montré l'exemple du Crédit Lyonnais en France par le passé.

C – Les failles du capitalisme financier

Le capitalisme financier s'est donc largement imposé au monde. Il présente cependant plusieurs défauts, en particulier celui d'une exigence de rentabilité (le ROE, *return on equity,* rendement par action) excessive du capital. La prime de risque implicite incluse dans les ROE par rapport aux taux d'intérêt à long terme sans risque est devenue considérable. Cette norme de rentabilité (on cite souvent le chiffre d'une croissance nécessaire des bénéfices distribués de 10 %) s'impose aux entreprises et aux investisseurs. Elle induit un transfert contre-intuitif des risques vers les salariés.

Le partage des risques entre capitalistes et salariés est normalement clair : le risque d'entreprise (le risque économique) est subi par les capitalistes (qui acceptent de le prendre puisqu'ils ont moins d'aversion pour le risque) et ils assurent les salariés contre ce risque. Les salariés perçoivent donc un revenu stable mais plus faible, puisqu'ils payent une prime d'assurance contre le risque d'entreprise, et les capitalistes reçoivent des profits variables avec les aléas économiques. Dorénavant, dans un contexte où la rentabilité est une nécessité première, le résultat devient l'objectif, et l'ajustement s'opère sur le haut du compte de résultat, les salaires donc, mais aussi sur les prix payés aux fournisseurs et les impôts dus à l'État.

Cela conduit logiquement à une déformation du partage de la valeur ajoutée créée, au détriment des salariés, des petites entreprises et des États, et au bénéfice des grandes entreprises et de leurs actionnaires. Cette exigence excessive de rentabilité du capital conduit par ailleurs à un excès de délocalisation vers les pays à coûts salariaux faibles, par rapport à ce qu'impliquerait la spécialisation internationale avec un rendement « normal » du capital.

D – Les profits des grandes entreprises et les dividendes versés

De fait, les grandes entreprises réalisent des bénéfices importants, 82 milliards en 2010, dont plus de 10 pour Total par exemple. Ainsi, le graphique suivant décrit l'évolution des résultats nets des entreprises du CAC 40 depuis 1995, les dividendes qu'elles ont versés à leurs actionnaires, et la croissance annuelle de ces dividendes. Les résultats ont ainsi été multipliés par 12 sur la période, les dividendes par plus de 13, ce qui correspond à une croissance annuelle moyenne de plus de 20 %. En début de période, le ratio des dividendes versés aux résultats était de l'ordre de 35 %, il était de 50 % en fin de période, le reste étant consacré à l'investissement et au désendettement. L'autre façon de rémunérer les actionnaires consiste pour les entreprises à racheter leurs propres actions, ce qui, en en réduisant mécaniquement le nombre en fait augmenter la valeur.

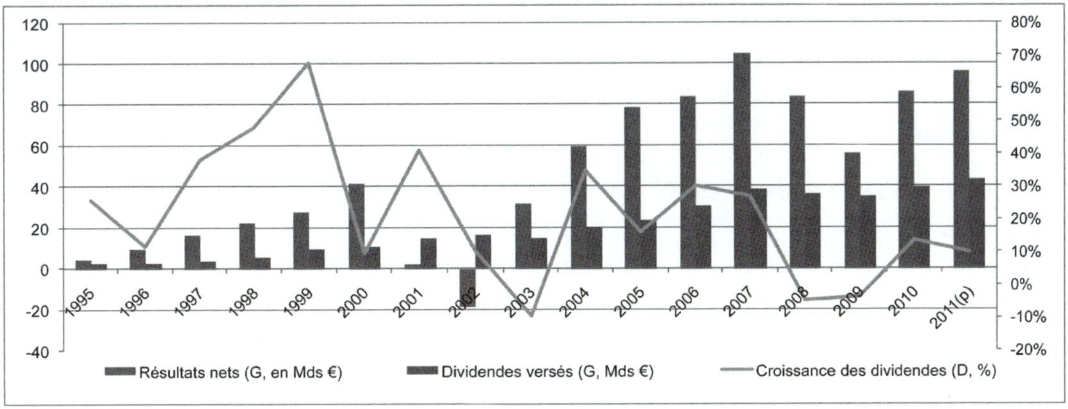

Il reste enfin que les profits des grandes entreprises ne sont pas les profits des entreprises en France. On observe même en France, et contrairement à l'Allemagne par exemple, une vraie dichotomie entre la situation financière des entreprises du CAC 40 et celle des autres entreprises. Ainsi, l'excédent brut d'exploitation des entreprises françaises a augmenté en valeur de 20 % entre 2004 et 2010, contre 45 % pour celui des entreprises du CAC 40. La faible profitabilité est à cet égard un des points de faiblesse de l'économie française.

E – La rémunération des dirigeants

Un autre aspect du capitalisme financier est la collusion qui s'est peu à peu instaurée entre les actionnaires et les principaux dirigeants des grandes entreprises.

Ceux-ci sont normalement à l'interface des salariés et propriétaires de l'entreprise. Ils sont en charge de l'équilibre entre l'exigence naturelle de rentabilité de l'actionnaire et le développement à long terme de l'entreprise, notamment les conditions, la rémunération et la protection du travail des salariés d'une part, les investissements productifs d'autre part. Au-delà des logiques d'intéressement qui les concernent en tant que salariés, les grands dirigeants sont intéressés aux résultats de l'entreprise, auxquels ils contribuent en premier chef, par des mécanismes de rémunérations complémentaires aux salaires, notamment les stock-options, les parachutes dorés ou les retraites « chapeau ».

Les stock-options sont des options d'achats d'actions de l'entreprise à des niveaux et conditions fixés à l'avance (exemple : on attribue 100 stock-options à 5 ans au prix de 50 €). Les détenteurs de ces options peuvent en cas d'augmentation du cours de l'action (de 50 à 200 € par exemple), au terme de la période convenue (ici 5 ans), exercer leur droit à l'achat (ils achètent au cours convenu à l'avance, 50 €) ce qui leur permet de dégager des plus-values importantes (ici 100 x 150 €). La fiscalité sur les plus-values est toutefois différente selon que le dirigeant revend immédiatement ces actions ou les conserve quelque temps avant la revente. Les *stock-options* s'adressent normalement à des dirigeants de *start-up* (entreprises naissantes de haute technologie), lesquelles ont des besoins en personnel dirigeant qualifié, mais n'ont pas les moyens de payer des salaires élevés durant leurs premières années d'existence. Ce type de produit permet alors de recruter, puis de motiver, les cadres et dirigeants de l'entreprise, puisque la plus-value dépend étroitement de la valorisation de l'entreprise et donc de leur capacité managériale. Dans les faits, ils concernent surtout les dirigeants des grandes entreprises.

Les parachutes dorés (« *golden handshake* ») sont des primes de départ prenant la forme d'une clause contractuelle entre le dirigeant et l'entreprise qui l'emploie *via* le Conseil d'administration, et donc les actionnaires. Cette clause fixe les indemnités versées lors d'une éviction suite à un licenciement, une restructuration, une fusion avec une autre société ou même lors d'un départ programmé de l'intéressé. Elles peuvent dans ce dernier cas être additionnées à une « ***retraite chapeau*** », complément de la retraite légale dont le versement est étalé pendant toute la durée de la retraite du bénéficiaire.

Dans les faits, le total des salaires des patrons du CAC atteint 98,3 millions d'euros en 2010, soit une moyenne de 2,46 millions d'euros par dirigeant, 24 % de plus qu'en 2009. Par ailleurs, presque tous les groupes du CAC 40 prévoient des retraites « additionnelles » donnant lieu au versement de pensions annuelles à vie. Ainsi, Alcatel-Lucent a pris l'engagement de garantir à Ben Verwaayen, son PDG, une retraite complémentaire à hauteur de 40 % de sa rémunération, calculée par rapport à la moyenne des deux années les mieux rémunérées de ses cinq dernières années d'activité. Enfin, un peu plus de la moitié des entreprises du CAC prévoit des indemnités de départ en cas de cessation de mandat de leur dirigeant. Une quinzaine d'entre elles se sont alignées sur le maximum recommandé par le « code de gouvernement d'entreprise des sociétés cotées » des syndicats patronaux Afep et Medef, soit deux ans de rémunération brute (fixe et variable). Cela représente environ entre 2 et 5 millions d'euros de parachutes dorés, si l'on se fonde sur la rémunération moyenne des dirigeants du CAC 40 en 2010.

Au-delà des patrons du CAC 40, les rémunérations importantes, ou indécentes, concernent les traders des banques de financement et d'investissement : les quatre principales banques françaises ont versé près de 2 milliards d'euros de bonus au titre de l'année 2010, à plus de 8 600 salariés, soit de 150 000 € en moyenne pour le Crédit Agricole à 291 000 € pour BNP Paribas. C'est important, mais sans atteindre le niveau d'indécence observé avant, ou ailleurs, un spécialiste du trading algorithmique de la city ayant par exemple reçu près de 110 millions d'euros toujours au titre de 2010 ! Depuis peu, en Europe, les bonus ne sont plus perçus directement (en cash), la majorité étant mise de côté sur trois ans, une autre partie étant versée en actions de la banque du trader.

À NOTER • Le capitalisme anglo-saxon s'est peu à peu imposé au monde, en France en particulier. Il permet une meilleure gouvernance des entreprises, mais crée une distorsion dans la rémunération des facteurs de production, au bénéfice du capital, au détriment du travail et des partenaires de l'entreprise. Il y a par ailleurs collusion entre les actionnaires et les dirigeants, ces derniers bénéficiant d'une forte valorisation de l'entreprise *via* les stock-options et autres systèmes de rémunération non accessibles à l'ensemble des salariés.

2 Le capitalisme au révélateur du partage de la valeur ajoutée

La valeur ajoutée est la richesse créée par l'entreprise. Cette richesse créée permet de rémunérer les agents économiques qui en sont à l'origine : les salariés, l'État, l'entreprise elle-même, les apporteurs de capitaux.

La rémunération du facteur travail et du facteur capital sont donc les deux grandes composantes de la valeur ajoutée (la part de l'État est stable en tendance autour de 10 %). La rémunération du travail comprend les salaires bruts et les cotisations patronales. La rémunération du capital est appelée Excédent Brut d'Exploitation (EBE). On y inclut la rémunération de l'entreprise (les bénéfices non distribués). Le schéma suivant donne le cadre de la répartition de la valeur ajoutée.

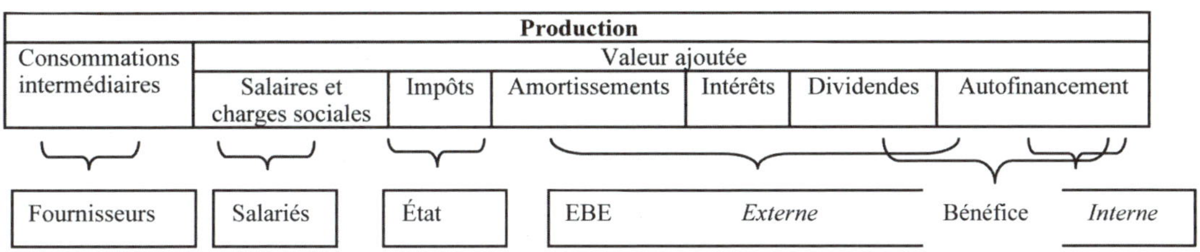

De fait, dans une entreprise, le conseil d'administration doit sur proposition des dirigeants veiller à la distribution équitable des richesses créées entre les salariés et les actionnaires. Les revendications salariales se heurtent donc à la contrainte de profitabilité. Selon les périodes, le travail est davantage rémunéré que le capital, et inversement. Le rapport de forces entre la rémunération du travail et la rémunération du capital se traduit dans la répartition de la valeur ajoutée. Par extension, on s'attend à ce que l'adoption du capitalisme financier se traduise par une déformation dans le partage de la valeur ajoutée au bénéfice du capital.

A – Le partage de la valeur ajoutée en France

Le graphique ci-dessous retrace la répartition de la valeur ajoutée en France de 1969 à 2010. Depuis le début des années 90, la part des salaires dans la valeur ajoutée reste stable en tendance. Sur une période plus longue, elle a subi de fortes variations, reflétant les rapports de force entre le travail et le capital :

– en 1968 d'abord, après les accords de Grenelle, et en 1974 ensuite, à la suite du premier choc pétrolier, la part des salaires a augmenté, les acteurs économiques considérant la crise comme provisoire, de sorte que les augmentations de salaires réels sont supérieures aux augmentations de productivité ;

– le renversement de tendance date du milieu des années 80. La forte poussée du chômage limite les revendications salariales, tandis que, dans le même temps, l'ouverture des marchés financiers et la forte augmentation des taux d'intérêt incitent les entreprises à augmenter leurs bénéfices.

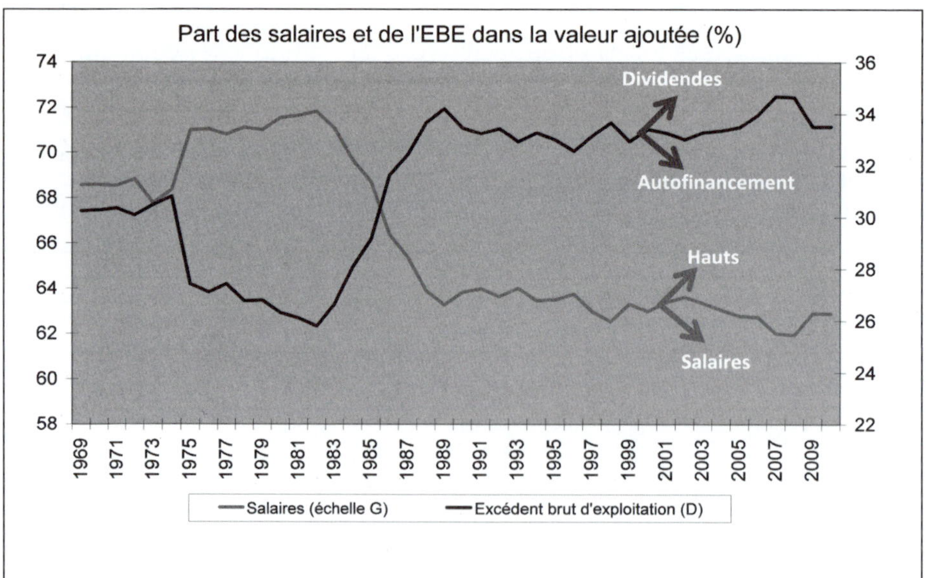

La stabilité de ces dernières années dans la répartition de la valeur ajoutée semble traduire un équilibre dans le rapport de force entre rémunération du travail (environ deux tiers de la valeur ajoutée, échelle de gauche du graphique) et rémunération du capital (un tiers), même si les évolutions récentes traduisent une légère baisse de la part revenant aux salaires. Cette stabilité est contradictoire avec l'analyse des effets de l'adoption du capitalisme financier, alors même que l'on observe une tendance à l'augmentation des taux de marge ces dernières années en Allemagne, Pays-Bas ou Royaume-Uni pour ne citer que des pays européens.

Comment expliquer cette contradiction ? Tout d'abord, la France n'échappe pas aux conséquences du capitalisme financier. Celles-ci se voient dans la double évolution représentée sur le graphique des dividendes versés et des hauts salaires d'une part, dont la part augmente, au détriment des salaires médians et de l'autofinancement d'autre part, dont la part diminue.

Mais au-delà, la répartition de la valeur ajoutée est clairement stable. Plusieurs facteurs participent de cet équilibre. Tout d'abord, l'existence du SMIC, son niveau et ses augmentations successives ont contraint les entreprises à augmenter les salaires, notamment dans le cadre du passage aux 35 heures qui a accru mécaniquement la part des salaires (le salaire horaire a crû de 11 %, les gains de productivité liés aux réorganisations de 5 %).

Ensuite, la rigidité du marché du travail français protège les *insiders* (ceux en poste) et donc limite l'ajustement des salaires. Les bénéfices augmentent également moins qu'ailleurs, dans un contexte de *pricing power* (capacité à influencer les prix) faible des entreprises françaises, en raison du faible degré de différenciation vis-à-vis des pays émergents qui entraîne une déformation de l'économie vers des secteurs peu capitalistiques. Enfin, le capitalisme français présente trois singularités remarquables : c'est l'un des rares capitalismes à avoir autant développé l'actionnariat salarié, à disposer, grâce aux sociétés mutualistes cotées, d'hybrides efficaces et à conserver pour de nombreuses entreprises cotées un contrôle familial opérant. La déformation du partage de la valeur ajoutée au détriment des salariés en est atténuée.

À NOTER • En France, les salaires réels ont crû autant que la productivité ces dernières années (ce qui n'est pas le cas en Allemagne, aux États-Unis, au Japon). C'est en particulier lié aux mesures de soutien des bas salaires, *via* le SMIC, et à la nature encore spécifique du capitalisme français. Le problème français tient davantage à la distribution des salaires entre eux, notamment la paupérisation relative de la classe moyenne. Mais il n'y a sans doute pas à corriger une hypothétique déformation du partage des revenus globaux (de la valeur ajoutée) au détriment des salariés.

B – Le partage des profits

Au-delà de la répartition de la valeur ajoutée, Nicolas Sarkozy a posé en 2009, puis de nouveau en 2011 la question du partage des profits (au sens des bénéfices). Les profits sont un élément de l'EBE, avec la rémunération des prêteurs, et se décomposent entre l'épargne de l'entreprise, l'épargne salariale et les revenus distribués aux détenteurs de capital. La répartition du profit en France s'opère selon la règle suivante : 57 % restent dans l'entreprise, 36 % vont aux actionnaires, 7 % à l'épargne salariale (voir graphique suivant).

Tout d'abord, il y a eu ces dernières années déformation du partage de l'EBE au détriment des prêteurs, pour deux raisons : le bas niveau des taux d'intérêt et le bas niveau des primes de risque, tant sur les crédits que sur les obligations. Si la part de l'EBE est restée stable en tendance, celle des profits au sens large a donc augmenté. Ensuite, la répartition des profits, nous l'avons dit, s'est déformée au bénéfice des actionnaires, et au détriment de l'autofinancement (il est passé de 100 % de la valeur ajoutée à 80 % durant la décennie 2000). C'est un problème important de notre économie, puisque le financement des PME en particulier est très lié à leur capacité d'autofinancement. Enfin, se pose la question de la part des profits qui revient au salarié, principalement sous la forme de l'épargne salariale.

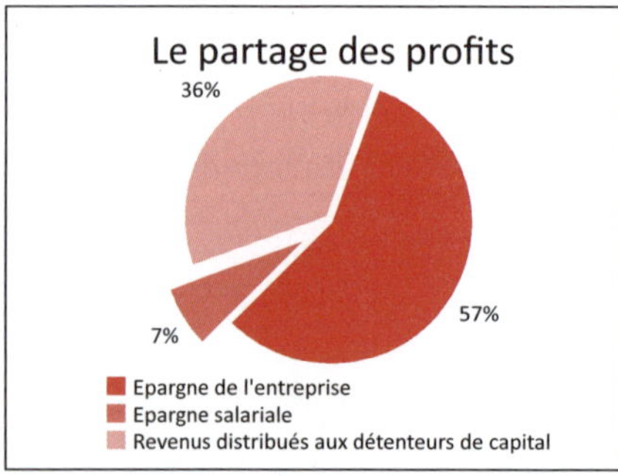

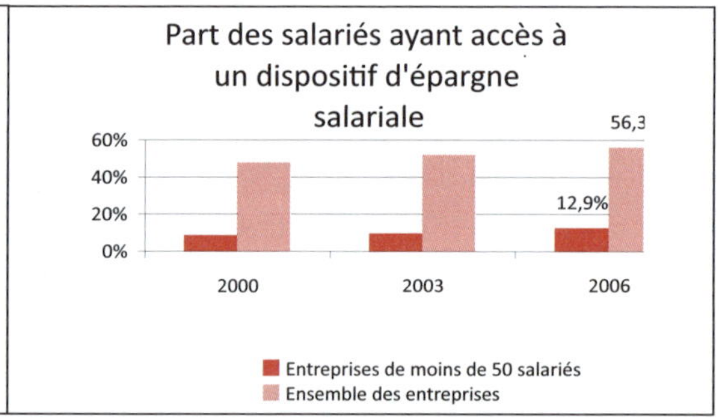

L'épargne salariale renvoie aux dispositifs d'intéressement ou de participation qui peuvent être reversés dans deux grands types de plans pour bénéficier d'avantages sociaux ou fiscaux : les Plans d'Épargne d'Entreprise (PEE) ou Interentreprises (PEI) d'une part, dans lesquels les sommes épargnées doivent demeurer investies pendant au moins cinq ans, hors cas de retrait anticipé prévus par la loi ; les Plans d'Épargne pour la Retraite Collectif (PERCO ou PERCOI) d'autre part, où les fonds sont normalement bloqués jusqu'au départ en retraite.

Au 31 décembre 2010, plus de 12 millions de personnes dans 230 000 entreprises disposent d'un plan d'épargne salariale. La collecte nette est de 3,2 milliards d'euros, ce qui en fait un instrument de financement de l'économie. Mais ces dispositifs ne couvrent encore aujourd'hui que 58 % des actifs des secteurs marchands non agricoles : si la diffusion de l'épargne salariale dans les PME et TPE augmente fortement (+ 70 % en 5 ans), elle ne concerne encore qu'une petite partie de ce type d'entreprises (13 % des entreprises de moins de 50 salariés par exemple). Les grandes entreprises abondent aussi davantage les plans de leurs salariés que les petites entreprises. Bref, l'épargne salariale concerne moins les salariés des petites entreprises, et quand elle les concerne, c'est pour des sommes moins importantes. Pour cela, le gouvernement n'en a pas fait la réponse à la question posée du partage des profits. Cette réponse consiste en l'attribution d'une prime liée à l'augmentation des dividendes (v. chapitre précédent). Plus généralement, la question que pose le capitalisme financier est de savoir s'il faut rémunérer les salariés avec des salaires, ou sous une autre forme, ce que Dominique de Villepin appelait en 2006 les *dividendes du travail*. Une question liée est celle du financement de la protection sociale, puisque l'épargne salariale par exemple fait l'objet de nombreuses exemptions de cotisations qui doivent être compensées par l'État.

À NOTER • À défaut de résoudre le problème de déformation de la répartition des salaires, la question du partage des profits est posée, notamment celle de savoir comment les salariés peuvent adosser leur rémunération à celle des actionnaires. La réponse est la prime liée au dividende. Mais une autre question fondamentale reste sans réponse, celle de la faible profitabilité des entreprises françaises, qui hypothèque leur capacité d'investissement.

La croissance à long terme, le déclin et le rebond français

Chapitre 15

1 Cadre d'analyse

A – Les facteurs de croissance sur longue période

La croissance économique est l'augmentation de la production qui, entièrement distribuée sous forme de revenus, permettra d'*améliorer le niveau de vie* des habitants d'un pays. À court terme (de quelques mois à quelques années), la croissance économique peut être influencée par les politiques conjoncturelles de régulation (politiques monétaires, budgétaire et fiscale, salariale). Mais à long terme (au-delà de quelques années), la croissance apparaît peu dépendante de la politique conjoncturelle.

Les éléments qui influencent la croissance sur le long terme peuvent être donnés en décrivant la fonction de production d'une entreprise : Production = F (travail, capital). Cette équation signifie que la production d'une entreprise est obtenue en combinant du travail (les salariés) et du capital (les machines, les matières premières…) dans une proportion donnée par l'état de la technologie. Une entreprise peut donc augmenter sa production en embauchant davantage de salariés, en achetant davantage de machines ou de matières premières, ou en faisant appel à des technologies plus élaborées. Cette même fonction de production s'applique à l'échelle d'un pays. L'ampleur des augmentations de production (c'est-à-dire le niveau de la croissance économique) dépendra alors :

– ***du rythme d'augmentation de la population active*** et du volume de travail de chacun. Le premier est surtout fonction du dynamisme démographique mais aussi des taux d'activité, de la durée des études, de l'âge de cessation d'activité et des flux migratoires ; le second des dispositions et incitations relatives au temps de travail ;

– ***du rythme d'augmentation du stock de capital,*** qui dépend à son tour de la disponibilité de moyens de financement. Ceux-ci sont fonction de l'accumulation d'une épargne par les agents économiques du pays et de la mise à disposition par les étrangers de leur propre épargne ;

– ***du degré d'innovation de l'économie,*** qui a pour nom le progrès technique. Ce dernier permet une amélioration de l'efficacité générale de l'économie, mesurée par la productivité globale des facteurs (efficacité combinée du travail et du capital).

Ainsi, il y aurait trois sources de croissance économique sur longue période : la croissance démographique, l'accumulation de l'épargne, et le progrès technique. Des études montrent que ce dernier élément explique à lui seul plus de 50 % de la croissance économique des pays développés à long terme. C'est par ces trois mêmes facteurs que l'extraordinaire croissance des pays du Sud-Est asiatique ces trente dernières années a été expliquée : explosion démographique, forte propension à épargner des ménages, arrivée massifs de capitaux extérieurs et capacité à valoriser les innovations industrielles des autres pays.

À NOTER • Trois éléments conditionnent la croissance sur longue période : la quantité de travail, principalement le nombre de personnes présentes sur le marché du travail et la durée du travail, la quantité de capital, qui dépend de l'épargne nationale et de la mise à disposition par les étrangers de leur propre épargne, et le degré d'innovation de l'économie, mesuré par la productivité globale des facteurs de production.

B – La croissance potentielle

À long terme, la croissance dépend donc du rythme d'augmentation du volume de travail, du rythme d'augmentation du stock de capital et du degré d'innovation de l'économie. Ces éléments déterminent la production potentielle, celle qui résulte d'une utilisation optimale des facteurs de production. À court terme, la croissance observée ne peut être durablement supérieure à la croissance potentielle, sauf à générer des tensions « insupportables » sur l'appareil de production, et donc à entraîner une accélération de l'inflation. La politique conjoncturelle vise à réaliser cette production potentielle. L'importance de l'écart entre la production réalisée et la production potentielle (écart de PIB, ou ***output gap***) donne donc des indications sur l'efficacité des politiques conjoncturelles. La production observée peut être ponctuellement supérieure à la production potentielle, ce qui traduit une situation de surchauffe économique (v. schéma *infra*, point 3).

Le plus souvent, par simplification et pour la quantifier, on considère la croissance potentielle comme la somme de deux tendances : celle de la population en âge de travailler, augmentée de l'évolution des taux d'activité et de la durée du travail et celle des gains de productivité horaire du travail. Ces derniers dépendent de la productivité globale des facteurs (l'efficacité économique) et de l'intensité des techniques de production (la substitution travail/capital donc l'intensité en capital).

C – Les cycles de l'économie, le cycle de Kondratiev

À partir de l'observation des fluctuations économiques, on a formulé l'hypothèse du caractère cyclique de l'activité : l'activité passe, à intervalles réguliers, par une phase de haute conjoncture (la ***reprise***, qui caractérise le retour de la croissance puis l'***expansion***, qui caractérise l'accélération de la croissance), puis par un point de retournement, ou ***crise***, et enfin par une phase de basse conjoncture (la ***récession*** qui caractérise le ralentissement de la croissance puis la ***dépression***, qui caractérise la baisse de l'activité ou croissance négative). Le cycle permettrait donc de comprendre les fluctuations de l'activité économique.

Il existe en fait plusieurs cycles de durées différentes. Chaque cycle porte le nom de l'économiste qui l'a identifié, ainsi que celui du facteur auquel il est généralement associé :

- cycle de Kitchin : cycle des stocks (3 à 5 ans);
- cycle de Juglar : cycle de l'investissement (7 à 10 ans);
- cycle de Kuznets : cycle de la construction (15 à 25 ans);
- cycle de Kondratiev : cycle de l'innovation (45 à 60 ans).

Ces différents cycles se superposent les uns aux autres. Chacun relève d'une logique spécifique. Ainsi, le ***cycle de Juglar*** s'explique par les phénomènes de sur-réaction de l'investissement. Une allégorie simple proposé par Aftalion (1913) permet de donner une première explication à ce type de cycle. Aftalion compare le fonctionnement de l'économie à celui d'un poêle à charbon; la pièce est froide, on l'alimente, mais du temps s'écoule avant qu'elle ne se réchauffe. Dans l'intervalle, on rajoute du charbon au point que la température finit par être excessive. On cesse ensuite de l'alimenter, mais trop longtemps, et la température devient trop basse : on oscille toujours entre l'excès et l'insuffisance de chaleur. Il en est de même pour l'investissement qui est l'élément de la demande qui fluctue le plus.

Le cycle de Kondratiev, cycle long, s'explique lui par le renouvellement du capital et surtout par l'apparition de grappes d'innovations (Schumpeter). L'analyse des grappes d'innovations par Schumpeter montre que le progrès technique progresse de façon discontinue, des innovations majeures entraînant dans leur sillage toute une série d'autres innovations.

Selon l'analyse de Schumpeter, les phases ascendantes du cycle de Kondratiev s'expliqueraient par la diffusion des innovations dans la société. Ce fut le cas lors des deux premières révolutions industrielles. C'est le cas depuis quinze ans, avec les technologies de l'information et de la communication.

1) La relation entre innovation, croissance et emplois dans le cycle de Kondratiev

La relation entre innovation, croissance et emplois est résumée dans le schéma ci-dessous.

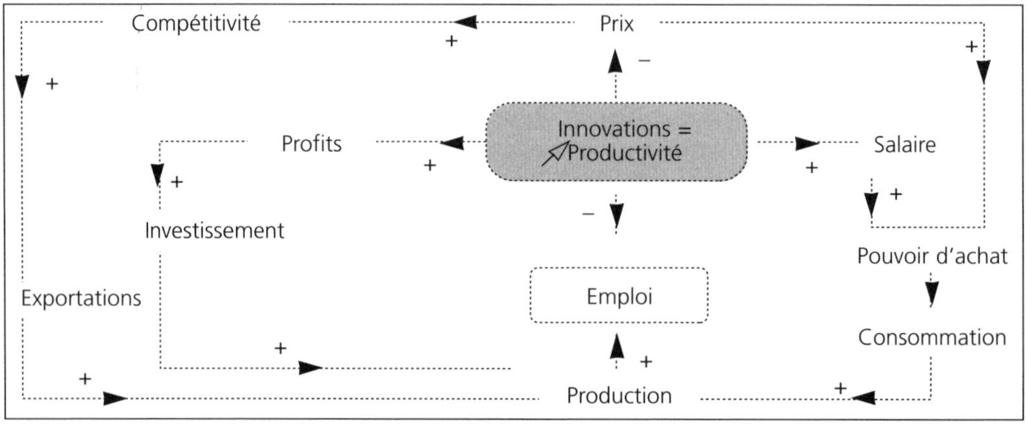

L'hypothèse de départ est que les innovations permettent de réaliser des gains de productivité.

Ces gains de productivité détruisent mécaniquement des emplois. Cependant, ces gains de productivité sont aussi distribués au consommateur sous forme de baisses de prix, au salarié sous forme d'augmentations de salaires et à l'actionnaire sous forme d'augmentations des dividendes. Ceci permet des hausses de demande, donc une croissance supplémentaire. Cette croissance supplémentaire est à son tour créatrice d'emplois, pour deux raisons. D'abord parce qu'il faut des hommes pour construire les machines. Ensuite parce que les ressources libérées par les innovations vont pouvoir être dépensées ailleurs dans l'économie, ce qui veut dire plus d'emplois dans les secteurs concernés. Les innovations sont donc à la fois ***destructrices et créatrices*** d'emplois, les premières précédant les secondes.

2) Les révolutions industrielles

La première révolution (fin XVIIIe siècle) s'appuya sur la diffusion des machines à vapeur, celles-ci permettant l'exploitation minière (le charbon comme source d'énergie), la fabrication des textiles et la mécanisation d'une production manufacturière jusque-là artisanale. Simultanément, les moyens de transport des matières premières et des marchandises s'améliorèrent formidablement avec le navire et la locomotive à vapeur.

La seconde révolution (fin XIXe siècle) s'appuya, elle, sur la maîtrise de l'électricité et le développement des moteurs. Grâce à l'électricité, de plus vastes distances pouvaient être franchies. Le télégraphe et le téléphone, la batterie électrique, le cinéma et plus tard la radio en furent des extensions. Les moteurs quant à eux se sont diffusés dans tous les biens de consommation courante : réfrigérateurs, automobiles, jouets, etc.

Dans les deux cas, la diffusion des innovations a amélioré l'efficacité globale de l'économie et stimulé la croissance économique.

3) La période contemporaine

La croissance de l'après-guerre a été expliquée par le développement de la société de consommation : la standardisation des produits permettait des gains de productivité qui étaient distribués aux salariés sous la forme d'augmentations de salaires et de réductions de prix. En retour, la demande était soutenue, en particulier pour les biens de consommation durable (automobiles, machines à laver, téléviseurs…) pour lesquels existait un besoin de premier équipement. La crise des années 1970 fut alors marquée par une saturation de la demande de biens de consommation, le taux d'équipement des ménages en biens durables devenant élevé. Les moteurs de la croissance économique (les biens durables) étaient arrivés à maturité. Seul leur remplacement pouvait inciter les ménages à consommer, d'où un tassement de la consommation. La période de faible croissance a duré 25 ans (du début des années 1970 au milieu des années 1990), soit la moitié d'un cycle entier de Kondratiev.

Dans le même temps apparaissait une nouvelle grappe d'innovations s'appuyant sur les technologies de l'information et de la communication. Ces technologies offrent de nouveaux biens durables avec un taux d'équipement des ménages faible. Par ailleurs, ces produits connaissent souvent une obsolescence rapide, stimulant durablement la demande des ménages. En cela, les nouvelles technologies seraient le nouveau moteur d'un cycle long de croissance économique.

À NOTER • La croissance économique de long terme s'explique par l'amélioration de l'efficacité économique, mesurée par la productivité des facteurs. Autour de cette tendance de long terme se succèdent des phases de hausse et de baisse, les cycles économiques. En particulier, l'économie alterne depuis plus de 200 ans des phases de croissance soutenue et de croissance ralentie, autour des cycles de Kondratiev (50 ans), qui s'expliquent par le surgissement des grappes d'innovations.

2 La révolution informationnelle

La révolution informationnelle s'appuie sur l'apparition d'une grappe technologique autour des technologies de l'information et de la communication (TIC). Ces dernières se définissent comme l'ensemble des techniques qui permettent d'accroître le volume et la vitesse de circulation des informations. Elles deviennent alors accessibles à l'échelle planétaire, sans contrainte de localisation ou de déplacement physique. La révolution numérique est l'une des composantes majeures de la révolution informationnelle.

A – Les TIC, de la révolution technologique à la révolution économique

Cette révolution technologique repose donc sur le formidable développement des systèmes d'information, autour des ordinateurs (qui sont aujourd'hui ce qu'ont été les moteurs au début du XXe siècle). Un système d'information peut être scindé en quatre grands domaines : le traitement, la communication, la mémoire, l'interface. Chacun de ces domaines a connu ou connaît une évolution considérable : *le traitement de l'information* a évolué selon la loi de Moore (la puissance des micro-processeurs double tous les dix-huit mois) ; *la mise en communication des ordinateurs* s'appuie sur le formidable développement d'internet *et* des réseaux haut débit, filaires (ADSL) ou non filaires (Satellite, boucle locale radio pour les liaisons depuis un poste fixe, Blue tooth, WiFi ou UMTS pour les réseaux mobiles) ; *l'extension de la capacité des mémoires* permet de stocker dix vidéothèques personnelles, au-delà, la mise en réseau des ordinateurs (*grid computing*) démultiplie les possibilités de stockage (google dispose de 2 millions de serveurs répartis dans le monde) ; enfin *la diversification des interfaces* fait apparaître une multitude d'objets communicants (smartphone et netbooks mais aussi organiseurs, e-books, terminaux embarqués (voitures), consoles de jeux...) alors que des objets familiers (vêtement, réfrigérateurs...) incorporent des puces électroniques leur permettant de dialoguer entre eux.

Il reste que toute révolution technologique ne débouche pas nécessairement sur une révolution économique (le four à micro-onde par exemple). C'est d'abord confondre l'invention, de nature technique, et l'innovation, de nature économique. C'est surtout réduire l'innovation à son seul contenu technique alors qu'elle peut être à l'origine de changements dans l'organisation des entreprises et permettre la création de nouveaux marchés. Or, justement, ces changements organisationnels existaient avant les TIC : c'était l'économie du temps réel (le juste à temps) en vogue depuis les années 1980. En tant qu'outil de communication entre entreprises et d'information des entreprises, les TIC radicalisent les principes du juste à temps. En cela, elles prolongent le champ des innovations organisationnelles des années 1980 et 1990. Cela demande à l'entreprise de revoir son mode d'organisation. Auparavant, l'activité de l'entreprise se conjuguait autour de l'enchaînement création-production-vente. L'informatique était utilisée pour optimiser chaque activité. Aujourd'hui, il s'agit de passer à une logique d'intégration et de coordination des activités : c'est la notion d'***entreprise étendue***. L'entreprise doit s'organiser autour de la circulation de l'information pour mieux servir le client. Les TIC procurent en effet une grande fluidité à la circulation de l'information tout au long de la chaîne de production. Ceci permet une meilleure adaptation de l'offre à la demande. Les résultats peuvent alors être considérables en termes de gain d'efficacité et de réduction des coûts. Plus récemment, le concept d'***entreprise 2.0*** change la nature même des relations entre l'entreprise et ses clients, dorénavant partenaires des décisions les concernant.

De fait, les sociétés industrielles seraient entrées dans une nouvelle ère fondée sur la connaissance (voir *infra*) dont les TIC sont l'un des fondements. En effet, les TIC agissent sur la production, le traitement et la diffusion de l'information. Elles sont le support à une production plus collective et plus interactive de la connaissance. Elles constituent un facteur important de croissance des externalités de connaissance en permettant la transmission et la codification de connaissances plus complexes et une baisse de ces coûts de transmission et de codification.

Cette révolution n'aboutit pas, contrairement à ce qui est dit parfois, à l'émergence d'une économie quaternaire, fondée sur la connaissance. La connaissance, *via* l'information, irrigue plutôt l'ensemble des secteurs de l'économie, primaire, secondaire et tertiaire. En particulier, les TIC sont un formidable facilitateur des échanges de services. De la même façon que le train avait permis de dissocier les lieux de production et de consommation des marchandises, elles dissocient la production et la consommation de services (les centres d'appels illustrent cette situation). Elles participent donc à l'industrialisation des services (*cf.* Chapitre 6), et stimulent donc leur productivité.

B – Les TIC et la croissance

1) Le schéma de diffusion de la révolution économique

En termes macro-économiques, le schéma de diffusion de la révolution liée au TIC suit un cheminement spécifique.

Dans un premier temps, les ménages et les entreprises effectuent un premier équipement en biens et services de TIC. En cela, les TIC sont un facteur de croissance économique puisqu'il existe une forte demande pour ces produits (il faut les fabriquer). L'effet sur la croissance dépend bien sûr de la taille du secteur producteur de ces biens (autrement dit, les produits achetés sont-ils produits localement ou sont-ils importés ?). Mais ce phénomène s'épuise rapidement, quand les taux d'équipement sont satisfaisants. C'est la situation que l'on connaît aujourd'hui, même si de nouveaux produits technologiques apparaissent (tablettes numériques par exemple).

En parallèle, les technologies se diffusent dans les entreprises, qui se réorganisent progressivement autour de ces applications selon un ordonnancement qui dépend de leur proximité avec ces technologies (entreprises productrices de TIC d'abord, dont l'information est au cœur de l'activité). Au final, ces technologies améliorent l'efficacité globale des organisations, au-delà des seules entreprises qui les produisent. Cette amélioration de l'efficacité se traduit simultanément par des hausses de salaires, des hausses de profit et des prix en baisse, qui permettent à leur tour des augmentations de consommation et d'investissement. Celles-ci concernent à la fois les biens et services de TIC et les autres produits. Pour les premiers, cette demande supplémentaire résulte aussi du cycle de vie raccourci de ces produits, qui stimule leur demande de remplacement, et de l'apparition de nouveaux produits, liée à la non-maturité des marchés (de nouveaux produits apparaissent régulièrement). Cette augmentation de demande à l'ensemble des organisations/entreprises entretient la croissance pendant de nombreuses années (le temps de la diffusion des TIC dans l'économie).

En termes d'emplois, les TIC détruisent des emplois du fait des gains de productivité qu'elles génèrent, mais elles en créent de façon induite par la croissance qu'elles provoquent. C'est le processus de destruction-créatrice décrit par Schumpeter. L'histoire économique nous enseigne que les créations d'emploi s liées aux révolutions économiques sont toujours plus nombreuses que les destructions. Mais ce ne sont pas les mêmes emplois, il faut donc requalifier une partie de la population.

2) Le schéma appliqué aux États-Unis et à l'Europe

Les Américains ont basculé dans les nouvelles technologies bien avant tout le monde : alors que l'on parlait du déclin américain dans les années 80 (en particulier du déclin industriel), ceux-ci investissaient massivement dans la recherche et la mise au point de ces nouvelles technologies aujourd'hui largement diffusées. De fait, l'investissement des entreprises américaines en TIC sur la décennie 90 a été tellement fort qu'on estime qu'une partie a été gaspillée (phénomène de surinvestissement).

Ces investissements ont cependant été porteurs d'efficacité accrue. L'augmentation de la productivité apparente du travail aux États-Unis de 1995 à 2004 (+2,9 % en rythme annuel, le graphique suivant est trimestriel) est deux fois plus importante que celle enregistré de 1974 à 1995 (+1,6 %). Et c'est bien la productivité globale des facteurs (hors effet quantité de travaux ou de capital donc) qui en est à l'origine.

Productivité du travail en Europe et aux États-Unis,
croissance trimestrielle en %

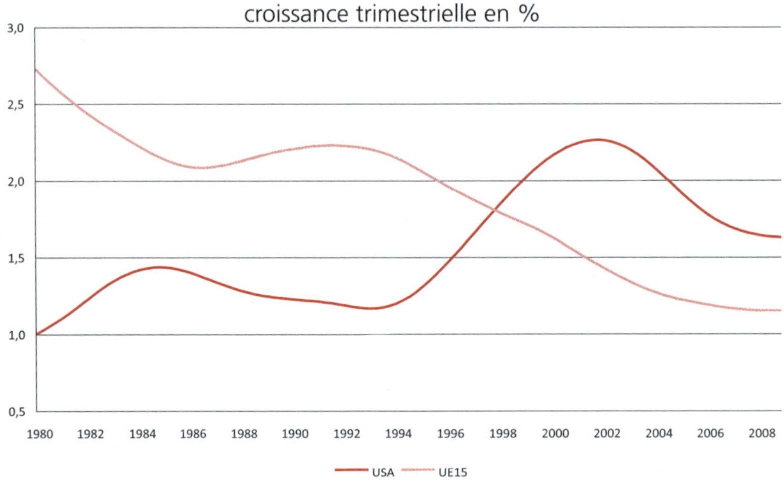

Source : OCDE – Les données ne sont pas proposées après 2008, la crise ayant considérablement perturbé les séries de productivité.

Le nouveau régime de croissance est donc étroitement associé aux États-Unis, l'Europe ayant globalement suivi avec retard, ce qui n'a pas permis d'enrayer la baisse tendancielle de productivité (voir graphique). Mais les écarts entre pays s'y sont accrus, la variance des taux de croissance de productivité ayant plus que doublé eu Europe. De fait, certains pays d'Europe du nord (Finlande, Suède notamment) ont par exemple fait aussi bien sinon mieux que les États-Unis en termes de gains de productivité. La raison en est que ces pays sont caractérisés par des investissements en TIC précoces et importants, un bon niveau d'éducation générale, des efforts supérieurs à la moyenne en matière de formation sur tout le cycle de vie et par la coopération entre les entreprises et la recherche universitaire. Ce sont quatre conditions d'adhésion à l'économie de la connaissance, dans une logique égalitaire de type social-démocrate.

3) Influence des TIC sur l'économie française

Selon une étude du cabinet McKinsey publiée en 2011, Internet a généré 60 milliards d'euros de valeur ajoutée en 2009, soit 3,2 % du PIB français, sans compter les 10 milliards de surplus de valeur dégagé pour les internautes : 7 milliards pour l'usage de services gratuits - messagerie, boîte mail, messagerie instantanée -, et 2,8 pour les économies réalisées du fait que les produits achetés sur le Web sont globalement moins chers. Au-delà, Internet a un effet d'entraînement sur l'ensemble de l'économie : les achats physiques de biens et services préparés ou réalisés par une recherche préalable en ligne s'élevant par exemple à 28 milliards d'euros. En termes d'emplois, la filière Internet générerait 1,15 millions d'emplois, 4 % de la population active, dont 700 000 emplois directs, 300 000 emplois indirects (par exemple dans la logistique du e-commerce), et 150 000 emplois induits (l'effet d'entraînement vu plus haut).

En termes de flux, le poids d'Internet apparaît plus évident encore : sa contribution à la croissance est de 25 % en 2009-2010, après les 20 % de 2005-2009, et les 10 % des quinze dernières années ! Cela corrobore bien l'idée d'un retard à l'allumage français, en voie d'être comblé. En particulier, le lien entre Internet et productivité semble avéré : les gains de rentabilité liés à internet seraient de l'ordre de 15 %, du fait de l'amélioration des chiffres d'affaires et des réductions de coûts.

Taux de croissance de la PGF en %	1965-1975	1975-1985	1985-1995	1995-2000	2000-2007
	3,0	1,9	1,5	1,3	1,2

Source : Lettre du *Trésor-éco,* novembre 2006 et INSEE

À NOTER • Les TIC sont à l'origine d'une nouvelle révolution économique, la révolution informationnelle. L'expérience américaine montre qu'elles ont permis d'améliorer significativement la productivité, ce qui explique la croissance non inflationniste de ce pays au tournant des années 2000. La France semble aujourd'hui s'inscrire dans cette nouvelle économie, en tout cas du côté de la demande. Il reste encore à de nombreuses entreprises à se réorganiser autour de ces technologies.

3 Un déclin français ?

A – La thèse du déclin fondée sur l'insuffisance de la croissance potentielle

En France, la baisse tendancielle des gains de productivité, en dépit donc de la diffusion des TIC, expliquerait la faible croissance du PIB par habitant français, comme le suggère le tableau suivant : si ce taux, partant d'un niveau bas, baisse durant la décennie 2000, c'est surtout du fait de la baisse de la croissance de la productivité globale des facteurs.

Taux annuel moyen, en pourcentage				
		1999-2009	1999-2009	2004-2009
PIB par habitant		1,2	1,6	0,9
Utilisation des ressources en main-d'œuvre		– 0,2	– 0,3	– 0,1
dont	Taux d'emploi	0,2	0,3	0,0
	Nombre moyen d'heures travaillées	– 0,4	– 0,6	– 0,2
Productivité du travail		1,5	1,9	1,1
dont	Intensité capitalistique	0,8	1,0	0,7
	Productivité multifactorielle	0,6	1,0	0,3

Source : OCDE, Objectif croissance 2011, notes par pays, France.

On peut aussi noter que l'on retrouve dans ce tableau les fondements de la politique structurelle menée depuis 2007 : gagner un point de croissance potentielle en stimulant l'emploi (travailler plus pour gagner plus), tout en modifiant les conditions productives pour stimuler la productivité multifactorielle.

B – Problèmes posés par une croissance potentielle faible

La croissance potentielle française est estimée autour de 2 % (voir schéma page suivante). C'est en quelque sorte le plafond de croissance de l'économie. Un tel niveau de croissance potentielle faible présente plusieurs inconvénients :

– elle creuse l'écart de revenu avec les pays ou régions en croissance plus rapide, d'où un risque d'exode des cerveaux, de délocalisation des entreprises à la recherche de marchés porteurs ;

– elle n'aide pas à la réduction des déficits publics, donc ne rend pas de marges de manœuvre à la politique budgétaire ;

– mais surtout, comme le montre le schéma, elle peut être source de conflits entre les acteurs de l'économie. Dans un monde où les revenus financiers doivent croître de 10 % par an (voir chapitre précédent) et où le vieillissement des populations dans les pays industrialisés induit une croissance des dépenses de santé et des pensions (en masse) de 3 à 6 % environ, une croissance potentielle de 2 % par exemple condamne le pouvoir d'achat des salariés à n'augmenter que de 1 % en moyenne, comme elle condamne l'investissement des entreprises à stagner (les augmentations d'EBE sont consommées par les augmentations de dividendes). Ceci est source de paupérisation des salariés, et d'incertitude pour l'avenir.

Pis, la crise aurait amoindri la croissance potentielle. Normalement, la croissance potentielle est peu impactée par les éléments conjoncturels, à l'exception du crédit par exemple, qui peut stimuler le stock de capital indépendamment des fondamentaux de l'économie. Mais la récession de 2008/2009, exceptionnelle par son ampleur, n'a pas seulement conduit à une perte cyclique de production, elle amène également une perte définitive de production, c'est-à-dire à une perte de production potentielle, pour deux raisons : il y a eu destruction de capital (avec les fermetures de sites de production, les faillites d'entreprise…) d'une part, la perte d'investissement n'a pas été rattrapée après la récession puisque le taux d'investissement productif en recul est simplement revenu à son niveau normal.

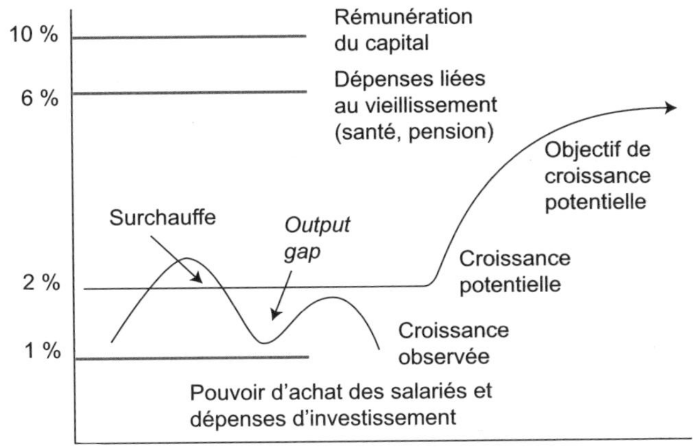

À NOTER • La croissance potentielle peut être rehaussée par accroissement du volume de travail des Français sur la vie active. C'était l'un des axes de la politique économique de Nicolas Sarkozy d'avant-crise. Mais elle passe surtout par une inversion des courbes de productivité, qui renvoie à notre spécialisation productive, plus généralement à notre entrée de plain-pied dans l'économie de la connaissance.

4 Les conditions du rebond

La France doit donc impérativement rehausser son niveau de croissance potentielle, si elle veut conserver son rang économique dans le monde, et si elle veut éviter une crise sociale majeure. Pour cela, il faut mettre l'accent sur les réformes destinées à améliorer la mobilisation du travail, ainsi que sur la dynamisation de la productivité du travail. Cette dernière est liée au ratio capital/travail, au degré de qualification des salariés, à la part des investissements *high tech* dans l'investissement total et à l'efficacité de la mise en œuvre des facteurs de production (efficacité organisationnelle...). La France doit notamment modifier sa spécialisation productive, et s'orienter vers les secteurs concurrentiels de l'économie mondiale, ceux qui génèrent par nature des gains importants de productivité. Elle doit pour cela entrer plus avant dans l'économie de la connaissance et donc s'inscrire pleinement dans la révolution technologique.

A – La spécialisation productive

Plusieurs stratégies – ou non-stratégies – étaient à l'œuvre avant la crise dans le monde pour faire face à la compétition internationale. Les États-Unis se désengageaient de l'industrie traditionnelle pour investir les services (services à la personne, distribution...) tout en préparant les industries du futur. L'Espagne avait fait le choix des services domestiques (la construction), le Royaume-Uni des services sophistiqués (la finance). L'Allemagne et le Japon consolidaient leur spécialisation industrielle, notamment dans les biens d'équipement. Seules la France et l'Italie n'avaient pas de stratégie claire, avec des secteurs industriels importants mais en déclin, et une orientation vers les services sans ligne directrice affirmée.

De fait, pour un pays comme la France, trois stratégies sont possibles : le *statu quo* (c'est-à-dire une forme de non-spécialisation), la spécialisation sur les services domestiques (abrités de la concurrence internationale), la spécialisation sur les biens et services sophistiqués, échangeables. Leurs deux premières stratégies inscrivent clairement les économies dans une logique de déclin. La troisième apparaît risquée, mais incontournable.

1) La non-spécialisation

Que se passerait-il si un pays produisait strictement les mêmes biens que les pays émergents ? Clairement, la concurrence frontale avec des pays à bas coûts de main-d'œuvre, faible protection sociale et moindre exigence environnementale se traduirait par une baisse des prix mais aussi des salaires et de l'emploi. Viendraient ensuite la disparition progressive de l'industrie traditionnelle, le recul du besoin d'investissement local. Derrière cela, se dessine un chômage de masse, une croissance potentielle faible, une explosion du système de protection social. C'est la pire des stratégies. C'est la *tentation du renoncement*.

2) L'orientation vers les services

Les services représentent environ 75 % de la valeur ajoutée des pays développés. Une grande partie de ces services n'est pas – encore – soumise à la concurrence internationale. Il peut être tentant de chercher à se soustraire de cette concurrence en développant les services domestiques. Il s'agit par exemple de développer les services à la personne, la construction ou la distribution en jouant sur trois leviers : la flexibilité de l'emploi, les réductions de charges sociales, l'allégement des contraintes réglementaires. Cette politique semble avoir été couronnée de succès dans les pays qui l'ont entreprise dans les années 2000 (États-Unis, Espagne, Royaume-Uni), principalement en raison du soutien de la demande par le crédit. Mais une telle stratégie présente une limite et un risque :

– la limite a trait à la contrainte extérieure qui fait peser un doute quant à son caractère soutenable. Le désengagement du secteur industriel est en effet à l'origine d'un déficit extérieur global chronique : le pays produit des services, qu'il ne vend pas à l'étranger, mais continue de s'approvisionner en biens, produits hors des frontières. Ces déficits font la dette qui finit par peser à terme sur la valeur de la monnaie. Cette limite n'a plus lieu d'être quand l'orientation concerne des services échangeables, tels certains services aux entreprises : on pourrai imaginer que les services vendus payent les biens. C'est en partie l'orientation du Royaume-Uni avec les services financiers. Mais les exportations de services ne suffisent jamais, ou pas encore, à compenser le déficit des échanges de biens ;

– le risque a trait à la croissance potentielle de l'économie puisque les gains de productivité sont peu importants dans le secteur des services domestiques. Une orientation productive vers ce secteur réduit donc la productivité moyenne de l'économie, et par suite la croissance potentielle. Ainsi, si cette stratégie peut être très bénéfique en termes de croissance conjoncturelle à court terme, elle est risquée en termes de croissance potentielle à moyen terme.

Au révélateur de la crise, ces modèles ont implosé, leur soutenabilité buttant sur la présence d'un déficit extérieur chronique et d'une croissance fondamentale trop faible, dopée artificiellement par le crédit.

3) Une stratégie incontournable : le recentrage vers le *high tech*

Dans un environnement économique et technologique en pleine mutation, il faut se préparer aux nouvelles vagues techniques, à leur contenu (biotechnologies, nanotechnologies, nouvelles sources d'énergie) et à leurs structures (l'entreprise organique, mondiale, en réseau et à flux tendu). L'Allemagne, par exemple, a su rehausser sa capacité à exporter en innovant, en investissant dans les nouvelles technologies, en favorisant les entreprises moyennes, en opérant une montée en gamme dans l'ensemble des secteurs industriels. En conséquence, il y a davantage de capacité installée dans l'industrie manufacturière, la croissance potentielle en est améliorée. Certes l'Allemagne a fortement souffert de la crise, puisque le commerce mondial s'est effondré. Mais les conditions pour accompagner la reprise chez les émergents étaient là, elles jouent aujourd'hui à plein. Cette stratégie demande, au niveau national et au niveau européen, de créer un environnement favorable, d'accentuer l'effort de recherche et développement, de favoriser le capital humain, de donner des impulsions à travers la politique industrielle, bref, d'intégrer de plain-pied l'économie de la connaissance.

À NOTER • La stratégie de concurrence frontale avec les émergents est clairement suicidaire. La stratégie d'évitement en développant les services domestiques est non pérenne et appauvrissante à moyen terme. Seule la stratégie de sortie par le haut, de recentrage sur les technologies de pointe est pertinente.

B – L'économie de la connaissance

L'économie de la connaissance (ou du savoir) se caractérise par le fait que le capital humain est plus important que le capital physique. Dans ce cadre, la compétitivité d'une entreprise ou d'un pays dépend de la qualité de la main-d'œuvre, c'est-à-dire de l'accès à l'information des travailleurs, de leurs savoir-faire et de leur expérience. Dans ce type d'économie, ce que chacun connaît importe plus que ce qu'il peut soulever.

Inscrire la France dans l'économie de la connaissance, tel est l'ambition du ***grand emprunt***, qui cherche à dessiner la vision de la « France de l'après-crise ». Il cible l'enseignement supérieur et la formation, à hauteur de 11 Mds €, pour hisser les établissements au meilleur niveau mondial, la recherche (7,9 Mds €), pour développer les biotechnologies et favoriser les applications industrielles de la recherche, l'industrie et les PME (6,5 Mds €), pour soutenir les filières d'excellence (aéronautique, spatial, automobile…), le développement durable (5,1 Mds €), pour développer les énergies renouvelables, inventer le nucléaire de demain, et l'économie numérique (4,5 Mds €), pour généraliser le haut débit et favoriser l'essor de nouveaux services.

Outre le meilleur usage des TIC dans les organisations, et notamment la mutation de l'entreprise vers le 2.0 déjà évoquée, l'économie de la connaissance repose in fine sur une politique industrielle tournée vers les secteurs porteurs, plus généralement sur le triptyque recherche, innovation et formation.

1) L'industrie, nécessairement

C'est le rôle de la politique industrielle que de donner les impulsions nécessaires au développement des secteurs clés pour l'avenir. Depuis Colbert, la France a su marier l'État, ses grands corps et les champions. Le rêve d'importer le modèle américain d'innovation par les PMI (les inventeurs dans leur garage) s'est soldé par un échec. L'État doit impulser une dynamique, sans nécessairement prendre en charge toutes les orientations ou financements comme par le passé.

Cela a conduit à la création d'une Agence nationale pour l'innovation qui vise à relancer de grands programmes technologiques dans des secteurs d'avenir. Cofinancés par l'État et de grandes entreprises privées, entraînant un réseau de PME et de laboratoires de recherche publics, ces programmes doivent permettre de construire des pôles de compétence dans les industries du futur (voiture propre, pile à combustible, biotechnologies ou réseaux à très haut débit sécurisés). Les programmes s'inscrivent dans une stratégie de rupture ou de différenciation technologique, plus que de rattrapage. L'objectif est de déboucher sur un produit visant le marché mondial.

Le fer de lance de cette stratégie repose encore aujourd'hui sur les pôles de compétitivité. Lancés en 2005, au nombre de 71 aujourd'hui, ils ont l'ambition de renforcer la place de la France en matière d'innovation, en mettant en réseau entreprises, centres de formation et unités de recherche publiques ou privées. Un étude de la DGCIS de 2011 indique en particulier que plus de 700 projets de recherche avait trouvé début 2010 une application, dont la moitié permettant d'introduire sur le marché des nouveaux produits ou de lancer de nouveaux procédés de fabrication. Par ailleurs, 1 250 entreprises nouvelles ont été créées au sein des pôles de compétitivité, soit 15 % des entreprises membres des pôles.

2) La recherche et développement (R&D)

La R&D est au cœur d'une stratégie de montée en gamme. Les activités de R&D se déclinent au niveau européen mais surtout au niveau national.

Les grandes orientations stratégiques de recherche doivent se penser à l'échelle du continent européen : pour chacune des technologies jugées porteuses pour l'avenir, il n'existe que deux à trois véritables pôles d'excellence à l'échelle de l'Europe ! La Commission européenne est partie prenante de la politique de recherche des États membres à travers les programmes cadre de recherche et développement (PCRD) qui permettent de concentrer les financements sur les thèmes jugés prioritaires à Bruxelles. La recherche représente ainsi 56 % des dépenses de politiques internes, qui mobilisent 7,8 % des crédits engagés dans le budget européen.

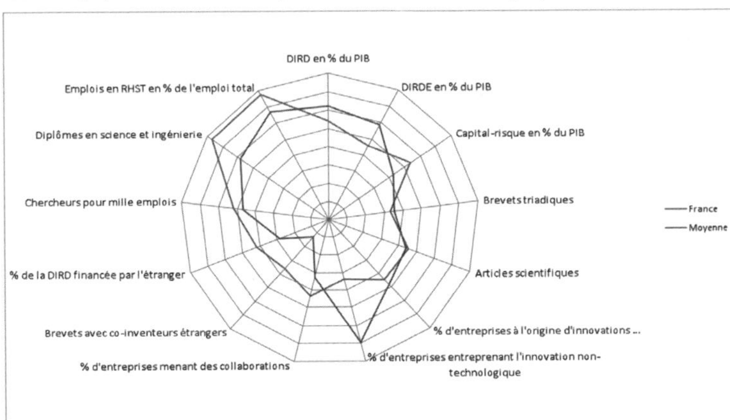

Source : OCDE, Science, technologie et industrie : Perspectives de l'OCDE, édition 2010, note par pays.

Il reste que l'effort de R&D reste principalement national. Les sommes consacrées à la R&D en France sont de l'ordre de 2 % du PIB. Si elles se situent dans la moyenne européenne, elles ne sont pas à la hauteur des objectifs de Lisbonne (fixés à 3 %), ni même des dépenses engagées par de grands pays industrialisés (États-Unis ou Japon) et/ou innovants (pays scandinaves). En particulier, l'effort de recherche privée est insuffisant comme le montre le graphique. précédent qui compare la situation française à celle de la moyenne des pays de l'OCDE. Plus généralement, sauf peut-être en nombre d'emplois dans les sciences et la recherche publique, la France est loin de l'excellence mondiale, plutôt au mieux dans la moyenne des pays de l'OCDE.

Le renforcement de la recherche privée repose principalement sur le crédit d'impôt recherche (CIR), un crédit d'impôt pour les entreprises à hauteur de 30 % des dépenses de R&D jusqu'à 100 millions d'euros et 5 % au-delà de ce montant (depuis 2011, les dépenses de personnels dédiés à la recherche et les amortissements des immobilisations affectées à la recherche sont partiellement prises en compte dans le CIR). Ce dispositif remporte un succès certain, sans que l'on puisse en évaluer précisément les effets : si 70 % des entreprises interrogées disent avoir renforcé leurs dépenses de R&D grâce au CIR et que 80 % des entreprises bénéficiaires sont des PME, celles-ci ne reçoivent encore que de 40 % des crédits, de sorte que le CIR serait aussi une niche fiscale pour les grosses entreprises. En 2010, le CIR a généré 4,5 milliards d'euros de moins-values pour les finances publiques, signe du succès du dispositif. Ce montant élevé est néanmoins lié à la capacité donnée aux entreprises d'obtenir le remboursement anticipé du crédit dans le cadre du plan de relance. En 2011, le coût est censé revenir à 2,1 milliards.

Au-delà, la recherche publique fait également l'objet d'une refonte, au motif que tous domaines confondus, elle produirait environ 25 % de connaissances en moins que ses équivalentes allemande ou britannique. Pour aligner la France sur les standards internationaux, plusieurs nouveautés ont été introduites dans le paysage : l'Agence nationale de la recherche (ANR), l'agence de l'évaluation (Aeres) et la loi sur l'autonomie (LRU) pour les Universités, qui réalisent 85 % de la recherche publique. Le centre national de la recherche scientifique (CNRS) est par ailleurs réorganisé autour de dix instituts thématiques remodelés. La capacité de la recherche publique à valoriser ses résultats fait aussi l'objet d'une attention particulière : la France est 5e mondiale pour les publications, mais seulement 12e pour la valorisation via les dépôts de brevet. Il reste que la culture et les structures de valorisation se développent, aux CNRS comme à l'Université, ce qui a permis par exemple une progression des dépôts de brevet de la recherche publique de 35 % en 2009 et de 30 % en 2010. La création de sociétés d'accélération du transfert de technologie (SATT) et de fonds d'amorçage, dotés respectivement de 900 et 400 millions d'euros issus du grand emprunt, permettront d'accentuer cette dynamique.

2) Le capital humain

Le capital humain est l'autre facteur-clé de la croissance. Il repose sur la formation. Des études montrent que c'est la part de la population passée par l'enseignement supérieur, notamment technologique, qui est corrélée à la croissance, pas le nombre moyen d'années de scolarisation.

Une année d'étude supérieure supplémentaire accroîtrait ainsi la productivité d'environ 10 % à long terme. Le tableau suivant montre que la France doit fournir un effort massif en matière d'enseignement supérieur, en amenant davantage de jeunes à ce niveau qualifiant, et en consacrant plus de moyens à ce secteur, en particulier à l'université, dont les dotations ont fortement augmenté ces dernières années, mais qui fait encore figure de parent pauvre de l'enseignement supérieur, avec une dépense légèrement supérieure à 10 000 euros par étudiant. Il convient également de noter que les émergents consacrent de plus en plus de moyens à l'enseignement supérieur, comme l'illustre l'exemple du Brésil dans le tableau.

	Proportion de titulaires d'un diplôme de niveau supérieur parmi les 25-34 ans[1]	Dépenses d'éducation dans le supérieur par étudiant[2]
États-Unis	42 % (9/32)	24230
Canada	56 % (26/30)	14731
Suède	41 (8/32)	9402
Allemagne	24 (6/17)	8534
France	41 (17/24)	9001
Espagne	39 (13/26)	8954
Royaume-Uni	38 (8/31)	9023
Brésil	11	10326

Dépense annuelle par élève en France	
1er degré	5690
Collège	8020
Lycée pro	11810
Lycée général et techno	11400
BTS	13370
IUT	11260
Classes prépa	14850
Université	10220

1 Entre parenthèses, la répartition entre les bacs +2/+3 et les bac +5. 2 en équivalents US dollars convertis sur la base des PPA. Données pour 2007.

Source : Regards sur l'éducation, OCDE 2010, l'Etat de l'école 2011

La formation professionnelle, parfois appelée formation tout au long de la vie, est également au cœur d'une politique de valorisation du capital humain dans un monde en mutation. Accusé de complexité et d'inefficacité, largement inégalitaire (le taux de participation des salariés sans diplôme est trois fois inférieur à celui de salariés titulaires de diplômes de l'enseignement supérieur), faussement fondé sur la cogestion, le système a fait l'objet en 2009 d'une réforme, avec des mesures telles que la portabilité du DIF (droit individuel à la formation), la création d'un fonds de sécurisation des parcours professionnels et d'un fond paritaire dédié à la formation des demandeurs d'emploi et des salariés les moins qualifiés ou encore la simplification du plan de formation. La réforme encourage également le bilan d'étape professionnel, l'entretien en milieu de carrière ou encore le passeport orientation et formation... Un premier bilan fait apparaître que beaucoup d'entreprises françaises méconnaissent cette réforme et ses implications, notamment les TPE-PME, et que les salariés français s'estimant bien formés sont moins nombreux en France (62 %) qu'à l'étranger (71 %).

À NOTER • La France doit s'inscrire pleinement dans l'économie de la connaissance. Elle le fait en stimulant la recherche et développement des entreprises privées via le crédit d'impôt recherche, en remodelant son système de recherche publique, en développant le cadre d'action et le financement des universités, parent pauvre de l'enseignement supérieur français. Le grand emprunt devrait participer à cet objectif.

Le développement durable et la lutte contre le réchauffement

Chapitre 16

Nos sociétés de consommation mesurent la richesse produite par le volume de production physique des biens et des services. Mais la question de savoir si la production d'aujourd'hui ne se fait pas au détriment de la production de demain (considération écologique), par exemple, en prélevant de façon excessive sur les ressources disponibles, est ignorée, tout comme celle de savoir si la création de richesses liée à l'augmentation de la production est justement répartie ou permet un accès minima aux besoins élémentaires.

Ces notions sont résumées dans le concept de ***développement durable***, né il y a un peu plus de 25 ans, afin de « répondre aux besoins du présent sans compromettre la capacité des générations futures à répondre aux leurs » (rapport *Brundtland*, 1987). Le concept de développement durable repose sur trois piliers : l'économique, la société et la nature. Le premier renvoie au niveau de consommation, plus généralement au développement. Le second fait référence au fait d'accéder aux biens et services fondamentaux (le sociétal), et à la lutte contre les inégalités et la pauvreté (le social). Les problèmes environnementaux sont, eux, de deux natures, la perte de biodiversité, et la lutte contre le réchauffement.

Le développement durable est à l'articulation de ces trois pilliers. c'est un développement à la fois :

– ***équitable***, au sens où la croissance et les richesses doivent être partagées au sein des pays et entre les pays ;

– ***viable*** pour les écosystèmes dans lesquels nous vivons : la croissance économique ne doit pas se faire au détriment de l'environnement ;

– ***vivable*** pour les individus et les collectivités, donc orienté vers la cohésion sociale dans un environnement préservé.

Le développement durable repose ainsi sur deux notions fondamentales : celle de la ***solidarité entre les générations*** (préserver les ressources et laisser une planète en bon état à nos enfants) et celle de la ***solidarité entre les peuples*** (partager les ressources et les richesses et ne pas laisser se creuser le fossé entre les pays et à l'intérieur des pays). Il s'agit donc de promouvoir, dès aujourd'hui et sur le long terme, un nouveau modèle de développement, conciliant croissance économique, équité sociale et sociétale et respect de l'environnement.

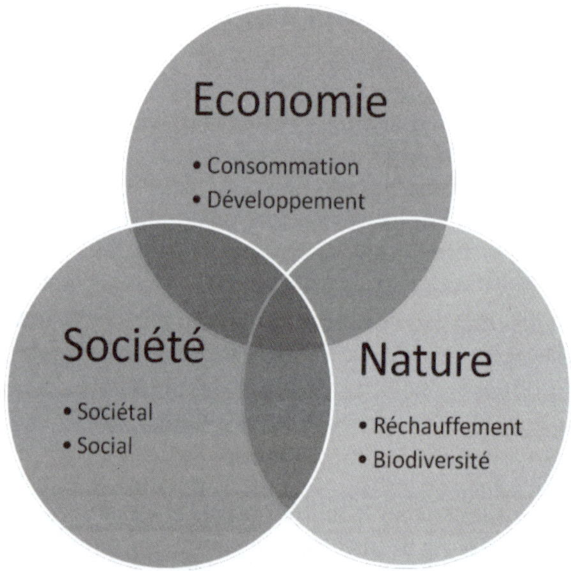

1 La recherche d'un indicateur pertinent

Le développement durable mêle donc des considérations d'ordre économique, écologique, sociale et sociétale. Idéalement, un même indicateur pourrait résumer ces approches. Ce sont les indicateurs globaux du développement durable tels les indices du CEPII ou de bien-être économique présentés au chapitre 9. Ces indicateurs sont riches et pertinents, mais souvent peu exploitables pour la comparaison, car calculés de façon limitée dans le temps ou dans l'espace. C'est la raison pour laquelle on utilise non pas un mais deux indicateurs reconnus. Le premier est relatif à la durabilité écologique, le second à la satisfaction des besoins humains élémentaires.

A – Un indicateur de durabilité écologique : l'empreinte écologique

L'analyse de l'empreinte écologique est un outil comptable qui permet d'évaluer « la consommation des ressources et les besoins d'absorption des déchets d'une population humaine ou d'une économie données, en termes de la superficie correspondante de sol productif ». L'empreinte écologique mesure donc l'utilisation par l'homme des ressources naturelles renouvelables. Cette mesure est parfois exprimée en nombre de planètes, chaque planète représentant une capacité biologique productive totale de la Terre en une année. La consommation des ressources naturelles peut techniquement dépasser la capacité productive de la planète mais cela se fait en diminuant le capital naturel de la Terre. Elle est aussi exprimée en nombre d'hectares par personne. La Terre possédant 11,4 milliards d'hectares de terres productives et d'espaces marins accessibles (le quart de la surface totale), chaque être humain (sur la base de 6 milliards d'êtres humains) peut théoriquement disposer de 1,9 hectare environ pour satisfaire sa consommation et éliminer ses déchets.
Les dernières données (rapport planète vivante 2010 du WWF) montrent que l'empreinte écologique globale est en nombre de terre de 1,6 en 2007 : avec nos modes de vie, il nous faudrait 1,6 terre pour ne pas hypothéquer l'avenir. N'en disposant que d'une, nous vivons donc au détriment des générations futures. Ce chiffre augmente régulièrement depuis qu'il est calculé (0,6 en 1960), mieux, l'augmentation s'accélère sur la période récente, avec le développement économique de pays à la taille de continent. Vu autrement, sur l'année 2010, c'est le 20 août que nous avons dépassé l'empreinte écologique autorisée, le reste de l'année, nous avons vécu à crédit !
Le même rapport calcule l'indice planète vivante, qui mesure la perte de biodiversité : l'indice est passé de 1 à 0,7 entre 1970 et aujourd'hui. Nous avons donc perdu 30 % de biodiversité en l'espace de quarante années ! Cette perte de biodiversité est écologiquement dramatique, mais aussi économiquement désastreuse : la valeur du service de pollinisation des abeilles (service gratuit de la nature) est ainsi estimée à 153 milliards d'euros par an en 2008 !

B – Un indicateur de durabilité économique et sociale : l'indicateur de développement humain

Au-delà de l'indicateur de PIB, le PNUD (programme des Nations unies pour le développement) a cherché à calculer un indicateur qui prenne également en compte la capacité des pays à satisfaire les besoins élémentaires de leur population. C'est ***l'indicateur de développement humain*** (IDH). Cet indicateur combine les dimensions de longévité et de santé (à travers l'indice d'espérance de vie), d'instruction et d'accès au savoir (indice d'alphabétisation des adultes et de scolarisation) et de niveau de vie décent (indice de PIB). Il intègre donc les dimensions économique et sociétale, mais pas la dimension sociale au sens strict (les inégalités). Il est compris entre 0 et 1. On situe communément le niveau de développement humain décent à 0,8 ou plus.

En plus de l'IDH, le Rapport 2010 du PNUD présente trois nouveaux indices : l'indice de développement humain ajusté aux inégalités, l'indice d'inégalité de genre et l'indice de pauvreté multidimensionnelle.

L'analyse du niveau de développement des pays au regard du critère de durabilité passe donc par la prise en compte simultanée des deux indicateurs, empreinte écologique d'une part, IDH d'autre part, ce que propose le graphique suivant. Rappelons que les considérations sociales (inégalités et pauvreté) et relatives à la perte de biodiversité ne sont pas prises en compte dans ce graphique. Que nous enseigne-t-il ?

Du chemin du développement « classique » aux chemins du développement durable

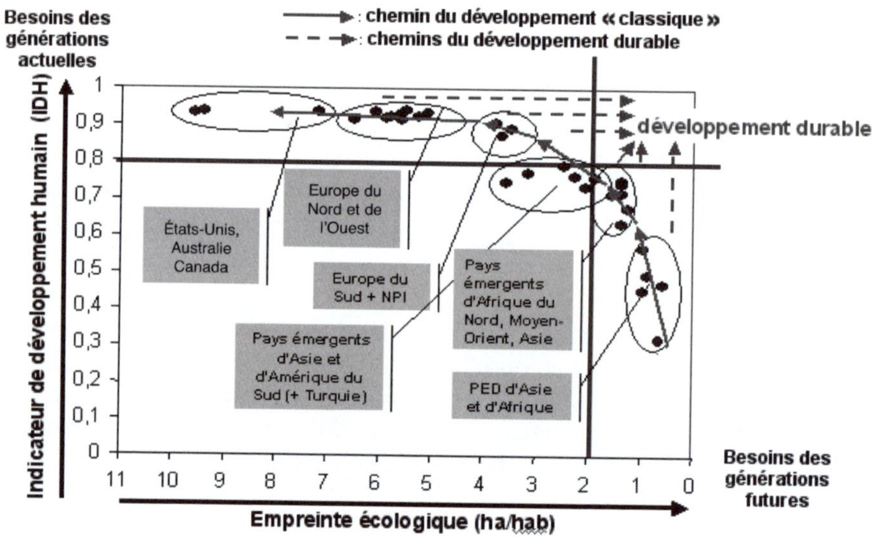

2 Les chemins du développement à redéfinir

Une situation de développement durable est à la croisée d'un développement humain décent (indicateur supérieur à 0,8) et d'une empreinte écologique maîtrisée (inférieure à 1,9 hectare). Les autres cas de figure traduisent un manquement à la durabilité, économique, sociétale ou environnementale. Quelle est la situation des différents pays eu égard à cette exigence ?

Il apparaît d'abord qu'aucune nation ne satisfait aux critères du développement durable ! De fait, il semble que la satisfaction élémentaire des besoins économiques et sociétaux soit antinomique avec la durabilité écologique et inversement. Ainsi, aucun pays ne réussit à atteindre un niveau de développement humain élevé tout en s'imposant un prélèvement environnemental raisonnable. Mieux, au-delà d'un certain niveau de développement humain, de l'ordre de 0,9 environ, tout gain supplémentaire de développement humain se traduit par une ponction environnementale forte. Le gain marginal de développement humain est écologiquement très coûteux !

De fait, les pays à fort degré de développement humain sont clairement ceux qui ponctionnent le plus sur l'environnement. La situation des États-Unis est à ce titre édifiante : l'american way of life requiert 8 hectares par Américain de sorte qu'il faudrait plus de quatre planètes Terre (8 / 1,9) si tout le monde vivait comme les américains ! L'empreinte d'un français est, elle, de 5 hectares ; il faudrait près de trois planètes si tout le monde vivait comme nous le faisons. Heureusement, d'autres pays ne consomment pas autant de ressources. C'est en particulier le cas des pays pauvres d'Asie (Bangladesh) ou d'Afrique (Kenya), dont l'empreinte écologique est de l'ordre de 1 hectare environ par habitant. Le graphique fait ainsi apparaître que les États-Unis sont aussi loin d'un schéma de développement durable que le Bengladesh par exemple ! En tout cas, le chemin qu'ils ont à parcourir est aussi long.

Par ailleurs, alors que l'Inde a une empreinte encore modeste de 0,8 ha, la Chine est déjà passée au-dessus de la moyenne autorisée (2 ha, contre 1,4 il y a quatre ans). L'accélération de la hausse de l'empreinte globale est ici expliquée. De fait, le graphique montre que les chemins du développement classique évitent soigneusement l'étape du développement durable.

À NOTER • Il existe un hiatus entre le chemin du développement classique, qui vise à produire et à consommer toujours plus, et le chemin du développement durable. Si l'on souhaite juguler la hausse de l'empreinte écologique, il nous faut changer nos modes de vie, et inciter les émergents à s'engager dans un autre modèle de développement.

3 La lutte contre le réchauffement : vers un nouveau paradigme du développement

Un consensus mondial se dégage sur la réalité du changement climatique, sur le rôle qu'y jouent les activités humaines et sur son impact potentiellement catastrophique pour nos sociétés. Pour en limiter les conséquences, il faudrait réduire les émissions de 20 % en 2020 par rapport à leur niveau de 1990, surtout Il faut diviser par trois les émissions mondiales en 2050, ce qui imposera, pour laisser un peu de marge aux pays en développement, la division par un facteur quatre, ou plus, dans les pays industrialisés. Dans le même temps, il est indispensable de continuer à bénéficier d'une croissance économique, seule susceptible d'absorber les 3 milliards de personnes supplémentaires attendues d'ici 2050, et d'offrir un horizon positif aux autres.

La conjugaison des deux, plus de production et réduction d'émissions, nous impose de réduire d'un facteur dix l'intensité énergétique de la production. Autrement dit, chaque unité produite, ou consommée, doit mobiliser dix fois moins de gaz à effet de serre (GES) qu'aujourd'hui. Cela semble hors de portée. Pourtant, comme le montre la représentation suivante, une telle révolution a déjà eu lieu par le passé : c'était la révolution industrielle, qui a multiplié d'un facteur dix l'efficacité du travail. Imaginez un discours au Parlement en 1750 prédisant qu'en un siècle la productivité du travail augmenterait à un point tel qu'un ouvrier pourrait accomplir le travail de 100. L'orateur aurait été traité de fou, ou pire. Tout comme il était inimaginable il y a 250 ans de concevoir qu'un ouvrier puisse abattre 100 fois plus de travail, il est difficile aujourd'hui d'imaginer qu'un kilowatt-heure soit 100 fois plus productif qu'il ne l'est à l'heure actuelle. C'est pourtant possible. Simplement, la révolution industrielle s'est étalée sur 130 ans quand il nous en reste 40 pour agir.

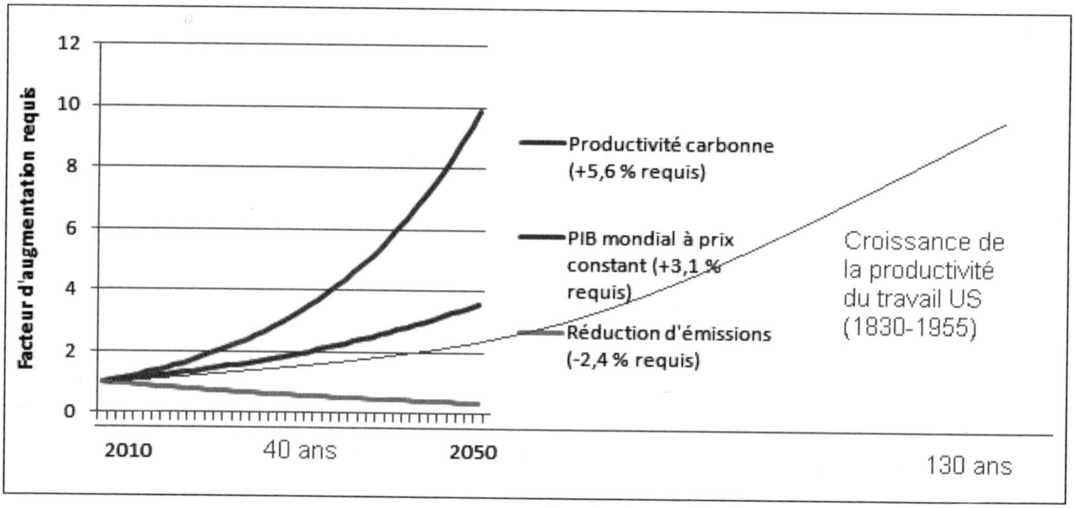

Le Protocole de Kyoto a constitué une première étape, à la fois modeste et très ambitieuse, dans la lutte contre le réchauffement climatique. Il couvre la période 2008-2012, pendant laquelle l'Union européenne par exemple s'est engagée à réduire ses émissions annuelles de GES de 8 % par rapport à 1990. A la mi-2011, la perspective de réduction est de 13 %, au-delà de l'objectif donc, aussi en raison de la crise qui a réduit les volumes de production.

Il reste que l'après-Kyoto est plus incertain : la conférence de Copenhague de décembre 2009 s'est soldé par un échec, chacun étant libre de définir ses objectifs ou seulement ses modalités de réduction d'émission, dans le cadre réaffirmé d'un l'élévation des températures contenue à 2°. Ainsi, les promesses de réduction d'émissions décidées à Copenhague s'inscrivent dans une fourchette large, de 40 % en 2020 par rapport à 1990 pour l'Allemagne à 4 % pour les Etats-

Unis ; par ailleurs, la Chine ne chiffre pas ses objectifs de réduction d'émission, mais annonce vouloir réduire de 17% le volume de ses émissions de dioxyde de carbone par unité de PIB d'ici à 2015.

A la suite de Copenhague, Cancun fin 2010 a permis la mise en place d'un fonds vert abondé par les pays riches pour aider les plus pauvres à lutter contre le réchauffement et un mécanisme permettant d'aider les pays en développement à lutter contre la déforestation. La prochaine étape est la conférence du Durban à la fin 2011. Les Etats-Unis, la Russie, le Japon et le Canada ont d'ores et déjà indiqué qu'ils refuseront un accord contraignant, un «Kyoto-bis».

Dans le même temps, l'Agence Internationale de l'Energie (AIE) déclare que les émissions de dioxyde de carbone (CO2) mondiales ont atteint leur plus haut niveau en 2010, à 30,6 Gigatonnes, en augmentation de 5 % par rapport au précédent record de 2008. Quand on sait que l'objectif de limitation du réchauffement à 2° requiert de ne pas émettre plus de 32 Gto au maximum à l'horizon 2020 … .

Face à ce défi planétaire, l'Union européenne a fait un premier pas important avec l'adoption, en décembre 2008, du paquet climat énergie, qui pose d'ici 2020 le triple objectif de 20 % : 20 % d'amélioration de l'intensité énergétique, 20 % de part des énergies renouvelables et 20 % de réduction des émissions de GES.

Au final, pour contenir l'élévation des températures à 2°, il faudra évidemment que l'activité économique soit plus économe en énergie et émission de GES, mais aussi sans doute basculer vers un nouveau mode de croissance et de développement.

A – Une production plus économe

Les principales sources d'émissions de GES sont aujourd'hui l'industrie (29 % du total des émissions de gaz à effet de serre en France), les transports (21 %, dont 94 % par la route) et le bâtiment résidentiel et tertiaire (20 %). Dans un premier temps, il est impératif que le coût social des émissions de GES soit « internalisé » afin d'intégrer la problématique du changement climatique aux décisions des agents économiques. En d'autres termes, il faut attacher un prix aux émissions de GES, soit implicitement en fixant des plafonds d'émissions autorisées, soit explicitement par l'intermédiaire de taxes ou de mécanismes de marché. C'est le débat entre les quotas d'émissions et la taxe carbone. Ensuite, il convient de prendre des mesures réglementaires pour contraindre au changement des comportements.

1) Les quotas d'émission de GES

Les engagements de réduction de GES dans le cadre de Kyoto reposent sur le système « d'échange d'émissions » piloté par l'ONU, c'est-à-dire sur l'échange de quotas d'émissions, qui donnent le droit d'émettre une tonne de CO2. Chaque pays concerné reçoit un nombre d'Unités de Quantité Attribuée (UQA) correspondant à son objectif d'émission de GES.

La France doit par exemple respecter un plafond d'émissions de 565 millions de tonnes de CO_2 équivalent par an sur la période 2008-2012 ; elle a donc reçu au 1er janvier 2008 la même quantité d'UQA. Après 2012, elle devra remettre autant d'actifs carbone que ses émissions effectives entre 2008 et 2012. Pour cela, elle pourra utiliser son allocation initiale d'UQA assortie éventuellement de l'achat d'autres UQA ou de crédits issus des mécanismes de projets Kyoto.

Ces mécanismes sont de deux ordres : chaque pays qui investit dans un autre pays pour y réduire les émissions reçoit des crédits appelés URCE (Unité de réduction certifiée des émissions) ou CER (*Certified Emissions Reductions*) dans le cadre du ***mécanisme de développement propre*** pour les investissements dans les pays développés, dans le cadre du ***mécanisme de mise en œuvre conjointe*** pour les investissements dans les pays en développement par définition non soumis à Kyoto

La politique climatique européenne s'appuie, elle, sur un marché spécifique du carbone articulé avec celui de l'ONU quoique plus aboutie. Le système européen d'échange de quotas fixe un plafond pour les émissions de CO_2 de plus de 11 000 sites industriels européens, appartenant aux secteurs les plus émetteurs. Ce plafond se matérialise par la distribution chaque année de quotas aux sites industriels dans la cadre d'un plan national d'allocation de quotas (PNAQ), validé par la Commission européenne.

Au cours de la troisième phase (2013-2020) du dispositif européen, le système passera progressivement de l'attribution gratuite à une mise aux enchères des quotas, intégrale à partir de 2020. Des exceptions pourront être faites pour certaines industries à fort contenu en énergie, si la mise aux enchères risque de compromettre leur compétitivité internationale. C'est de fait le principal écueil du mécanisme : les entreprises peuvent alors souhaiter transférer leur activité dans d'autres pays non soumis aux quotas. C'est ce qu'on appelle la « ***fuite carbone*** ».

Le problème de la « fuite carbone » pourrait déjà être amplement résolu en élargissant le groupe de pays membres du système de négoce du carbone. De fait, des systèmes d'échange d'émissions ont également été mis en place en Australie, au Canada, en Nouvelle-Zélande, en Norvège et dans certains États du nord-est des États-Unis. Mais leur généralisation n'est plus à l'ordre du jour depuis l'échec de Copenhague…

2) La taxe carbone

Il reste que ce type de mécanisme présente des imperfections (non-stabilité du cours des quotas qui font l'objet de mouvements spéculatifs par exemple), et ne peut s'appliquer à toutes les entreprises (quid de la PME locale de services ?), *a fortiori* encore moins aux ménages, sauf à imaginer des quotas individuels dont la gestion est pour le moins compliquée.

La solution a alors pour nom la taxe carbone. Cette taxe peut revêtir diverses formes comme les taxes sur les carburants, les réductions d'impôts au titre des véhicules peu émetteurs de CO_2 ou les subventions en faveur des énergies renouvelables. Elle avait été envisagée en France en 2009, pour être finalement abandonnée au profit d'une contribution carbone européenne qui n'a pas davantage vu le jour.

Il est aussi vrai que ce relèvement tarifaire peut pénaliser la compétitivité des entreprises à l'exportation. L'autre possibilité consisterait à imposer des taxes aux frontières sur les importations à forte intensité en carbone en provenance de pays qui n'appliquent pas les politiques de réduction d'émission de GES. Une telle approche présente néanmoins plusieurs difficultés, celle de savoir mesurer la teneur en carbone d'un bien, celle de contrevenir aux règles de l'OMC, celle de s'exposer à des mesures de représailles commerciales enfin.

3) Les mesures réglementaires

Différentes mesures réglementaires sont par ailleurs inscrites dans le projet de loi dit Grenelle 1 voté à l'été 2009. Citons quelques objectifs :

– ***des bâtiments moins gourmands*** : à compter de 2012, toutes les constructions neuves devront répondre aux normes dites « de basse consommation ». Le texte comprend également un plan de rénovation thermique du bâti : prêts à taux zéro, aide à l'accession et crédits d'impôts devront inciter les particuliers à mieux isoler leur habitation et à adopter des équipements de chauffage moins polluants ;

– ***produire moins de déchets*** : pour inciter les ménages à réduire leur volume d'ordures ménagères, l'État leur appliquera le principe « pollueur payeur ». Dans un délai dix ans, la facture d'enlèvement intégrera une part variable « pouvant prendre en compte le poids des déchets et leur nature » ;

– ***augmenter la part d'énergie propre*** : le texte porte à 23 % l'objectif initial de 20 % d'énergies renouvelables d'ici à 2020 dans sa consommation finale. Et les dépenses de recherche sur les technologies propres augmenteront pour atteindre le niveau de celles accordées au nucléaire civil ;

– ***voyager propre*** : les infrastructures donneront la priorité aux transports collectifs. L'État annonce également 2 000 km de voies ferrées supplémentaires d'ici à 2020. Le fret non routier devra augmenter et les poids lourds s'acquitter d'une éco-redevance à partir de 2011.

Parmi les autres mesures figurent l'aide au développement de l'agriculture biologique, la diminution par deux de l'usage des pesticides ou encore la fin des ampoules à incandescence. L'État promet de montrer l'exemple, entre autres en n'achetant que des véhicules éligibles au bonus écologique ou en recourant à des produits biologiques pour au moins 20 % de ses approvisionnements de services de restauration collective.

Un acte 2 du Grenelle est en cours en 2011, visant spécifiquement la sobriété énergétique, dans le cadre d'un objectif d'amélioration de l'efficacité énergétique de l'ordre de 3 % l'an. Le bâtiment est ici encore concerné au premier chef.

B – Une organisation économique revisitée : nouvelle économie et décroissance

Quotas, taxes, règlementations, tous ces dispositifs inscrivent la lutte contre le réchauffement comme un coût économique. C'est effectivement le cas. Mais d'autres approches sont nécessaires.

Tout d'abord, et c'était l'un des principaux apports du rapport Stern de 2006, ce coût doit être comparé à celui des effets du réchauffement. Quels sont les éléments du chiffrage ? Le coût du réchauffement est estimé entre 5 et 20 % du PIB de 2050, alors que le coût de l'action à environ 1 % de ce même PIB. Concrètement, il est donc beaucoup moins couteux de faire que de ne rien faire !

Par ailleurs, l'économie est souvent question de dynamique. Et la lutte contre le réchauffement est une formidable opportunité de croissance. Le défi est d'apporter de nouveaux produits au plus grand nombre en créant de nouveaux emplois. Il est de rebâtir un avantage compétitif qui pourrait fonder la croissance, y compris quantitative, de demain. Il est de donner un souffle, et une perspective, à une économie vieillissante. Si tel est le cas, le coût initial peut se muer en gain dynamique. Les études sur les créations d'emplois, et les chiffres d'affaires générés par la croissance verte en attestent même si elles sont sujettes à caution.

Il reste que l'ampleur des réductions de GES requise, et les effets de revanche induits (ce que j'économise comme ressources, je l'affecte à autre chose - ***effet rebond*** ; si l'on réduit le cout énergétique d'un produit ou d'un service, on le rend accessible au plus grand nombre - ***paradoxe de Jevons***), pourraient devoir nous amener à changer notre organisation économique et productive, dans le cadre de l'économie de fonctionnalité d'une part, de ce que certains nomment la décroissance d'autre part.

1) Une nouvelle économie : l'économie de fonctionnalité

Tout d'abord, peut-on imaginer un autre modèle de croissance, une décroissance naturelle compatible avec le capitalisme ? L'idée émise par J. Rifkin consiste à passer des marchés aux contrats, de la vente de biens à la location de services pour satisfaire nos besoins.

Concrètement, il s'agit de souscrire un contrat pour chaque type de besoins (déplacement, santé...). Dans ce cadre, l'entreprise auprès de laquelle vous avez souscrit un contrat aura pour objectif de vous satisfaire en engageant le moins de ressources possibles, c'est-à-dire en produisant le moins possible. Supposons, pour illustrer cela, que vous souscriviez un contrat auprès d'une entreprise pharmaceutique pour vous couvrir face au risque du diabète. Elle cherchera d'abord à vous éviter de tomber malade (par des conseils… qui ne polluent pas).

Si vous êtes quand même malade, elle vous soignera en minimisant sa dépense donc sa production. Ce type d'exemple peut être généralisé à de nombreux domaines (vous n'achetez plus de voiture, vous la louez, et le loueur optimise la dimension de la voiture selon les usages, vous confiez votre parc pneumatique à Michelin si vous êtes transporteur, il s'assure du gonflage de vos pneus pour éviter l'usure, et forme les routiers à l'éco-conduite...). C'est ce que l'on appelle l'économie de fonctionnalité.

2) La décroissance

Au-delà, il y a la décroissance qui reste un modèle à construire, une utopie dont il faudra préciser les contours. Une politique de décroissance consiste d'abord à réduire, voire à supprimer le poids sur l'environnement des charges qui n'apportent aucune satisfaction. Cela pourrait se traduire par :

– la remise en question du volume considérable des déplacements d'hommes et de marchandises sur la planète, donc une « relocalisation » de l'économie ;

– celle non moins considérable de la publicité tapageuse et souvent néfaste, et donc de la société de consommation matérielle ;

– celle, enfin, de l'obsolescence accélérée des produits et des appareils jetables sans autre justification.

Une autre idée émise par P. Aries s'inscrit dans cette même veine : il propose de généraliser la gratuité (sortir du marchand) pour satisfaire les besoins fondamentaux, mais de renchérir le mésusage pour les besoins accessoires. Pourquoi, par exemple, demande-t-il, payer l'eau au même prix pour se laver ou remplir sa piscine ? Cela rejoint l'idée d'instaurer des quotas échangeables y compris pour les activités quotidiennes : au-delà d'un certain droit de tirage, il faut acheter le droit à consommer davantage.

Ainsi comprise, la décroissance ne signifie pas nécessairement une régression de bien-être. La décroissance n'est pas la croissance négative. C'est autre chose. Pour concevoir la société de décroissance sereine et y accéder, il faut littéralement sortir de l'économie. La décroissance n'est donc envisageable que dans une « société de décroissance » dont il reste encore à préciser les contours.

À NOTER • À court terme, l'objectif de réduction des émissions de gaz à effet de serre repose sur des mécanismes de marché : quotas échangeables d'émissions, fiscalité écologique. À plus long terme, il faudra peut-être sortir de la société d'hyper-production et consommation, en s'inscrivant dans l'économie de fonctionnalité d'abord, en relocalisant l'économie, en sortant de la culture du jetable et en inventant d'autres modes de régulations ensuite.

PARTIE 4

Mondialisation et régionalisation

La mondialisation à multiples facettes

CHAPITRE 17

1 Les contours d'un phénomène multiforme

La mondialisation est un phénomène évolutif et multiforme.

A la suite de la Seconde Guerre mondiale, il s'est agi de pacifier les grandes puissances d'alors en les incitant à échanger des biens : faîtes du commerce, pas la guerre. Le développement du commerce international a été rendu possible par les réductions de droits de douane et autres réductions non-tarifaires négociées dans le cadre du GATT. Certains services se sont développés à la suite des échanges de biens, le transport international par exemple. Les échanges concernent alors surtout les pays développés, les pays dit en développement exportant principalement des matières premières à faible valeur ajoutée. C'est la forme ancienne de la mondialisation, toujours en cours, celle de l'internationalisation.

Dans les années 80, l'ouverture commerciale s'est accompagnée d'un accroissement des échanges touristiques, souvent frontaliers ou de proximité. Ce mouvement a été permis par la fin de contrôle des changes, prélude au développement des échanges de capitaux ; il a également été rendu possible par la libéralisation des marchés financiers (actions, ...), liée à l'émergence de l'informatique. Les échanges de capitaux entre pays ne sont plus alors la seule contrepartie des échanges de biens : les entreprises investissent ou placent à l'étranger (investissements directs ou de portefeuille), délocalisent tout ou partie de leur production, les mouvements spéculatifs s'accélèrent. Ici aussi, comme pour les échanges de biens et services, la régionalisation des économies, et notamment la construction européenne, est un facteur d'entraînement : il s'agit pour les entreprises d'acquérir la taille critique pour conquérir un marché continental. A la suite, ou de façon simultanée, dans les années 90, la généralisation du système d'économie de marché conduit les entreprises occidentales à investir massivement dans des pays nouvellement ouverts et prometteurs, les émergents, pour tirer profit de leurs avantages comparatifs. C'est la forme récente de la mondialisation, celle de la mondialisation financière.

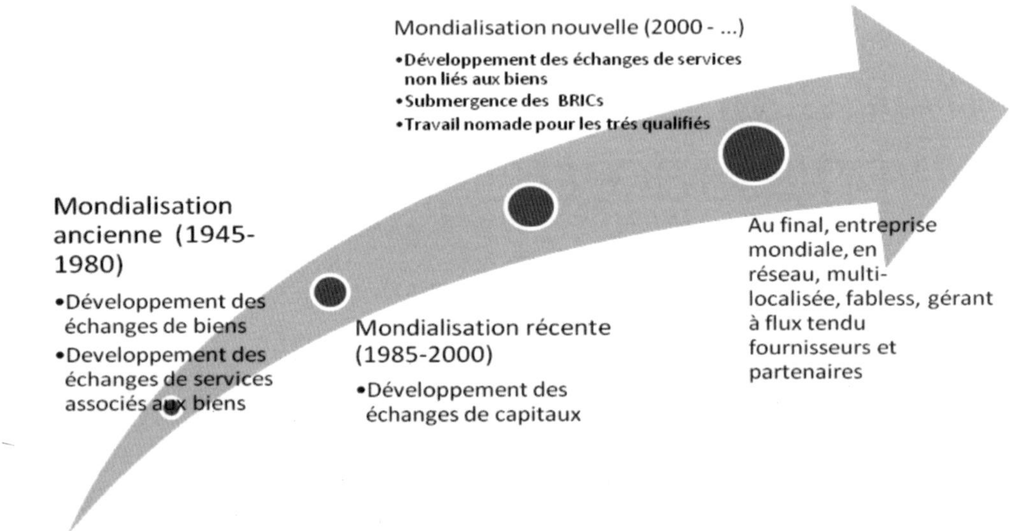

Les années 2000 marquent une nouvelle étape dans le processus. La révolution informationnelle, celle des TIC, modifie le champ de l'échangeabilité : des services jusque-là locaux deviennent échangeables entre pays. Il en est ainsi pour de nombreux services aux entreprises, mais également pour des services publics régaliens, tel l'enseignement supérieur. Dans le même temps, se crée un marché mondial du travail pour les salariés très qualifiés, mobiles, polyglottes et technophiles. La dématérialisation s'impose dans les échanges internationaux, ainsi que le phénomène des travailleurs nomades. Les émergents deviennent submergents, par leur capacité à tout produire, à s'imposer sur tous les segments, sur toutes les filières. Les submergents tirent la croissance économique mondiale, leurs fonds souverains acquièrent des fleurons industriels occidentaux. C'est la forme nouvelle de la mondialisation, celle de la globalisation.

Ces évolutions trouvent leur traduction dans l'organisation de l'entreprise anciennement multinationale. Elle est aujourd'hui mondiale, en réseau, éclatée en centres de profit localisés au mieux de ses intérêts, travaillant à flux tendus à l'échelle planétaire. Loin de la logique de régulation des États donc.

À NOTER • La globalisation-mondialisation a pris trois formes successives : le développement des échanges de biens d'abord, celui des capitaux ensuite, celui des services dématérialisés et de la submergence des BRIC enfin. L'entreprise avant multinationale est aussi radicalement transformée : en réseau, éclatée, elle organise le flux tendu à l'échelle planétaire.

2 Les échanges mondiaux de biens et services et la compétitivité des économies

A – Les échanges mondiaux de biens et services

La forme la plus ancienne de la mondialisation est l'accroissement du commerce de marchandises entre les pays, qui augmente plus rapidement que la production mondiale depuis 50 ans. Sur la décennie 2000, avant la crise, le volume du commerce mondial a progressé de plus de 8 % en moyenne annuelle, deux fois plus vite que le PIB mondial. Ceci signifie qu'une part de plus en plus importante de la production des pays est destinée à l'exportation ou provient de l'étranger.

1) Caractéristiques des échanges mondiaux de biens et services

En 2010, les exportations mondiales de marchandises représentent une valeur de 15 237 milliards de dollars, en augmentation de 8 % en volume sur la période 2005-2010, crise comprise donc. La chute du commerce mondial durant la crise a déjà été surmontée, le niveau de 2010 s'approchant de celui de 2008.

Deux faits majeurs caractérisent les échanges de biens au niveau mondial : le poids des échanges intra-régionaux, de l'ordre de 50 % du total des échanges, et le poids des échanges intra-groupes, au sein d'entreprises globales opérant à flux tendus à l'échelle planétaire. Deux catégories de pays ont par ailleurs accru leurs parts dans les exportations mondiales : les pays « émergents » qui réalisaient, en 2010, 30 % des exportations de biens (+ 12 points par rapport à 1995) et les pays « rentiers », exportateurs de produits primaires et énergétiques, qui réalisaient 15 % des exportations mondiales (+ 6 points).

Exportations mondiales de marchandises et services commerciaux, 2005-2010

	Valeur (Mds $)	Structure (%)	Variation annuelle (%)
Marchandises	15237	80,6	8
Services commerciaux	3663	19,4	8
Transports	782	21,3	7
Voyages	935	25,5	6
Autres services	1945	53,1	9

Source : OMC.

Les échanges de services représentent une valeur de 3 663 milliards de dollars en 2010, moins de 20 % du total des échanges. Ils augmentent au même rythme que les échanges de biens, de sorte que leur part dans le commerce mondial est inchangée depuis quarante ans ! La raison en est que les barrières contraignant le commerce de services sont diffuses et ancrées dans les règlementations des pays, de sorte que la libération des services est souvent un leurre. La structure des exportations de services a toutefois évolué, les baisses de prix du transport ayant fait chuter la part des postes transports et voyages, au bénéfice des autres services -assurance, audiovisuel, communication, construction, finance, informatique, licences et brevets, services aux entreprises (comptabilité, conseil, services d'architectes, etc.). Ces derniers représentent aujourd'hui 53 % des services exportés, contre 30 % à la fin des années 60.

Une étude du CEPII de 2010 montre également que seulement 1,7 % des entreprises françaises produisant des services échangeables ont une activité d'exportation. L'exportation de services est donc affaire de spécialistes (une centaine d'entreprises réalise 66 % des exportations).

2) Les explications de l'échange international

La première repose sur la complémentarité des économies nationales. L'échange, de nature inter-branche, s'explique alors par l'avantage comparatif dont dispose un pays. L'avantage comparatif résulte des différences relatives de productivité (selon Ricardo), qui proviennent des différences de dotations en facteurs macro-économiques de production (selon les économistes Heckscher, Ohlin et Samuelson). Un exemple de ce type de commerce est l'achat de cacao à la Côte d'Ivoire par la France en contrepartie de la vente d'automobiles.

La seconde explication repose sur la similitude des économies de même niveau de développement. L'échange est alors intra-branche et concerne essentiellement les produits manufacturés. Il s'explique alors par la demande de différence des consommateurs pour des produits d'une même gamme, alors que les entreprises ont intérêt à produire beaucoup pour produire moins cher (principe des économies d'échelle). Un exemple est l'achat par la France d'automobiles Volkswagen à l'Allemagne en contrepartie de la vente de Renault. Quoiqu'il en soit, les nations tirent parti de leurs différences et en retirent un gain réciproque.

B – Le système commercial international

1) Principes et missions de l'Organisation Mondiale du Commerce

Le commerce entre les pays est aujourd'hui régi par les accords signés au sein de l'Organisation Mondiale du Commerce (OMC) par les grandes puissances commerciales du monde. L'OMC a succédé le 1er janvier 1995 au GATT (*Général Agreement on Tariffs and Trade*) qui établissait jusqu'alors les règles du système. Le GATT, qui était à l'origine un simple accord, est devenu une organisation internationale officieuse au fil des grands cycles de négociation entre les pays (les rounds).

L'OMC a trois objectifs principaux :

– favoriser les échanges en s'assurant du caractère transparent et prévisible des règles commerciales internationales ;

– servir de cadre à des négociations commerciales visant à la suppression des obstacles tarifaires (droits de douane) et non-tarifaires (règlements techniques, normes, etc.), et autres mesures défavorables aux échanges ;

– permettre le règlement des différents commerciaux entre les pays.

2) Les accords déjà signés

Les négociations du Tokyo round (1973-1979) et de l'Uruguay round (1986-1993) ont permis d'avancer sur un certain nombre de dossiers.

Les marchandises : la baisse des droits de douane sur les marchandises a été continue depuis 1947. Aujourd'hui, le droit de douane industriel moyen est de 7 % environ pour les 34 pays représentant 95 % du PNB et du commerce mondial. Mais pour 26 pays de ces 34 (dont le Brésil et l'Inde, mais aussi l'Australie, la Corée et Singapour), les droits n'ont pas été « consolidés » à l'OMC : Ils peuvent à tout moment augmenter.

Les services et la diversité culturelle : le cycle d'Uruguay a également débouché sur la signature d'un accord partiel dans le domaine des services intitulé Accord Général sur le Commerce des Services (AGCS). En matière de services, la libéralisation passe davantage par une déréglementation de secteurs souvent protégés. Ainsi, l'AGCS reconnaît le droit souverain des membres de l'OMC à réglementer leurs services intérieurs, à condition que cette réglementation soit fondée sur des critères objectifs et transparents. L'Union européenne souhaite par ailleurs maintenir le régime d'exception pour les services culturel et audiovisuel accepté lors de la conclusion du cycle d'Uruguay. Il s'agit ici de préserver la diversité de ces productions qui constituent le patrimoine culturel des pays.

La propriété industrielle : il est logique que les créateurs bénéficient des droits sur leurs inventions, dessins, modèles ou autres créations. Ces droits sont appelés droits de propriété intellectuelle. Ils revêtent plusieurs formes : droits d'auteur, brevets, marques de fabrique ou de commerce, etc. L'absence de protection de la propriété industrielle est l'un des freins les plus importants au développement des échanges et des investissements directs à l'étranger. Le cycle d'Uruguay a permis la signature d'un accord sur les aspects des Droits de Propriété Intellectuelle qui touchent le Commerce (ADPIC) ayant pour objet d'atténuer les différences dans la façon dont ces droits sont protégés et visant à soumettre ces droits à des règles internationales communes.

3) Les sujets en suspens : le cycle de Doha

Le cycle de Doha, lancé en 2001, n'a jamais pu aboutir depuis presque une décennie. Les négociations butent sur l'accès des produits industriels issus des pays développés aux marchés des pays émergents, souvent fermés. En particulier, les États-Unis exigent davantage de concessions de la Chine, de l'Inde ou du Brésil, faisant valoir leur nouveau poids économique. Mais ces derniers s'y refusent, se présentant comme encore trop fragiles pour supporter une forte concurrence. L'Europe, quant à elle, annonce au printemps 2011 vouloir réduire en 2014 la liste des pays bénéficiaires du système de préférence généralisées (SPG), qui octroie des exemptions partielles ou totales de droits de douane sur certains produits, le nombre de pays bénéficiaires passant de 176 à 86 -les pays à revenus intermédiaires, dont les trois cités plus haut, n'étant par exemple plus éligibles. Les pays très avantagés (SPG+) devront, eux, satisfaire des normes sociales et environnementales resserrées.

L'autre grand axe des négociations, la baisse des subventions agricoles, à l'exportation mais aussi sur les marchés intérieurs, serait au contraire en grande partie réglé.

La perspective d'un accord est aujourd'hui faible. La fenêtre de tir pour conclure un accord en 2011 s'est refermée, elle ne se rouvrira pas en 2012, du fait des élections américaines. Dans ce contexte, les membres de l'OMC visent un accord pour les seuls pays les moins avancés, notamment la levée des taxes et quotas pour les exportations de ces pays, notamment celles de coton, produit particulièrement sensible et largement subventionné aux États-Unis.

L'échec annoncé des négociations est porteur de menaces pour le système commercial international. L'OMC chiffre à 700 milliards de dollars le manque à gagner de revenus annuels supplémentaires pour l'économie mondiale. Au-delà, il se traduira, comme cela a été observé durant la décennie 2000, par une recrudescence des accords commerciaux préférentiels régionaux ou bilatéraux, caractérisés par une asymétrie de capacité de négociation entre pays (quand les États-Unis négocient le Costa-Rica, ce n'est pas comme quand les États-Unis signent un accord général s'appliquant aussi au Costa-Rica). La perspective d'une gigantesque zone de libre échange dans le cadre de l'APEC (Asie-pacifique), fondée sur l'axe Japon-Chine-États-Unis, s'inscrit dans ce contexte.

À NOTER • Le commerce mondial de biens reste prédominant ; la part des services est stable en tendance à 20 %. Après des décennies de libéralisation du commerce, l'échec annoncé du cycle de Doha fait peser une menace sur le développement continu des échanges.

3 La mondialisation financière

Parmi les facteurs de production, l'un est parfaitement ***mobile***, le capital, l'autre est en grande partie ***immobile***, le travail, même s'il existe un marché mondial des « talents ». Ceci n'est pas sans conséquence sur le fonctionnement du système économique mondial et la distribution du revenu à l'intérieur des pays.

A – Cadre d'analyse des échanges mondiaux de capitaux

La décennie 90 a vu une explosion des mouvements de capitaux entre les pays. C'est ce que l'on appelle la mondialisation financière. Un chiffre l'illustre de façon saisissante : en 2010, 4 000 milliards de $ ont été traités chaque jour sur le marché mondial des changes ! Rappelons aussi que les actifs gérés par les différents fonds de capitaux à travers le monde sont estimés à 65 000 milliards de $ en 2010 (v. Chapitre 8). Les mouvements de capitaux peuvent être décomposés en deux grandes catégories, selon qu'ils sont de court ou de long terme. Les premiers, appelés ***investissements de portefeuille***, sont parfois spéculatifs, alors que les seconds, appelés ***investissements directs à l'étranger*** (IDE), sont de nature productive.

1) Avantages

La mondialisation financière présente plusieurs avantages :

– d'abord, elle permet ce que les économistes appellent l'allocation optimale des capitaux. Cela signifie que les capitaux vont se placer là où les pays en ont le plus besoin, ce qui permet leur développement et garantit une meilleure rentabilité des placements ;

– ensuite, elle permet une diversification des placements pour les épargnants, ce qui limite les risques ;

– enfin, elle permet aux États qui ont des déficits de se financer sans assécher le marché national des capitaux.

Plus généralement, elle permet aux agents et aux pays qui disposent d'un surplus d'épargne de le transférer vers ceux qui ont un déficit d'épargne.

2) Inconvénients

La mondialisation financière est tout d'abord le socle du développement du capitalisme financier, qui crée une distorsion dans la répartition de la valeur ajoutée au détriment des salariés. En cela, elle est à l'origine du développement des inégalités au sein des pays, et des tensions qui en résultent.

Par ailleurs, les mouvements de capitaux étant largement réversibles, elle fait peser sur l'économie mondiale un risque d'instabilité accrue (voir le chapitre sur la crise). Le problème est que les capitaux étant parfaitement mobiles, en particulier ceux qui sont placés à court terme, ils peuvent sortir des pays aussi vite qu'ils y sont rentrés. S'ils quittent effectivement un pays, celui-ci se trouve à court de financement, pour ses opérations de développement mais aussi pour ses approvisionnements quotidiens. Les difficultés économiques qui en résultent sont alors dramatiques, comme l'ont illustré les crises de ces dernières années. Pire, les crises financières sont maintenant systémiques : une crise se produisant à un endroit ou sur un marché affecte l'ensemble des pays ou des marchés.

3) Trier le bon grain de l'ivraie ?

Au final, il y aurait donc une bonne mondialisation financière, celle du long terme, les IDE, et une moins bonne, parfois, celle du court terme, les investissements de portefeuille. Une façon d'encourager l'une, de dissuader l'autre surtout, serait de taxer les capitaux en mouvement, à un taux très faible, par exemple 0,1 %. C'est la ***taxe Tobin***. Les IDE seraient peu pénalisés (l'argent ne bouge qu'une fois), au contraire des mouvements incessants. Conceptuellement intéressante, cette idée se heurte aux problèmes concrets d'application, en particulier la nécessité de son acceptation par tous les pays. Plus généralement, la taxation du capital se heurte toujours aux stratégies de passager clandestins : celui qui ne taxe pas, ou très peu, récupère le pactole. C'est la stratégie des paradis fiscaux, et autres boîtes noires de la finance mondiale.

B – Les investissements directs à l'étranger

1) Généralités

Il y a investissements directs à l'étranger (IDE) lorsqu'un investisseur basé dans un pays (le pays d'origine) acquiert un actif dans un autre pays (le pays d'accueil) avec l'intention de le gérer. C'est cette fonction de gestion qui distingue l'IDE de l'investissement de portefeuille (en actions ou obligations par exemple).

Il y a trois grandes catégories d'investissements étrangers :

– ***la prise de participation*** dans une entreprise étrangère pour au moins 10 % de son capital. Cette catégorie d'IDE comprend les fusions et acquisitions et les investissements nouveaux (création de nouvelles usines) ;

– ***les bénéfices réinvestis,*** qui correspondent à la part des bénéfices d'une filiale d'entreprise multinationale qui n'est pas restituée à la société mère. Cette forme d'investissement peut représenter jusqu'à 60% des flux sortants d'IDE pour des pays très présents depuis longtemps à l'étranger comme les États-Unis ou le Royaume-Uni ;

– ***les autres flux de capitaux*** qui correspondent aux emprunts ou aux prêts réalisés entre la société mère et sa filiale.

L'investissement dans un pays étranger peut répondre à trois types de motivations :

– produire moins cher pour profiter des bas coûts de production dans le pays d'accueil (le travail par exemple) ou de la présence de matières premières non disponibles ailleurs ;

– pouvoir vendre dans le pays d'accueil du fait de la nature des produits (intransportables) ou de l'existence de barrières protectionnistes ;

– mieux vendre du fait de la proximité avec les marchés.

2) Flux d'IDE, notamment vers les émergents

Les flux d'IDE ont été multipliés par six depuis 1990 (de 200 à 1 120 milliards de dollars en 2010), les flux d'IDE passant par deux points hauts, en 2000, dans un contexte de bulle boursière sur les valeurs technologiques, et en 2007, dans le contexte d'euphorie d'avant crise. En 2010, et ce pour la première fois, les pays en développement et d'Europe de l'est ont attiré la majorité des flux d'investissement dans le monde (53 %). Le graphique suivant présente l'évolution des flux d'IDE entrants et sortants des émergents.

Au contraire des années 90, Les IDE sont aujourd'hui de plus en plus disséminés : des pays comme le Chili, le Mexique, le Pérou, la Malaisie ou encore l'Indonésie en bénéficient largement, même si la Chine représente encore 17 % des investissements vers les émergents. Même l'Afrique tire son épingle du jeu : entre 2000 et 2010, les IDE, les investissements de portefeuille et l'aide publique au développement (APD) y ont pratiquement quintuplé, passant de 27 Mds $ en début de période à 126 en 2010. Mais c'est la composition de ces apports qui traduit le mieux le nouveau dynamisme économique de l'Afrique : depuis 2005, le continent attire plus d'IDE que d'APD. Qui plus est, la part de l'Afrique dans les flux mondiaux d'IDE ne cesse d'augmenter depuis dix ans, passant de 0.7 % en 2000 à 4.5 % en 2010. Ces chiffres témoignent de la nouvelle place qu'occupe l'Afrique dans le monde, et de sa capacité grandissante à exploiter les opportunités liées à la mondialisation.

Flux nets de capitaux vers les émergents, et flux d'IDE, en Mds de $

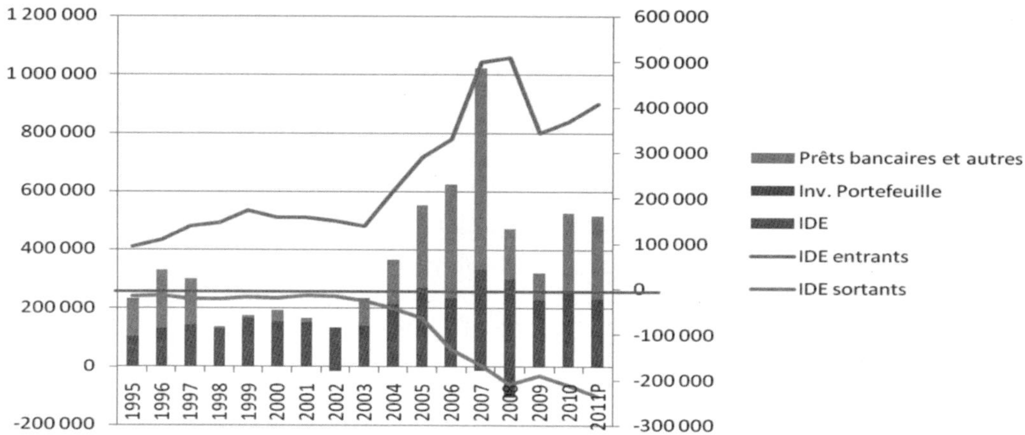

Source : IIT, Institute of international finance.

3) La délocalisation

La délocalisation (*offshore* en anglais) peut être définie de trois façons :

– au sens strict, c'est changer de lieu une unité de production sans que soit affectée la destination des biens ou services produits ;

– elle peut aussi désigner le recours à la sous-traitance proposée par une société étrangère afin de fournir des biens produits auparavant localement par l'entreprise : c'est l'*offshore outsourcing* ;

– au sens large, c'est la création d'une nouvelle unité de production à l'étranger plutôt que sur le territoire national. La distinction entre délocalisation et IDE tient au fait de savoir si l'on pouvait ou non réaliser la production localement.

Les délocalisations seraient la face noire de la mondialisation : les effets d'annonce sont désastreux, les conséquences sociales dévastatrices. Pourtant, elles permettent aussi paradoxalement de sauver des emplois. La raison en est qu'une partie d'entre elles vise à fragmenter les différents stades de production dans les pays où les coûts sont les plus faibles. En diminuant les coûts de l'entreprise, la délocalisation d'un stade de production peut donc permettre à la production du bien final de rester compétitive. C'est la stratégie qu'a menée l'Allemagne ces dernières années, les externalisations de production en Europe de l'est renforçant paradoxalement la capacité productive de son industrie.

Par ailleurs, et sans verser dans l'angélisme, McKinsey a chiffré les effets des délocalisations américaines vers l'Inde aboutissant à un gain net pour l'économie mondiale (1,46 $ de gain pour 1 $ de perte liée aux délocalisations). Evidemment, l'Inde gagne, percevant 33 centimes sous forme de salaires octroyés à des employés locaux, de bénéfices de sous-traitants indiens et de leurs fournisseurs et d'impôts perçus par le gouvernement indien. Mais surtout, et là encore paradoxalement, les États-Unis gagnent aussi, 13 centimes de dollar. Ils enregistrent ce bénéfice en économisant sur les coûts, en augmentant l'exportation vers l'Inde et en rapatriant les bénéfices des sociétés de sous-traitance dans lesquelles ont investi des sociétés américaines.

De même, l'INSEE en 2010 chiffrait à 36 000 les emplois détruits en moyenne par an du fait des délocalisations d'entreprises. Mais dans le même temps, elles auraient également permis de générer 41 000 emplois supplémentaires par an en moyenne, sur la base des effets induits décrits plus haut.

La nouveauté du débat sur les délocalisations tient aussi à un phénomène inédit : l'ouverture de nouveaux services au commerce international. Du jour au lendemain, des métiers qui se croyaient protégés se retrouvent sur le marché mondial. Le phénomène se développe en France de manière insidieuse : certaines entreprises industrielles externalisent leurs activités de services localement, puis, par une pression accrue sur les prix, incitent leurs sous-traitants à délocaliser « à leur place ».

Plus récemment encore, une autre forme de délocalisation est apparue, la « délocalisation sur place » : plutôt que de transférer une activité à l'étranger, l'employeur fait venir en France des travailleurs d'un pays où le coût du travail est bas pour remplacer la main-d'œuvre locale.

C – Les flux de court terme

Les flux d'IDE ne sont cependant pas, loin s'en faut, les principaux flux financiers entre les pays. ils en représentent moins de 20 %. Les autres types de flux sont les titres de dettes, les investissements de portefeuille sous formes d'achat d'actions, les prêts bancaires et autres dépôts divers. Le graphique de la page précédente décrit aussi la structure des flux nets entrants dans les pays émergents : en termes nets, les IDE sont prépondérants dans les flux nets entrants ; en creux, cela veut aussi dire que les émergents exportent des capitaux à court terme dans une proportion presque similaire à ceux qu'ils reçoivent.

Ces flux internationaux de capitaux sont surtout déstabilisants, et seule une partie de ces flux alloue efficacement du capital. Parmi les flux à caractère déstabilisant ou inefficace, on peut citer :

– les flux de capitaux vers et depuis les pays émergents depuis 2005 qui financent des placements spéculatifs (actions) ou la dette en devises des ménages;

– les « ***carry-trades*** », c'est-à-dire les investissements consistant à profiter d'un différentiel de taux d'intérêt. Jusqu'à la crise, les investisseurs étaient massivement emprunteurs dans les devises à taux d'intérêt faibles (*carry-trades* en yens, en francs suisse) et massivement prêteurs dans les devises à taux d'intérêt plus élevés. Ces positions n'avaient d'autre objet que d'exploiter les écarts de rendements, et ont fortement perturbé les taux de change des monnaies;

– le financement international de l'immobilier c'est-à-dire du déficit d'épargne des ménages dans certains pays développés. En particulier, une partie importante du besoin de financement des ménages américains, jusqu'à la crise, qui était la cause du déficit extérieur, dû à leur endettement massif avant la crise, a été financée par les non-résidents sous la forme d'achats de titres liés aux crédits immobiliers (obligations de Fannie Mae et Freddie Mac, ABS basés sur les crédits...) ;

– plus récemment, la création monétaire massive des pays développés (*quantitative easing* aux États-Unis en particulier) s'est déversée sur les pays en développement qui, pour éviter une appréciation excessive de leur monnaie, ont stérilisé ces flux importants en les réinvestissant en titre d'Etat des pays émetteurs !

Enfin, une partie de ces mouvements financiers transite par les différents ***paradis fiscaux*** de la planète, renommés par euphémisme centres financiers *offshore*. Selon une analyse du Centre d'analyse stratégique de 2011, les pays du « noyau dur », constitué des juridictions à l'imposition inexistante et où l'importance des transactions financières est écrasante au regard de leur économie, sont notamment les îles Caïmans, le Luxembourg, les Bahamas, Jersey, Bahreïn, Guernesey, les Antilles néerlandaises, la République de Maurice, l'île de Man, les îles Marshall et la Barbade. Par exemple, les Bermudes attirent un tiers du marché mondial de la réassurance grâce à un traitement fiscal favorable. Les îles Caïmans sont le premier marché des *hedge funds*. Le Luxembourg est quant à lui le troisième gestionnaire mondial de fonds en total d'actifs financiers (voir l'exemple de Clearstream, Chapitre 8) et le deuxième marché des fonds communs de placement. Il est le principal destinataire de fonds provenant du Liechtenstein et des îles Caïmans, qu'il redistribue ensuite aux principaux centres financiers européens. Les multinationales sont par ailleurs l'un des principaux pourvoyeurs des paradis fiscaux, ce qui affaiblit fiscalement leur pays d'origine. Par exemple, les pratiques comptables des multinationales norvégiennes engendreraient une perte fiscale de 30 % pour le budget norvégien ! Une étude de la Banque de France montre en 2010 que les flux d'IDE en provenance ou à destination de la France sont dans les faits de 40% à 80% inférieurs à ce que donnent les statistiques habituelles, parce que les grosses entreprises gèrent désormais leur trésorerie et leurs politiques de financement par l'intermédiaire de filiales situées dans les paradis fiscaux ...

À NOTER • La mondialisation financière est démesurée, apparemment sans limite. Aux investissements directs à l'étranger, de nature productive, on oppose les investissements de portefeuille, parfois à caractère spéculatif. On les retrouve dans les paradis fiscaux, boîte noire de la mondialisation.

4 La globalisation, les BRICs, la Chine

La globalisation accentue les mondialisations décrites. Elle traduit l'accélération et le changement de nature de la mondialisation des années 1990. Au-delà des TIC et de l'apparition d'un marché mondial du travail, c'est bien l'émergence de pays à la taille de continent qui modifie entièrement la donne.

L'effet des TIC sur l'économie a déjà été explicité. Au-delà, il modifie fondamentalement la donne du commerce international à trois égards : l'immixtion croissante des micro-entrepreneurs dans les échanges (chaque individu peut, en quelques clics, devenir importateur ou exportateur), l'immédiateté d'accès à tous les niveaux d'information (en facilitant l'observation des marchés et la réalisation des transactions) et l'émergence des places de marchés en ligne (des espaces virtuels rassemblent des millions d'entreprises).

Le deuxième niveau de transformation est l'apparition d'un marché mondial du travail. Illustrons cela par l'exemple des étudiants « internationaux ». Depuis le début des années 2000, la tendance est partout à l'augmentation des effectifs des étudiants étrangers. Leur nombre a doublé en moyenne de 2000 à 2007, selon l'OCDE. Corrélativement, le pourcentage des étudiants étrangers dans la population étudiante des pays développés ne cesse de croître : il est de 19,5 % en Australie, pays qui a déployé de très gros efforts pour se rendre attractif auprès des jeunes Asiatiques ou scandinaves notamment, de 15 % au Royaume- Uni et de 11,3 % en France par exemple. Les États-Unis, le Japon, l'Allemagne, l'Australie, la France et le Royaume- Uni figurent parmi les pays qui accueillent le plus d'étudiants étrangers. Ces six pays représentent 75 % de la totalité des étudiants internationaux de la zone OCDE. Avec près de 600 000 étudiants en 2007, les États- Unis se taillent la part du lion. Pour les pays développés, cette future main-d'œuvre est d'autant plus intéressante qu'elle est qualifiée et qu'elle parle la langue du pays. Sur les 2 à 2,5 millions de jeunes issus du monde entier venant étudier chaque année dans les pays de l'OCDE, 21 % en moyenne s'installent dans le pays d'accueil.

Mais il reste que c'est bien l'émergence de mastodontes, les BRICS, qui modifie totalement la nature de la mondialisation.

A – Les BRICs

Le monde économique de ces cinquante dernières années a été dominé par les pays de la triade, États-Unis, Europe, Japon. Mais cette situation évolue avec l'émergence de pays à la taille de continent, Brésil, Russie, Inde et Chine en particulier, qui composent l'acronyme BRIC, depuis peu BRICS, puisque l'Afrique du sud a officiellement intégré le quartet en 2011. La Corée du sud et la Turquie aspirent à les rejoindre (Add T for Turquey !).

	G8	BRICS	Autres émergents du G20
Taux de croissance Moyen (2000-2010)	1,34%	6,52%	3,66%
% dans le volume des exportations mondiales (2008)	35,54	14,43	
Dette publique en % du PIB en 2010	107,3%	35,9%	34,1%
Dépenses de R&D entre 1996 et 2007 (moyenne annuelle en % du PIB)	2,17%	0,95%	0,84%
PIB par habitant (en US $ courants) en 2009	39 613	5 420	13 251

Source : institut Montaigne, La France, le G20 et les « Pays émergents » - un nouvel équilibre des pouvoirs?, 2011.

À eux cinq, ils abritent plus de 40 % de la population, 18 % de l'activité mondiale, 15 % du commerce international, et attirent plus de 50 % des investissements internationaux. De 2001 à 2010, le volume des échanges commerciaux au sein des BRICS a enregistré un taux de croissance annuel de 28% en moyenne, signe du dynamisme des échanges sud-sud.

Le poids économique de ces cinq pays devrait par ailleurs être à l'égal de celui du G6 (États-Unis, Japon, Royaume-Uni, Allemagne, France et Italie) à l'horizon 2040.

Chacun de ces pays a axé son développement sur un secteur clé dans lequel il est devenu leader mondial : les produits manufacturés pour la Chine, les services, notamment informatiques, pour l'Inde, l'énergie (pétrole et gaz) pour la Russie, l'agriculture et les matières premières pour le Brésil, les mines et les minerais pour l'Afrique du sud.

Leurs capitales économiques se places en tête pour l'attractivité des investissements internationaux « Greenfield » en 2010, générateurs d'emplois et de valeur. A Moscou, les investissements s'envolent (+80%). La capitale russe retrouve sa place dans le Top 5. A Shanghai, l'augmentation est plus faible (+20%) mais la métropole chinoise confirme son attractivité sur les fonctions stratégiques. C'est Sao Paolo (+107%) qui réalise la progression la plus remarquable dans tous les domaines, y compris les quartiers généraux et centres de recherches.

B – La Chine

Mais c'est bien la Chine qui focalise l'attention des observateurs, qui symbolise la nouvelle donne mondiale.

La Chine s'est ouverte au monde quand Deng Xiaoping a décidé, en 1979, un changement stratégique pour le développement de son pays. Cela s'est traduit par l'ouverture progressive de l'économie à l'international, la libéralisation graduelle des marchés, une restructuration industrielle profonde et une urbanisation massive.

Après une phase de tâtonnement, la Chine a adopté un modèle de développement spécifique et très efficace. La croissance, de 10 % l'an sur la décennie 2000, repose sur le dynamisme de l'investissement (il représente 50 % du PIB, contre 20 % par exemple en France), qui alimente la machine exportatrice, elle-même aussi assise sur le maintien de la compétitivité-prix dans le cadre d'un pilotage volontariste du taux de change, mais trouve aussi sa source dans le dynamisme de la construction et des infrastructures. Investissement et exportation contribuent à la croissance à hauteur de 6 points environ, contre 4 % pour la consommation, qui enregistrent des taux de croissance toujours supérieurs à 10 %. Bref, l'externe (exportation et investissement à usage externe) explique la moitié de la croissance chinoise. Cette stratégie a donc porté ses fruits, la croissance potentielle est impressionnante, même si de nombreux défis restent à relever.

1) La situation conjoncturelle

Le graphique suivant propose les principaux indicateurs conjoncturels de la Chine pour l'année 2010. En dépit de l'effet visuel, lié au taux de croissance phénoménal des exportations, tous les indicateurs ou presque sont au vert. La croissance a été supérieure à 10 %, tirée par les augmentations de consommation (+8,8 %, aussi lié aux gains de pouvoir d'achat, 10 %), d'investissement (+11,5 %), alors même que le commerce extérieur a contribué négativement pour la première fois à la croissance depuis fort longtemps, les importations ayant augmenté de 30 % ! Le solde courant est cependant fortement positif, à 6 % du PIB. Le solde budgétaire est légèrement négatif (-2,8 % du PIB), dans le contexte d'une dette publique maitrisée (21 % du PIB). L'inflation est -encore- contenue à 3,3 %, les taux de politique monétaire cherchant à éviter la surchauffe.

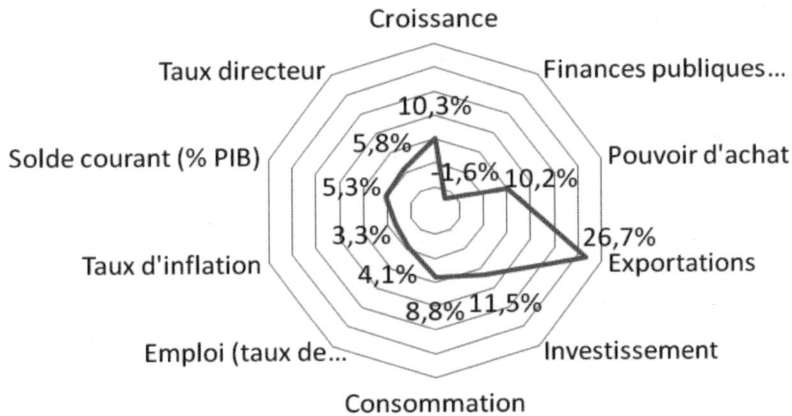

Source : Natixis, fiche pays, 2011. Sauf mention, variation annuelle 2009-2010.

Cette excellente situation conjoncturelle porte les germes des difficultés à venir de la Chine, à deux titres. Tout d'abord, les prix augmentent, l'inflation au premier trimestre 2011 est supérieure à 5 %, parce que les salaires sont très dynamiques (+ 16 % annuel avant la crise), et du fait de la forte hausse du prix des matières premières. Ensuite, l'extraordinaire dynamisme de l'investissement crée une situation de surcapacité, qui pourrait provoquer une crise bancaire en cas de retournement même léger.

2) La situation structurelle

Il n'en reste pas moins que la croissance potentielle est exceptionnelle (supérieure à 10 %, conforme à la croissance observée donc, ce qui signifie l'absence d'endettement) parce que la Chine dispose d'un stock de travail (avec une armée de travailleurs encore mobilisable, même si les nouveaux migrants, plus âgés et moins éduqués, sont plus difficiles à intégrer) et de capital considérable (avec les réserves de change qui augmentent la base monétaire), et bénéficie de gains de productivité importants et non épuisés, en raison des transferts de technologie par les investissements directs mais surtout des effets à venir des formidables dépenses de R & D aujourd'hui réalisées.

Il apparaît aussi que les développements opérés dans l'industrie chinoise se sont traduits par une montée en gamme de la production. Cette transformation de l'industrie, largement orchestrée par l'Etat, a abouti à une accélération de la production de biens à plus haute valeur ajoutée et à une décélération des productions intensives en main-d'œuvre.

3) Les défis à relever

En termes de sa capacité à conserver durablement une croissance forte, la Chine devra éviter les écueils que l'on a pu observer ailleurs, et avant, au Japon et en Corée par exemple. Ces écueils pourraient être liés (voir flash économie de Natixis du 04 mai 2011) :

– à la perte de compétitivité avec les hausses rapides de salaires, dues à la tension plus forte sur le marché du travail ;

– au freinage des gains de productivité avec un moindre rattrapage technologique restant à faire ;

– à la hausse des prix des matières premières, qui est due en partie à la croissance chinoise ;

– à l'incapacité à continuer à accroître les taux d'endettement, surtout si les taux d'intérêt doivent être accrus en raison du supplément d'inflation, ce qui peut aussi retourner à la baisse les prix des actifs.

En termes sociaux, la Chine devra relever les risques inhérents à un niveau de vie encore faible de sa population, notamment une pauvreté encore endémique, et à la montée des inégalités, l'acceptation sociale d'un enrichissement extraordinaire de certains étant conditionnée à l'amélioration de la situation de la classe moyenne, donc au maintien d'une croissance forte. Sur le front du chômage, d'apparence faible (mais les statistiques sont largement trompeuses), la stabilisation passe par l'impérieuse nécessité de créations d'emplois par millions, ici encore liées à la situation économique. Par ailleurs, la Chine devra faire face à une inéluctable montée en charge des dépenses sociales, en particulier liées au vieillissement, puisqu'il est communément admis que la chine sera « vieille avant d'être riche ».

En termes géographiques, l'enjeu est celui d'un rééquilibrage entre les zones côtières, en plein développement, et les zones intérieures, largement pauvres et rurales. Ce rééquilibrage s'appuie sur une politique volontariste, dite du « go west », et peut prendre la forme d'une nouvelle division du travail interne au pays, une délocalisation intérieure en quelque sorte.

En termes environnemental enfin, le défi est considérable. Le Chine est devenue le premier émetteur mondial de gaz à effet de serre en 2010, largement parce que l'essentiel de sa consommation énergétique se fait à partir du combustible le plus polluant, le charbon. Le changement de politique énergétique est donc un enjeu majeur, à l'heure où le nucléaire pose question. Enfin, l'adoption d'un modèle de développement à l'occidentale, déjà entamé, conduirait inéluctablement à une catastrophe environnementale, il n'est par exemple qu'à imaginer les conséquences d'un niveau d'équipement en automobile à l'identique de celui de la France par exemple (les chinois disposent aujourd'hui de 40 véhicules pour 1000 habitants, contre 600 par exemple en Europe).

À NOTER • On est passé des pays en développement aux pays émergents puis aux pays submergents. Les BRICS traduisent ce mouvement, en particulier la Chine, dont les fondamentaux de croissance sont excellents, mais qui pourrait quand même devoir faire face à des écueils importants. Le développement n'a jamais été un long fleuve tranquille, les soubresauts finissent toujours par arriver.

5 Évaluer les effets de la globalisation selon sa nature

La globalisation est donc un phénomène multiforme dont les effets sont différents selon sa nature.

A – La mondialisation ancienne : les échanges de biens et de services

L'intégration des marchés dans le domaine du commerce de biens et services est bénéfique aux pays qui la pratiquent. Dans les pays développés, à condition d'accepter la re-spécialisation sur des productions pour lesquelles on dispose d'un avantage comparatif, elle est source de baisse de prix pour les consommateurs et de transferts des emplois vers les secteurs capitalistiques ou à forts besoins de main-d'œuvre qualifiée. Il est aussi vrai que l'abandon d'activités et l'acquisition d'un nouvel avantage comparatif prend du temps et a des coûts sociaux importants qu'il convient de prendre en charge.

Dans les pays en développement, elle a permis une élévation des niveaux de vie. Ainsi, après correction par les parités de pouvoir d'achat, le revenu par habitant était dix fois plus élevé dans les pays riches que dans les pays en développement il y a une dizaine d'années ; il devrait être seulement sept fois plus élevé à la fin de cette année.

À cet égard, ce n'est pas la mondialisation qui est source de difficultés pour de nombreux pays, c'est le fait d'en être exclu, comme dans le cas de l'Afrique par exemple, avant que le phénomène de rareté des ressources ne la replace dans le jeu de l'économie mondiale. On sait depuis longtemps que l'isolement (se soustraire à la concurrence internationale) n'est pas la solution : les pays en développement qui ont mené des politiques de promotion des exportations dans les années 1960-1970 (pays asiatiques) ont connu davantage de succès que les pays qui ont mené des politiques de substitutions aux importations (pays latino-américains).

B – La mondialisation récente : le développement des capitaux

L'essence de la mondialisation, c'est la mise en concurrence des entités sédentaires avec les entités nomades. Parmi les facteurs de production, le capital est parfaitement mobile, le travail relativement immobile. Dans ce cadre, l'épargnant est gagnant dans le processus de mondialisation financière, ses actifs étant mieux rémunérés. Le salarié sédentaire est, lui, perdant puisque concurrencé par les travailleurs des pays en développement. Cela tient aussi à la nature du capitalisme mondialisé, qui impose une croissance annuelle de la rémunération du capital de l'ordre de 10 % environ. Dans ce contexte, l'ajustement du compte de résultat se fait sur le salaire (ou le salarié), le fournisseur (souvent la PME) et l'État.

Il reste que le salarié des pays développés est aussi souvent un épargnant, parfois un actionnaire. Il veut toujours plus en termes de rémunération de ses placements : si la Bourse de Paris n'augmente pas aussi vite que celle de Pékin, il place son argent en Chine même s'il ne le sait pas. Le salarié actionnaire est donc schizophrène : en voulant une rémunération toujours plus forte, il se licencie lui-même !

Parmi les pays développés, il convient de distinguer les travailleurs qualifiés des travailleurs non qualifiés. Les premiers sont beaucoup plus mobiles que les seconds. Leur travail est par ailleurs fortement valorisé par les nouvelles technologies. Ils sont enfin beaucoup moins nombreux dans les pays émergents. Cela les met à l'abri des baisses de salaires. À l'inverse, les travailleurs non qualifiés sont directement soumis à la concurrence des travailleurs des pays à bas salaire. La mondialisation se traduit donc par une augmentation des inégalités entre travailleurs. Les plus qualifiés voient leur salaire augmenter, les moins qualifiés voient leurs salaires baisser (solution américaine) ou subissent le chômage (solution européenne).

Cette forme de mondialisation est donc source d'inégalités, entre détenteurs de capitaux et travailleurs, au sein même des travailleurs. Quelles sont les solutions envisageables pour corriger ces inégalités ? Dans un monde idéal, il suffirait de prendre aux uns une partie de leur surplus pour le redistribuer aux autres. Mais il est difficile :

– de taxer le salarié des pays émergents au profit du salarié français (il est déjà moins bien loti) ;

– de taxer le capital parce qu'il est totalement mobile (il partira si on le taxe) ;

– de taxer le salarié qualifié parce qu'il est partiellement mobile (il risque de partir si on le taxe).

Quelles solutions alors ? Tout d'abord, il faut quand même essayer de taxer le capital : ceci n'est possible rapidement qu'à l'échelle régionale. L'harmonisation des politiques fiscales en Europe s'inscrirait dans ce cadre. C'est en cela qu'elle est impérative. À défaut, il faut faire en sorte que le salarié des pays riches se réapproprie une partie des gains (les bénéfices des entreprises transnationales) : c'est l'objet - modeste - de la prime liée aux augmentations de dividendes déjà décrite.

C – La mondialisation nouvelle : TIC et BRICs

La mondialisation nouvelle est liée à l'échangeabilité de nombreux services auparavant localisés, et à l'émergence de pays continents. Avec ces nouvelles formes de mondialisation, et les nouvelles instabilités qui en résultent, les gains apparaissent encore plus diffus. Un article de Paul Samuelson, l'un des auteurs de l'une des théories fondatrices du commerce international, théorie dite « HOS », a fait sensation à l'été 2004 en remettant en question les avantages de la nouvelle forme de mondialisation. Remplaçons le Portugal et l'Angleterre de la fin du XIXe siècle par la Chine et les États-Unis d'aujourd'hui, nous dit Samuelson. Si un progrès technique apparaît en Chine dans le secteur pour lequel les États-Unis avaient à l'origine un avantage comparatif, alors le gain initial des États-Unis peut se muer en perte permanente de revenu réel. Autrement dit, le progrès technique en un pays peut faire perdre le bénéfice de cet avantage à un autre. Le processus est bien de destruction créatrice, mais la création se fait dans un pays et la destruction dans un autre.

Le schéma suivant résume les effets supposés de ces trois phases de la mondialisation, pour la France et la Chine par exemple. La France a largement bénéficié des effets de la mondialisation par le passé, on ne peut pas affirmer que c'est encore le cas aujourd'hui, alors que les mondialisations ont permis à la Chine, plus généralement aux économies émergentes, de sortir de la pauvreté et du sous-développement.

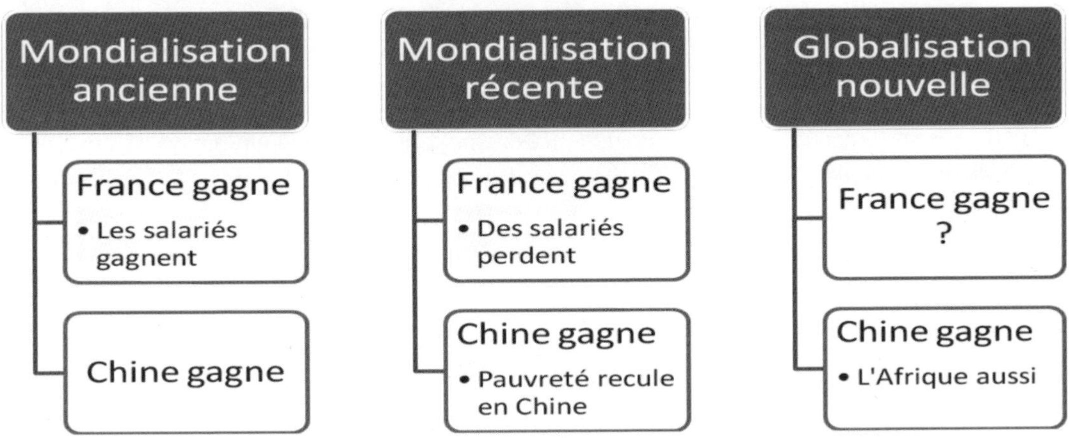

À ce stade de la mondialisation, il convient d'observer que le marché des biens est parfaitement intégré à l'échelle planétaire, au contraire de celui du travail, qui reste encore largement local. Cela a une double conséquence.

Tout d'abord, le prix des matières premières en particulier, agricoles ou énergétiques, tend à s'harmoniser entre les pays (le prix du gaz, ou du blé, est le même partout). Les pays émergents en situation de forte croissance peuvent y faire face, parce que les salaires y augmentent rapidement, même si cela crée de fortes tensions inflationnistes qui pourraient entraver leur développement. Mais au-delà, ces augmentations sont insupportables pour les plus pauvres des émergents, ou pour les émergents pauvres, ceux dont la croissance est insuffisante. C'est la cause des émeutes de la faim que l'on a pu observer ces derniers mois ;

Ensuite, si les salaires convergent au niveau mondial, leurs écarts sont encore considérables. Le salaire horaire, charges comprises, est ainsi en 2008 27 fois plus faible en chine qu'en France, 64 fois plus faible en Inde (1,55 et 0,65 contre 41,94 $) ! La raison en est l'immobilité des travailleurs au niveau mondial. Evidemment, cela se traduit par une désindustrialisation massive des pays du nord, certes inégale mais cependant généralisée, qui crée de la dette, des problèmes sociaux, et altère la croissance potentielle.

Ainsi, si l'on ne remet pas - aujourd'hui - en cause l'existence d'un surplus lié à la mondialisation, son partage entre les pays devient à ce point inégal que des pays perdent au processus. Si tel est le cas, la question se pose de savoir comment ces pays seront indemnisés de leurs pertes. Cela pose tout simplement la question d'une organisation internationale capable d'assurer cette péréquation. À défaut, on voit mal comment ces pays accepteront d'aller plus avant dans ce processus. La tentation protectionniste, et plus globalement le débat sur la démondialisation, évoqués au Chapitre 21, s'inscrive dans ce contexte.

À NOTER • La mondialisation change de nature et de dimension. L'extrême mobilité du capital et l'émergence d'un marché mondial du travail qualifié fragilise les acteurs localisés de l'économie, travailleurs non qualifiés, entreprises locales, États. L'émergence de pays continents et la révolution de l'échangeabilité des services fait craindre que des pays entiers perdent au processus de mondialisation. Dans ces conditions, seule la régulation mondiale permettra de faire perdurer la mondialisation telle que nous la connaissons.

La compétitivité, l'attractivité et la contrainte extérieure

CHAPITRE 18

La compétitivité et l'attractivité d'un pays sont résumées dans la balance des paiements qui décrit l'ensemble des opérations réelles (sur biens et services), financières et monétaires entre les résidents et les non-résidents. La logique de construction de la balance des paiements découle de l'équation du commerce international.

1 L'équation du commerce international

En comptabilité nationale, le PIB est la production totale du pays. La production est entièrement distribuée sous forme de revenus (notés Y). Les revenus sont soit consommés (C), soit épargnés (S). On peut alors écrire le PIB dans une optique d'***utilisation des revenus*** :

$Y = C + S$

Dans une optique de ***dépense***, le PIB s'écrit : $Y = C + I + (X - M)$ avec I, l'investissement, X, les exportations et M, les importations (voir Chapitre 9).

En égalisant les deux, il vient : $(S - I) = (X - M)$

Cette équation nous dit qu'à un excédent (déficit) de la balance commerciale correspond un excédent (déficit) de l'épargne sur l'investissement dans le pays. En termes de causalité, elle nous dit qu'un déficit extérieur n'est pas nécessairement lié à un problème de compétitivité, mais peut résulter d'un déficit d'épargne dans un pays, ou à un excès d'investissement. C'est l'approche monétaire de la Balance des paiements.

Dans une forme plus élaborée, on peut aussi distinguer le secteur public (on note T les impôts et G la dépense publique) et le secteur privé (C, S et I deviennent maintenant des agrégats relatifs aux agents privés). Pour retrouver le ***principe d'équilibre de la balance des paiements***, supposons aussi que X et M ne sont plus seulement les exportations et importations de biens mais aussi celles de services. Prenons aussi en compte les revenus versés au reste du monde ou reçus de lui qui modifient le montant total des revenus distribués dans l'économie. Notons Tr, le solde de ces revenus. Les équilibres deviennent :

$Y + Tr = C + S + T$
$Y = C + I + G + (X - M)$

Et l'équation du commerce international s'écrit : (S – I) + (T – G) = (X – M + Tr).

Le membre de droite traduit le solde de l'ensemble des échanges (de biens et de services) et les transferts de revenus avec l'étranger. L'équation montre toujours qu'à un excédent (déficit) des échanges avec l'étranger correspond un excédent (déficit) d'épargne sur l'investissement dans le pays, qu'il émane des agents privés ou des agents publics.

2 La balance des paiements de la France

La balance des paiements est un état statistique qui retrace l'ensemble des opérations réalisées au cours d'une année avec l'étranger. La balance des paiements est construite sur le même principe que l'équation du commerce international. Elle est nécessairement équilibrée (elle a par définition un solde nul). De ce fait, il ne peut pas y avoir d'excédent ou de déficit de la balance des paiements.

A – Les comptes de la balance des paiements

Quatre comptes constituent la balance des paiements, dont deux principaux, le compte des transactions courantes et le compte financier.

Le compte des transactions courantes (ou compte courant) décrit les opérations définitives sur biens, services, revenus et transferts. Son solde permet de se rendre compte si une économie vit ou non au-dessus de ses moyens : un pays en excédent pourrait importer davantage car il n'utilise pas entièrement ses revenus d'exportations. Il vit donc en dessous de ses moyens. Les soldes de la balance des transactions courantes font l'objet d'un développement à la page suivante.

Le compte financier retrace toutes les opérations financières avec l'étranger. Il comprend les investissements directs à l'étranger (investissements à long terme), les investissements de portefeuille (investissements de courte durée), les autres investissements (en particulier les crédits commerciaux) et les avoirs de réserve.

	2007	2010
Compte de transactions courantes	**– 18,9**	**– 33,7**
Biens	– 40,5	– 53,7
Services	15,0	10,0
Revenus	29,3	36,5
Transferts courants	– 22,7	– 26,5
Compte de capital	**1,9**	**0,0**
Compte financier	**37,6**	**18,2**
Investissements directs	– 47,6	– 37,9

- Français à l'étranger / Étrangers en Fr	– 123,5 / 75,9	– 63,5 / 25,6
Investissements de portefeuille	– 121,0	119,9
– Avoirs / Engagements	– 206,8 / 85,8	23,2 / 96,7
Produits financiers dérivés	44,8	34,3
Autres investissements	162,0	-92,3
Avoirs de réserve	– 0,5	-5,8
Erreurs et omissions	**– 20,6**	**15,4**

B – La compétitivité, les déficits et la dette

La compétitivité d'un pays se mesure par le solde de sa balance des transactions courantes. Mais un excédent n'est pas nécessairement signe de bonne santé économique : il peut aussi être lié à un déficit d'investissement (approche monétaire de la Balance des paiements), ou au fait qu'il bride suffisamment ses importations. Dans les deux cas, c'est un signe de paupérisation.

1) La balance commerciale et des services

La balance commerciale décrit les échanges de biens. Pour l'année 2010, la France a exporté pour 392 milliards d'euros de biens, mais en a importé pour 446, ce qui la place au cinquième rang mondial dans les deux cas. La différence entre les exportations et les importations donne le solde de la balance commerciale, négatif pour 54 milliards d'euros.

Au-delà du solde, c'est l'évolution qui est inquiétante depuis le milieu des années 2000, comme le montre le graphique suivant, le déficit se creusant de façon continue et régulière, dans le sillage de l'apparition d'un déficit de la balance hors énergie (le déficit était jusqu'alors expliqué par le solde énergétique), qu'illustre le tout nouveau déficit dans le secteur automobile par exemple. La principale raison à cela est l'augmentation moins que proportionnelle des exportations françaises par rapport à l'évolution du commerce mondial, ce dernier ayant crû de 12 % par an sur la période 2002-2008 quand les exportations françaises n'augmentaient que de 8 %.

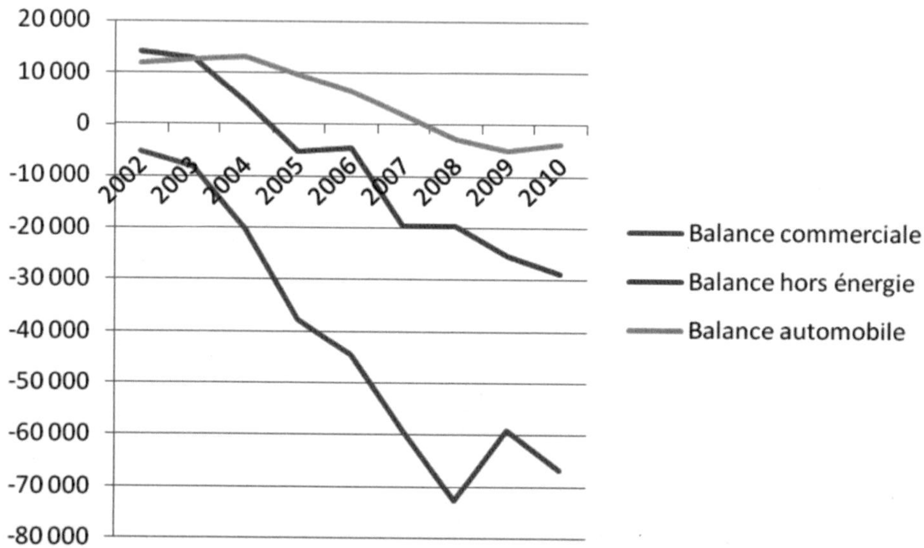

Source : Douanes, 2011.

De fait, la France perd des parts de marché (3,6 % du marché mondial en 2010), ce qui serait somme toute normal puisque le nombre d'acteurs augmente, mais malheureusement plus que d'autres : elle a perdu 35 % de parts de marché de 1995 à 2010, alors que l'Allemagne et les Pays-Bas les ont stabilisés et que Etats-Unis, la Suède, l'Italie en ont perdu 20 %. Seuls le Japon et le Royaume-Uni font pire. Il existe donc un problème de compétitivité propre à l'économie française, qui fait appel à plusieurs éléments d'explication de nature macro et micro-économique.

Pour ce qui est des éléments macro-économique :

– la spécialisation géographique et sectorielle explique une partie des mauvaises performances à l'exportation de la France. Nous vendons trop en Europe (70 % de nos exportations), et trop de matériels de transports, alors que ce sont les émergents qui importent, surtout des biens d'équipement. Des études récentes (rexecode, 2011) montrent toutefois que *les exportateurs français et allemands vendent globalement les mêmes produits sur les mêmes marchés*. Cette explication est donc partielle ;

– l'apparente proximité dans la spécialisation sectorielle avec l'Allemagne peut néanmoins masquer des différences importantes dans le positionnement de gamme : la part de marché allemande est ainsi triple de la part française dans le haut de gamme, alors que l'Allemagne a en moyenne une part de marché double de celle de la France. Ce position de gamme explique la plus forte sensibilité des exportations françaises aux prix, et donc aux variations de l'euro ;

- les coûts salariaux français dans l'industrie progressent plus vite que les coûts allemands sur la décennie 2000, notamment depuis 2004 : + 20 % en France en 2010, contre + 8 % en Allemagne, qui a basculé une partie du financement de sa protection sociale sur la TVA, il est vrai dans une logique non coopérative. Le coût horaire de la main d'œuvre est ainsi de 37 € en France, contre 30 € en Allemagne et 26 € en Italie.

Ces éléments jouent, d'évidence. Mais en fin de compte, les difficultés françaises s'expliquent davantage par des considérations de nature micro-économique, une sorte d'incapacité à exporter en quelque sorte. Par exemple, le nombre d'entreprises exportatrices baisse régulièrement en France, passant de 107 000 à 92000 de 2002 à 2009. Elles sont 241 000 en Allemagne. Parmi les entreprises exportatrices, le nombre de primo-exportateurs (exportateurs pour la première fois) baisse également (de 24 % à 19 % des exportateurs). Le tissu des entreprises exportatrices est donc peu nourri, et peu renouvelé. L'explication principale tient, cela a déjà été dit, au déficit français d'entreprises de taille intermédiaire susceptibles d'atteindre un seuil critique pour pénétrer les marchés mondiaux. La proportion d'exportateurs au sein des PME est du même ordre de grandeur qu'en Italie (4 %), mais plus faible qu'en Allemagne (11 %). Les pratiques de portage (parrainages de PME par des grandes entreprises) sont également moins développées qu'ailleurs, l'aversion pour le risque y est peut-être plus fort.

Le second compte de la Balance courante décrit les échanges de services. La France enregistre ici un excédent substantiel, de 12 milliards d'euros pour 2010. La France est ainsi le quatrième exportateur mondial de services. Il reste qu'ici aussi, les évolutions sont défavorables : l'excédent régresse (il a culminé à 19 milliards en 2000), le secteur des voyages (tourisme et voyages d'affaires) n'est plus la locomotive qu'il fut (l'excédent se contracte pour la quatrième année consécutive, à 6 milliards), plus généralement la part de marché des exportations française de services en Europe a presque été divisé par deux en quinze ans (de 27 à 15 % en 2009). Cela signifie que les exportations de services ont progressé moins vite en France (+2,5 % en moyenne annuelle depuis dix ans) qu'en zone euro (+6 %). La perte de compétitivité est donc un phénomène généralisé qui va au-delà de l'industrie.

À NOTER • Le solde commercial français est négatif et se détériore rapidement, du fait de l'augmentation des prix de l'énergie, mais aussi pour des raisons structurelles de perte de compétitivité. La même évolution est en cours pour les services. Au-delà des explications de nature macro-économique (spécialisation géographique, niveau de gamme, coût du travail), il y aurait surtout une incapacité générale à exporter, de nature micro-économique, largement liée au manque d'entreprises de taille moyenne en France.

2) L'articulation entre besoin de financement, déficit extérieur et dette

Le schéma suivant résume l'articulation entre le besoin de financement de la nation vu au Chapitre 10, le déficit courant vu plus haut, et la dette analysée au Chapitre 12. Le déficit courant français résulte certes d'un problème de compétitivité, mais est aussi le résultat d'un déficit d'épargne sur l'investissement des agents, qui entraîne un besoin de financement national. Un déficit extérieur est donc le signe que le pays vit au-dessus de ses moyens, ne disposant pas de l'épargne nécessaire pour financer ses investissements. Les déficits extérieurs peuvent être résorbés en piochant dans une cagnotte constituée préalablement, en vendant des actifs à l'étranger, ou en s'endettant. Dans le cas de la France, la cagnotte a été consommée dans les années 2000, du fait de l'enchaînement des déficits, il faut maintenant s'endetter, en net pour la France à hauteur de 200 milliards, comme indiqué dans la position extérieure proposée annuellement par la Banque de France comme la balance des paiements.

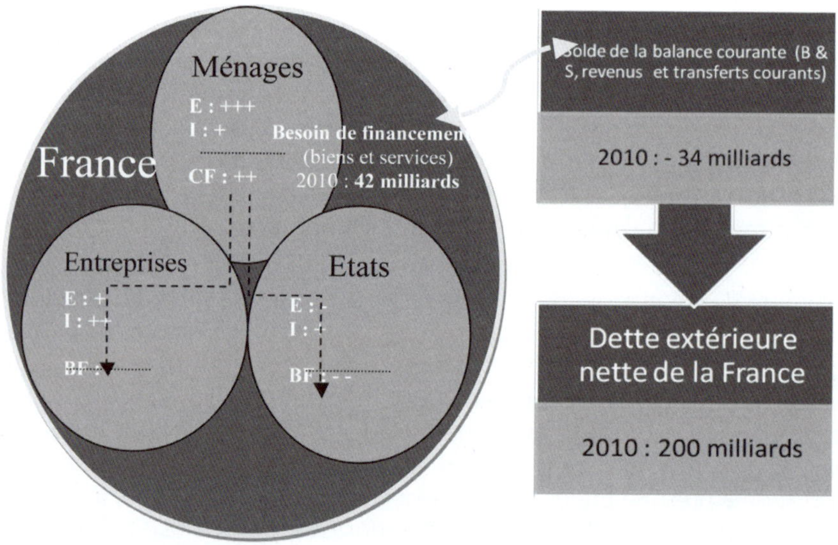

C – L'attractivité

L'attractivité renvoie à la capacité d'un pays à attirer les investisseurs étrangers, décrite dans le compte financier de la balance des paiements. Ce compte regroupe les échanges d'actifs entre la France et l'extérieur qui, par construction, équilibrent le solde des transactions courantes (avec les erreurs et les omissions). Ce solde est positif pour 18 milliards d'euros en 2010, les entrées au titre des investissements de portefeuille (court terme) compensant les sorties au titre des crédits inter-entreprises (autres investissements) et surtout au titre des investissements directs à l'étranger. De fait, depuis de nombreuses années maintenant, les entreprises françaises investissent davantage à l'étranger que les entreprises étrangères n'investissent en France. C'est évidemment bon pour ces entreprises et leurs actionnaires, sans doute moins bon pour la France et ses emplois, sauf à ce que ce soit le socle d'une ré-industrialisation comme en Allemagne.

Il n'en reste pas moins que la France accueille des investissements directs étrangers, de plus en plus : les projets d'investissement étaient de 782 en 2010, après les 640 de 2008 et 2009. Les emplois créés ou sauvegardés par ces projets s'élèvent à plus de 30 000, en baisse toutefois depuis deux ans : cela signifie que la taille des projets diminue, étant de moins en moins orientés main d'œuvre, mettant l'accent sur les activités intensives en technologie et en valeur ajoutée (centre de recherche, quartiers généraux...). La réforme de la taxe professionnelle et le triplement du crédit d'impôt recherche participe à ce mouvement. Au-delà, les investisseurs soulignent d'abord la situation géographique de la France au cœur d'un marché de 500 millions de consommateurs, la productivité parmi les plus élevées au monde, la qualité des ingénieurs et des infrastructures, ou encore la multiplicité des sources d'énergie, plus propres et moins chères que dans d'autres pays européens.

3 Compétitivité, attractivité et taux de change

La valeur externe de la monnaie est un élément important de compétitivité et d'attractivité d'une économie. Même si elles n'expliquent pas tout, les variations de l'euro influencent les résultats externes de l'économie française.

A – Le taux de change, cadre d'analyse

Le *taux de change* désigne le prix d'une monnaie exprimé dans une autre monnaie. Son niveau est une convention et n'a aucune signification quant à la force d'une monnaie. Une monnaie forte est une monnaie en laquelle les gens ont confiance. Placer son argent dans cette monnaie apparaît comme un placement sans risque. Une monnaie forte attire donc les placements, en particulier quand l'environnement international est perturbé. C'est d'une certaine façon le cas de l'euro.

Une monnaie peut être cotée au certain ou à l'incertain. Une cotation à l'***incertain*** consiste à mesurer le nombre d'unités monétaires nationales nécessaires pour acheter une unité monétaire étrangère. Une cotation au ***certain*** mesure le nombre de devises que l'on peut acheter avec une unité monétaire locale : c'est ainsi qu'est coté l'euro, puisque l'on mesure le nombre d'unités étrangères que l'on peut acquérir avec un euro (exemple : 1 euro = 1,3 dollar). Quand une monnaie est cotée au certain, l'évolution de la valeur de la monnaie se lit directement suivant les variations du taux de change. Par exemple, quand le taux de change augmente (de 1,3 à 1,4 dollar pour 1 euro), cela signifie que l'on peut acheter plus de dollars avec un euro : l'euro monte, on dit qu'il s'apprécie. À l'inverse, si le taux baisse, l'euro perd de la valeur, il se déprécie.

Les variations de la valeur externe d'une monnaie ont des effets directs sur la compétitivité de l'économie.

Exemple

Supposons que l'on exporte aux États-Unis un produit qui vaut 100 € et que l'on importe des États-Unis un produit qui vaut 100 $ (voir schéma). Début 1999, le taux de change était de 1,15 $ pour 1 €. Le produit français était donc vendu 115 $ aux États-Unis et le produit américain 87 € en France. Quelques mois plus tard, le taux de change était de 1 $ pour 1 € (l'euro s'est déprécié). Cela n'a a priori pas changé le prix des produits en monnaie locale en France ou aux États-Unis. Mais du fait de la conversion, le produit français vaut maintenant 100 $ aux États-Unis, alors que le produit américain vaut 100 € en France. Le prix du produit français vendu aux États-Unis a baissé, le prix du produit américain vendu en France a augmenté.

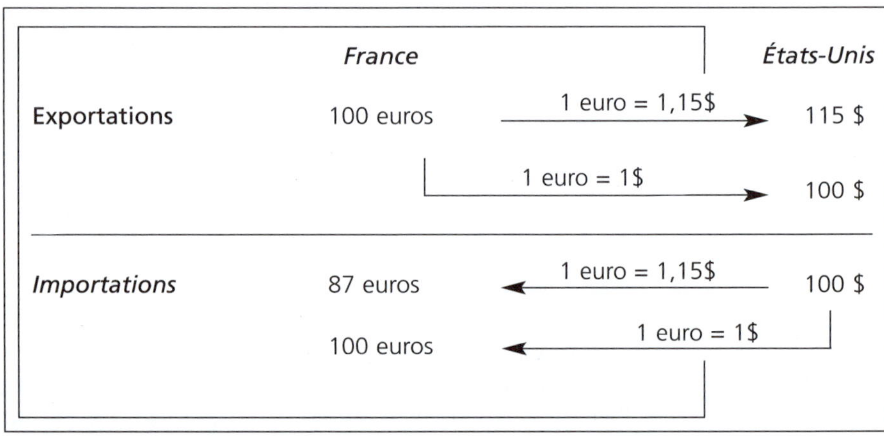

Ainsi, une dépréciation (appréciation) de la monnaie locale diminue (augmente) le prix en devises des produits que l'on exporte et augmente (diminue) le prix en monnaie locale des produits que l'on importe. Elle améliore donc la compétitivité prix de nos produits à l'exportation. Cependant, la dévaluation est source d'inflation. Et l'inflation est un élément qui pénalise la compétitivité prix des pays.

Pour cela, l'évolution de la ***compétitivité prix*** d'un pays vis-à-vis d'un autre pays doit être mesurée en tenant compte de l'évolution de la valeur externe de la monnaie et de l'inflation. C'est le ***taux de change réel*** (TCR). Lorsque l'on tient compte des monnaies de tous les pays avec lesquels on commerce, en pondérant par le poids de ces pays dans nos échanges, on obtient un indicateur global de compétitivité prix, le ***taux de change effectif réel*** (TCER).

B – Application : la compétitivité prix de la zone euro

Le graphique ci-dessous présente depuis 1999 l'évolution de l'euro vis-à-vis du dollar et de la livre sterling d'une part, du taux de change effectif nominal et réel de l'euro d'autre part. On retrouve les tendances connues de l'évolution de l'euro : dépréciation vis-à-vis du dollar dans un premier temps, forte appréciation ensuite. Vis-à-vis de la livre, la dépréciation est plus légère dans un premier temps, l'appréciation est plus tardive, mais relativement brutale.

Ces évolutions influencent les indicateurs de compétitivité prix de la zone euro. Sur la dernière période, l'appréciation nominale est plus marquée que l'appréciation réelle, ce qui traduit la maîtrise de l'inflation dans la zone euro. Mais il reste que la dégradation de la compétitivité prix est de l'ordre de 20 % depuis 1999, de près de 40 % depuis le début 2000. Si cette tendance à l'appréciation de l'euro est une bonne nouvelle pour le consommateur, qui paye moins cher les produits d'importation, ou qui subit moins l'augmentation des prix des matières premières ou de l'énergie, c'est incontestablement un facteur qui pèse sur la compétitivité européenne, et qui incite les entreprises à localiser ailleurs leur production, lorsqu'elle souhaite conquérir les marchés étrangers.

Source : Statistique de la Banque centrale européenne. Le TCEN et le TCER mesurent l'évolution moyenne de la compétitivité de la zone euro 15 vis-à-vis des 12 pays avec lesquels elle échange le plus. Le déflateur retenu pour le calcul du TCER est l'indice des prix à la consommation.

Dans ces conditions, une baisse de l'euro est-elle souhaitable ? Il convient tout d'abord d'être prudent sur les inconvénients de l'appréciation, pour deux raisons principales :

– les écarts de coûts de production entre la zone euro et les pays émergents sont si importants qu'une dépréciation modérée de l'euro ne modifierait peut-être pas beaucoup les échanges commerciaux ou l'ampleur des délocalisations (plus généralement des transferts de capacités de production). Par ailleurs, si celles-ci sont irréversibles, c'est-à-dire s'il ne peut pas y avoir substitution de la production domestique aux importations, une dépréciation de l'euro n'aboutirait qu'à une hausse des prix des importations, pas à une baisse du volume des importations ;

– beaucoup de pays de la zone euro ont certes connu une dégradation de leur balance commerciale mais surtout vis-à-vis des autres pays de la zone euro, pas du reste du monde. C'est en particulier le cas de la France, de l'Italie ou de l'Espagne vis-à-vis de l'Allemagne. Cette dégradation n'a donc pas de rapport avec la parité de change mais résulte de facteurs structurels, liés au positionnement de l'industrie.

De fait, certains pays ou secteurs souffrent davantage de l'appréciation de l'euro que d'autres. C'est en particulier le cas de la France, parce que ses secteurs d'exportation y sont peu différenciés, et sont donc davantage exposés aux contraintes de la compétitivité prix. Une baisse de l'euro lui serait donc bénéfique, en attendant l'impérieuse nécessité de montée en gamme et de différenciation productive. Au-delà, la dépréciation pourrait être un bon moyen de lutter contre la déflation qui menace. Un peu d'inflation atténuerait également le poids de la dette qui va vite devenir insoutenable. Il reste aussi que d'autres pays, notamment des émergents, ne se privent pas de l'arme de la dépréciation dans la compétition internationale et que les pays insolvables de la zone euro n'ont guère d'autres choix pour recouvrer l'équilibre.

Pour ces différentes raisons, inconvénients nombreux de la dépréciation d'une part, impérieuse nécessité d'équilibrer les comptes extérieurs des pays périphériques de la zone euro d'autre part, certains proposent une sortie de l'euro… pour les pays du Nord de l'Europe, qui verraient alors leurs monnaies s'apprécier, au bénéfice de tous.

À NOTER • L'euro s'est apprécié ces dernières années, surtout parce que d'autres monnaies se sont dépréciées dans le cadre de stratégies non coopératives. La fin du cycle d'appréciation passe donc avant tout par une volonté politique affirmée et imposée de mettre fin à ce mouvement. Il reste que cette appréciation n'est pas sans avantages, même si elle pose plus de difficultés aux pays qui, comme la France, sont plus sensibles à la compétitivité-prix prix de leurs exportations.

L'Union européenne, la crise des pays périphériques

CHAPITRE 19

1 L'union économique

La construction européenne a marqué l'histoire politique et économique de la deuxième moitié du XXe siècle. Partie de 6 pays en 1958, l'Union économique en compte 27 aujourd'hui, sans doute davantage demain. L'union monétaire, réalisée en 1999, compte, elle, 17 pays à l'heure actuelle.

L'Union européenne (UE) vise en premier lieu à garantir la paix sur le continent. Elle présente aussi certains avantages économiques, en particulier celui de tirer vers le haut les pays en retard de développement. De fait, l'Union économique est la forme la plus aboutie des unions régionales. Les avantages attendus sont les suivants :

– l'Union économique permet d'optimiser l'allocation des ressources. Autrement dit, les facteurs de production (capital et travail) vont se placer là où ils sont le plus efficaces (et donc les plus rentables). On aboutit à une plus forte spécialisation des systèmes productifs au sein de l'espace économique. Cette spécialisation permet la réalisation d'économies d'échelle. Le marché de référence étant au minimum européen, la taille moyenne des entreprises s'accroît en conséquence ;

– l'Union économique facilite le développement des échanges commerciaux entre les pays de la zone. Il s'ensuit une intensification de la concurrence favorable à l'innovation et aux consommateurs. Les prix de vente diminuent parce que les entreprises sont plus puissantes et le marché plus vaste ;

– l'Union économique favorise le développement des pays en retard de développement grâce à la meilleure allocation des ressources et aux actions spécifiques en ce sens (les aides structurelles en provenance du budget européen). C'est la convergence. La stratégie est alors bénéfique pour tous les pays de l'union, directement pour les pays qui rattrapent, indirectement pour les autres pays qui voient leur marché potentiel s'agrandir et s'enrichir.

Aujourd'hui, l'Europe est un nain à l'échelle mondiale en termes de population : avec 500 millions d'habitants, les 27 pays de l'UE se placent devant les États-Unis (300 millions), mais loin derrière les émergents d'Asie, avec la Chine et l'Inde à plus d'un milliard d'habitants chacun. La démographie européenne étant peu dynamique, le poids de l'Europe dans le monde va décroître fortement d'ici à 2050, avec 480 millions d'habitants sur un total de plus de 9 milliards, soit 5 % de la population mondiale seulement.

Le poids économique est nettement plus important : l'Europe pèse 30 % du PIB mondial, 20 % quand on tient compte du coût de la vie. En termes de PIB par tête, l'Europe est loin derrière les États-Unis, au même niveau que le Japon, avec 37 000 $ par habitant en moyenne (10 000 à 20 000 $ pour les nouveaux États membres), sans comparaison avec la Chine ou l'Inde, encore très pauvre en moyenne par habitant. La disparité des revenus y est aussi moins élevée qu'ailleurs, chez les émergents notamment.

L'Europe représente par ailleurs environ 20 % des échanges mondiaux, sans les échanges intra-européens, de la même façon qu'elle recueille 20 % des flux mondiaux d'IDE. Son poids financier est moindre que celui des États-Unis, de même ampleur que celui du Japon.

A – L'Union européenne : élargissements et convergence

L'UE procède par élargissements successifs. Dix pays ont ainsi rejoint l'Union européenne le 1er mai 2004, deux autres leur ont succédé le 1er janvier 2007 : la Bulgarie et la Roumanie. Ce sont les nouveaux États membres (NEM). Le processus d'élargissement est aujourd'hui ralenti, la seule nouvelle adhésion prévue étant celle de la Croatie en 2013.

Les élargissements de 2004 et de 2007 ont été de nature particulière. Pour ne parler que des 10 pays d'Europe de l'Est, ces pays comptent 102 millions d'habitants, soit environ 20 % de la population totale de l'UE-27 pour seulement 6 % du PIB total en valeur. Ce décalage entre les poids démographique et économique souligne le retard important en termes de richesse et de niveau de vie entre l'Est et l'Ouest de l'Europe.

Comme par le passé, l'adhésion a été bénéfique à tous. Dans les NEM, le revenu par habitant s'est rapproché de celui des anciens États membres. Le graphique suivant montre le niveau de revenu réel disponible brut des ménages par habitant en PPA en pourcentage du revenu moyen des pays de l'UE 27 pour l'année 2009, et son évolution en points de pourcentage depuis 2000. La convergence des niveaux de vie des NEM vers la moyenne européenne moyen a été particulièrement rapide au cours de la décennie 2000. Les vitesses de convergence sont cependant différentes entre les pays, selon que le niveau de départ était plus ou moins important. De fait, ce sont les pays les plus pauvres en début de période qui ont connu le rattrapage le plus intense : Roumanie, Bulgarie et États baltes.

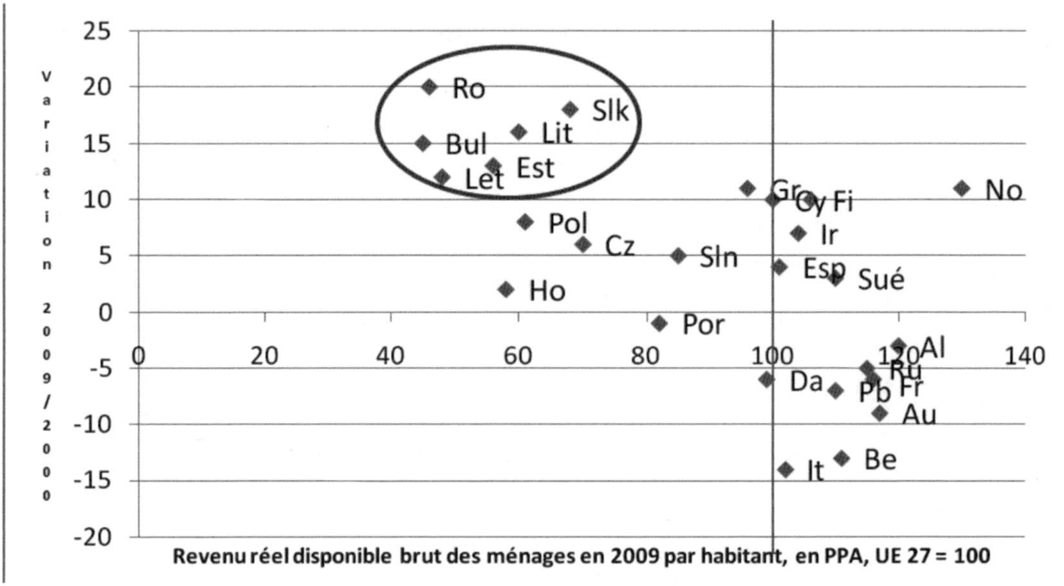

Source : Eurostat.

De même, les exportations des anciens États membres vers les nouveaux ont progressé pour atteindre environ 8 % du total de leurs exportations en 2010, contre 4 ¾ dix ans plus tôt. Les craintes des anciens États membres au sujet d'éventuelles migrations massives de travailleurs ne se sont par ailleurs pas matérialisées.

Ce processus gagnant-gagnant est bien connu, et vérifié : les pays en avance subventionnent (via le budget européen) les pays qui adhèrent, et y investissent pour bénéficier de leurs avantages compétitifs, ce qui élève les niveaux de vie et crée un marché solvable dont bénéficient en retour les pays historiques.

Cette logique de convergence des revenus par habitant observée un temps au niveau des pays de l'Union ne se retrouve cependant pas au niveau des régions : les écarts y sont encore de 1 à 5 contre 1 à 2,5 pour les pays. En fait, la convergence des pays est celle des régions les plus riches : la croissance européenne se réalise principalement dans les grandes agglomérations. Pourtant, plus de 80 % du budget européen est consacré à la réduction des inégalités territoriales, entre régions riches et pauvres (fonds structurels), entre ville et campagne (PAC) et entre anciens et nouveaux membres (aides de pré-adhésion). La question reste posée de savoir si l'Europe doit, à budget constant, surtout aider à la convergence des régions ou mettre davantage l'accent sur les zones où les investissements y sont les plus efficaces, dans les grandes agglomérations.

Il reste que la crise financière a fortement affecté la croissance économique des NEM, enrayant les divers processus de rattrapage en cours. Cela s'explique par le déficit de compétitivité de ces pays : sur la période 2002-2006, le solde courant est déficitaire pour l'ensemble des NEM, plus fortement pour les pays en forte croissance sur la période récente (déficit courant de l'ordre de 15 % du PIB en Estonie, Lettonie ou encore Bulgarie !). La raison principale en est l'évolution de leurs coûts salariaux unitaires, en forte hausse, traduisant le fait que le coût horaire de la main-d'œuvre progresse davantage que la productivité horaire du travail. Un déficit extérieur n'est cependant pas un problème quand il est financé par des IDE productifs, source de stimulation de la croissance potentielle. Tel n'est pas le cas sur la période récente pour les NEM, les investissements directs étant faibles en niveau et orientés vers le financement de l'immobilier. Le financement des déséquilibres courants se fait par des capitaux courts et, de ce fait, la soutenabilité de la croissance n'est pas assurée. Bref, la convergence des années 2000 est ici, comme pour d'autres (voir infra), remise en question.

À NOTER • Dix nouveaux États ont rejoint l'UE en 2004, deux en 2007. Leurs avantages naturels (coût du travail) ou provoqués (fiscalité) leur ont permis d'attirer des entreprises et de rattraper les pays plus en avance. Mais ils sont durement frappés par la crise, parce que les investissements n'arrivent plus, et qu'ils ont pour partie épuisé leurs avantages compétitifs. Il leur faut, aidés par l'Europe, reconstruire un modèle de croissance.

B – Le budget de l'Union européenne

La convergence est pour partie impulsée par les fonds européens. Le budget de 2011 s'élève à 142 milliards d'euros en crédits d'engagement, ce qui représente 1,13 % du revenu national brut de l'UE. Les dépenses en faveur de la croissance durable (principalement l'aide au développement des régions européennes pauvres) s'élèvent à 51 milliards d'euros, celles en faveur de compétitivité européenne à 13,5 milliards. Ce sont les premières qui bénéficient des augmentations les plus fortes, en 2011, au titre du soutien à la croissance. Par ailleurs, un montant de 58,7 milliards d'euros est affecté à la conservation et à la gestion des ressources naturelles de l'Union, notamment dans le cadre de la Politique Agricole Commune, l'accent étant davantage mis sur les préoccupations environnementales. En 2011 toujours, les douze NEM reçoivent la plus grande part des crédits du Fonds de cohésion et des Fonds structurels (52 %).

Les recettes proviennent, elles, largement de la contribution des États membres selon leur revenu national brut (66,5 % des recettes) et la TVA qu'ils perçoivent (13,7 %). Les autres recettes sont pour l'essentiel les droits de douane, pour 11,7 %. Les pays qui contribuent le plus au budget de l'UE sont l'Allemagne pour 21,2 milliards et la France pour 19. La France, qui devrait rester jusqu'en 2013 le premier bénéficiaire des dépenses relatives à la politique agricole commune, est contributeur net au budget de l'UE à hauteur de 16,4 % (100 euros dépensés par l'UE coûte 16 euros à la France). Rapporté au PIB, ce sont les Pays-Bas qui sont le plus gros contributeur net (0,43 % de leur PIB) ;

À NOTER • Le budget européen est nourri par des prélèvements ayant pour base le RNB des pays membres. Il finance encore principalement l'agriculture et les infrastructures des régions en retard de développement. Les nouveaux états-membres bénéficient pour une grande part des crédits, pour enclencher la logique de développement dont d'autres ont bénéficié avant eux.

C – Les chantiers de l'UE

Dans une Union économique, la concurrence a normalement lieu entre les entreprises, au bénéfice de tous. En Europe, elle a encore trop souvent lieu entre les pays, en particulier en termes de stratégie fiscale et de politique d'attractivité des entreprises, de coût du travail et de politique de compétitivité-coût, de politiques de spécialisation productive. Par ailleurs, les pays mènent des politiques de passager clandestin à leur avantage, mais au détriment des pays européens partenaires. Ainsi, quand l'Allemagne a réduit ses coûts du travail (donc les salaires réels), dans une logique d'amélioration de sa compétitivité-coût, et augmenté la TVA, pour financer les dépenses sociales, faisant payer sa protection sociale aussi aux entreprises étrangères présentes sur son territoire, elle a pénalisé ses partenaires commerciaux… principalement européens. L'harmonisation des conditions de la concurrence (le marché unique) est donc à parfaire.

Au-delà de l'harmonisation des conditions fiscales, évoquée plus loin, et du l'inéluctable avancée du fédéralisme, pour faire face à la crise que connaît la zone euro, les chantiers à venir de l'UE sont la constitution d'une véritable Europe sociale, la libéralisation des services, la réforme de la politique agricole commune, l'engagement environnemental et la politique énergétique, et la relance de la stratégie de Lisbonne.

1) La constitution d'une Europe sociale

L'intervention de l'Union européenne en matière sociale fait l'objet d'une attente forte des citoyens européens, alors même que la dimension sociale du projet européen était relativement absente du traité de Rome. Aujourd'hui, l'acquis communautaire en matière sociale est constitué de près de deux cents textes normatifs, dans trois domaines privilégiés :

– *la libre circulation des travailleurs* (voir *infra*) ;

– *le droit du travail* : l'intervention de l'Union européenne dans ce domaine est orientée dans deux directions : les conditions de travail, d'une part, et l'information et la consultation des travailleurs, d'autre part. Au-delà, l'Union a également mis en place un acquis considérable en matière de santé et de sécurité au travail. Elle s'est, par ailleurs, employé à promouvoir la flexisécurité, de manière à permettre aux États membres de mieux répondre aux nouveaux enjeux du marché du travail ;

– *la lutte contre les discriminations* : la législation communautaire s'est d'abord concentrée sur les questions de discrimination fondée sur le sexe, aujourd'hui sur la race ou l'origine ethnique, la religion ou les convictions, le handicap, l'âge ou l'orientation sexuelle. Deux directives ont déjà été adoptées sur ce fondement et une autre est en cours de négociation.

2) La libéralisation des services

La libéralisation du marché intérieur des marchandises (le marché unique) est sur les rails. C'est le socle de la construction économique européenne. Mais l'Union connaît un retard important dans la mise en place d'un véritable marché intérieur des services, qui représentent pourtant plus de 50 % du PIB de l'Union (hors administrations publiques et services sociaux) et 70 % des emplois, mais seulement 20 % des échanges intra-communautaires.

Cela a conduit à l'adoption en 2006 de la directive relative aux services dans le marché intérieur, dite « directive *Bokestein* », transposée en droit national fin 2009. Son objectif est d'éliminer les obstacles à la liberté d'établissement des prestataires de services dans les États membres et à la libre prestation des services entre les États de l'Union. Elle simplifie les conditions d'exercice des activités de services (les régimes d'autorisation seront plus clairs et plus transparents), l'octroi des autorisations sera accéléré, les coûts pour les entreprises réduits. Après de fortes polémiques, le principe de la « reconnaissance mutuelle » ou du « pays de destination » a été retenu, selon lequel le prestataire étranger a obligation de respecter la législation du pays de destination « en matière de protection des consommateurs, de protection de l'environnement ou de droit du travail ».

Les *services d'intérêt général* (SIG) sans intérêt économique, comme l'éducation publique par exemple, ne sont pas concernés par la directive tout comme sont exclus les services financiers, les télécommunications, les services de transport, les soins de santé notamment. En revanche, les *services d'intérêt économique général* (SIEG), tels que l'approvisionnement en eau ou en gaz, les services postaux (ouverts à la concurrence depuis 2011 par exemple) ou encore le traitement des déchets, sont couverts par la nouvelle législation. Il reste sans doute ici à tenir compte des spécificités des SIEG, lesquels doivent permettre de concilier les logiques de marché et l'intérêt général.

3) La politique agricole commune

Créée en 1962, la PAC visait à assurer la sécurité alimentaire de l'Europe qui ne couvrait alors que 80 % de ses besoins. Pour inciter les agriculteurs à produire, deux mécanismes avaient été mis en place : Bruxelles assurait aux producteurs des prix élevés garantissant les investissements réalisés, parallèlement, une protection aux frontières était instituée pour mettre les exploitations à l'abri de la concurrence. Les nouvelles orientations européennes arrêtées en 1999 et précisées en 2003 s'inscrivent dans le cadre des négociations de l'OMC visant à la libéralisation des échanges : les prix garantis sont abaissés, diminuant de fait le recours aux subventions à l'exportation, et les agriculteurs perçoivent dorénavant des aides au revenu, appelées aides directes, qu'ils produisent ou non, qui représentent aujourd'hui 90 % de leurs revenus. Il reste que, du fait du mode de calcul retenu, les aides profitent principalement aux plus grandes structures : en France, par exemple, 20 % des exploitants perçoivent 80 % des aides (un plafonnement à 500 000 € pourrait intervenir en 2013). Le versement de ces subsides est conditionné au respect de normes environnementales. En outre, ces réformes prévoient la mise en place d'une politique en faveur du développement rural, appelée « deuxième pilier » (10 % du budget de la PAC en 2010). Enfin, l'Union a décidé de plafonner les dépenses agricoles jusqu'en 2013.

Il reste que les Vingt-Sept doivent rapidement se mettre d'accord sur les grandes lignes de la nouvelle politique agricole commune (PAC) qui s'appliquera à partir de 2013, dans le contexte de demandes réitérées d'accès au marché européen des grands émergents, de crise alimentaire mondiale, d'une demande toujours plus forte de sécurité alimentaire des consommateurs, de mal-être croissant des agriculteurs en demande de régulations, et d'équilibre budgétaire délicats (l'agriculture française reçoit 10 milliards d'euros d'aides européennes par an, elle sera à partir de 2013, contributrice nette à la PAC).

4) L'engagement environnemental et la politique énergétique

À l'horizon 2020, l'Union européenne s'est engagée à réduire ses émissions de $CO2$ de 20 %, à améliorer son efficacité énergétique de 20 % et à consommer 20 % d'énergies renouvelables. Ce paquet énergie/climat doit maintenant être traduit en actes. Deux axes d'intervention sont retenus, des investissements massifs dans les nouvelles énergies et l'approfondissement du marché des droits à polluer pour les industries énergétiques, manufacturières et de transport (Cf. Chapitre 16). Mais les incertitudes de l'après-Copenhague hypothèquent le fonctionnement de ce marché, critiqué par ailleurs (fraudes multiples).

L'Union européenne doit aussi se soucier de deux autres enjeux clés, à savoir le coût de l'énergie et la sécurité de son approvisionnement. Sur ce second point, l'Europe dispose de puissants opérateurs, mais pas d'une véritable politique de l'énergie. Or, le bouquet énergétique européen à moyen terme aura un impact décisif sur la compétitivité de nos économies, sur notre capacité à tenir nos objectifs environnementaux et sur notre sécurité d'approvisionnement. L'UE doit maintenir un plan d'investissement ambitieux, tant dans les capacités de production que dans les infrastructures. L'énergie est en effet une industrie qui requiert des investissements très lourds, et donc une visibilité à long terme sur ses revenus futurs. Le manque d'indépendance énergétique nous rendant collectivement vulnérables, la relance des projets tels que le gazoduc Nabucco (gazoduc visant à transporter graduellement jusqu'à 31 milliards de m^3 de gaz par an en provenance d'Asie centrale, en passant par la Turquie et le sud-est de l'Europe, dans l'objectif de réduire notre dépendance vis-à-vis du gaz russe) doit être accélérée.

Ceci s'inscrit dans le contexte nouveau de 2011, après la catastrophe nucléaire de Fukushima. L'Allemagne a ainsi décidé unilatéralement l'abandon du nucléaire d'ici 2022, rendant illusoire une éventuelle indépendance énergétique européenne. Elle compte sur un mix énergétique largement réorienté vers les énergies renouvelables, avec en tête de pont le projet

Desertec, un réseau qui connecterait des centrales solaires du Maghreb, Maroc en premier lieu, à l'Europe, l'Allemagne notamment, par des moyens d'interconnections et de câbles sous-marins. L'objectif de Desertec est de répondre, d'ici à 2050, à 15 % de la demande énergétique de l'Union européenne.

À NOTER • Les prochains chantiers de la construction européenne sont l'harmonisation des conditions fiscales, la constitution d'une véritable Europe sociale et d'un marché européen du travail, la libéralisation des services, la nouvelle réforme de la PAC, la révolution environnementale et énergétique. Mais il faut avant cela sauver l'euro.

2 L'union monétaire en crise

Depuis le 1er janvier 2011, 17 pays membres de l'UE-27 appartiennent à la zone euro : la Belgique, l'Allemagne, la Grèce, l'Espagne, la France, l'Irlande, l'Italie, le Luxembourg, les Pays-Bas, l'Autriche, la Slovénie, le Portugal, la Finlande auxquels il faut ajouter Chypre et Malte depuis 2008, la Slovaquie depuis 2009, l'Estonie depuis 2011.

A – Avantages, inconvénients et erreurs d'interprétation du fonctionnement d'une union monétaire

1) Les avantages de l'Union monétaire

Dans le cas de l'euro, les principaux avantages sont les suivants :

– le taux d'intérêt moyen a baissé durant les années 90 en Europe puisqu'il n'y avait plus, en attente de l'euro, de risque de dévaluation des monnaies par rapport au Deutsche mark (voir graphique) ;

Taux d'intérêt à long terme – dix ans - en zone euro

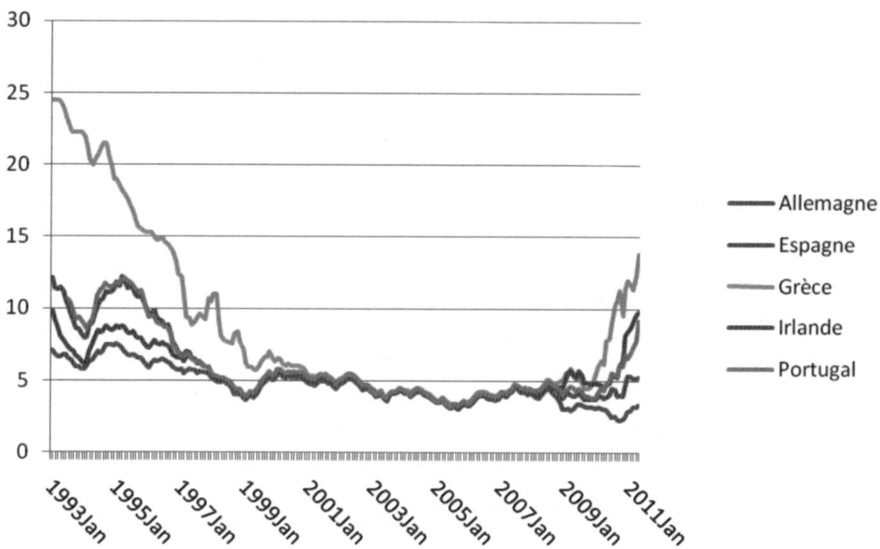

Source : BCE.

– les coûts de transaction liés aux échanges de biens et services et aux relations financières sont réduits par l'adoption de la monnaie unique. Ceci est lié au fait qu'il n'y a plus de risque de change à l'intérieur de la zone euro, et que les prix sont globalement plus stables et plus transparents. Ce même effet joue hors zone, puisque l'euro intervient en 2010 pour 40 à 80 % des facturations hors zone à l'exportation et pour 30 à 70 % des facturations d'importations hors zone. La différence entre les deux s'explique par le fait que le pétrole et les matières premières sont toujours encore largement cotés en dollar ;

– la constitution d'un vaste marché financier à l'échelle européen attire davantage de capitaux internationaux en quête de diversification et offre des possibilités supplémentaires de financement pour les entreprises et les États. De fait, en tant que réserve de valeur, l'émergence de l'euro est très nette : en 2010, le marché des obligations internationales en euros dépasse le marché en dollars.

Au final, les avantages de l'adoption de l'euro sont largement de nature micro-économique, et se traduisent notamment par des baisses de prix pas toujours perceptibles par le consommateur.

2) Les inconvénients d'une zone monétaire, a fortiori d'une zone monétaire inaboutie

Le coût principal est la perte de souveraineté des pays participants en matière de fixation des taux de change et des taux d'intérêt. Avec un seul taux d'intérêt pour toute la zone, il est en effet impossible de combattre l'inflation simultanément dans tous les États-membres, notamment parce que la transmission de la politique monétaire et de change est différente d'un pays à l'autre. Ce coût sera d'autant plus important que les pays seront soumis à des chocs asymétriques (de nature ou ayant un impact différent selon les pays). Auparavant, les variations de change permettaient d'ajuster l'économie au choc, ce n'est plus le cas aujourd'hui.

Au-delà, il y a, en Europe, libre mobilité du capital et dans la zone euro, absence de risque de change : les entreprises peuvent donc allouer de façon optimale l'appareil productif entre les différentes régions. Il est donc normal que certains pays se spécialisent sur des activités à fort gain de productivité, d'autres sur des activités peu sophistiqués. C'est la première erreur de compréhension du fonctionnement d'une zone monétaire, penser que tous les pays peuvent aller vers le haut de gamme, l'excellence. À l'intérieur d'une zone monétaire optimale, cette spécialisation inhérente à la monnaie unique n'aurait pas d'importance, puisque les salariés iraient là où leurs qualifications sont employées, et puisque l'existence d'un budget commun réduirait les écarts entre pays. Mais en Europe, la mobilité du travail entre les pays de la zone euro est faible, comme le montre le maintien de taux de chômage durablement différents, le budget européen est réduit (à peine plus de 1 % du PIB), il n'y a pas de solidarité fiscale (de transferts publics réduisant les différences) entre les pays. La spécialisation productive des régions, compte tenu des caractéristiques de la zone euro, y accroît donc l'hétérogénéité. En cela, la zone euro n'est pas une zone monétaire optimale.

Enfin, une seconde erreur majeure préside à la compréhension du fonctionnement d'une union monétaire, celle de la disparition de la contrainte extérieure. On a longtemps cru que seul l'équilibre extérieur de la zone était requis, faisant fi des déséquilibres des pays. Effectivement, il n'y a pas pression sur la monnaie quand le solde courant de l'Union est à l'équilibre, ce qui est le cas en Europe. Mais les pays déficitaires présentent tout de même, on le sait aujourd'hui, un problème de solvabilité, qui les conduit à s'endetter au-delà du raisonnable. Et cet endettement est d'autant plus aisé que ces pays accèdent à des financements peu chers, bénéficiant de la crédibilité des pays excédentaires.

À NOTER • L'euro a été adopté par dix-sept pays de l'Union. Il a permis à ses membres d'éviter des crises de change importantes pendant la récession. Depuis dix ans, l'euro a été à l'origine de bénéfices micro-économiques importants, favorisant la transparence, l'allocation efficace des ressources et les baisses de prix à l'intérieur de la zone. Mais il interdit les dévaluations compétitives et n'a pu prévenir la divergence des économies. Il n'autorise pas non plus les déséquilibres extérieurs, quand bien même la zone entière est équilibrée.

B – La Zone euro en crise

Ces deux erreurs de compréhension du fonctionnement de la zone euro (divergence productive, effectivité de la contrainte extérieure) se sont traduites par une hétérogénéité accrue qui a nourri les excès d'endettement de certains pays. Les conditions d'une crise européenne étaient donc présentes dès la fin des années 2000, la crise des subprime ayant simplement, mais assurément, joué le rôle de catalyseur.

1) La séquence d'une crise en cours

La crise actuelle est celle des pays dits périphériques de la zone euro, rassemblés dans l'acronyme péjoratif de PIGS (pour Portugal, Irlande, Grèce, Espagne). Mais au-delà, on peut opposer les situations des pays du Nord de celle des pays du Sud de la zone euro.

a) Une zone euro devenue hétérogène

La zone euro est passée d'une situation de convergence des économies à une situation de divergence marquée. En termes conjoncturels par exemple, l'écart de croissance entre les pays s'inscrivait dans une fourchette de 1,6 point en 2000 (Espagne, 5,1 %, Allemagne, 3,5 %), dans une fourchette de 7,1 en 2010 (Allemagne, 3,5 %, Grèce, -3,6 %) ; de même, l'écart-type des taux de croissance a suivi une courbe en cloche inversée (2,5 en 2000, 1,4 en 2007, 2,2 en 2010). Les mêmes évolutions s'observent pour l'inflation ou les taux d'intérêt.

Cette situation de divergence conjoncturelle s'explique par la nature des écarts structurels, entre les PIGS et les autres pays, plus généralement entre les pays du Nord de la zone (Allemagne, Pays-Bas, Belgique, Autriche, Finlande) et les pays du Sud (PIGS + Italie et France) :

– poids plus élevé de l'industrie dans le Nord, spécialisation du Sud dans les services non exportables ;

– handicap de compétitivité-coût du Sud, fiscalité plus favorable à l'emploi et aux entreprises dans le Nord, avec la baisse des charges sociales remplacées par la TVA ;

– déficit extérieur chronique du Sud, excédent au Nord ;

– faible profitabilité des entreprises du Sud, répartition de la valeur ajoutée favorable aux entreprises au nord.

Le graphique suivant illustre cette hétérogénéité à deux égards : la désindustrialisation massive au sud, qui réduit la croissance potentielle, la répartition de la valeur ajouté favorable aux profits (et donc défavorables aux salariés) au nord, qui renforce l'investissement. Bref, une politique orientée vers la demande au Sud, vers l'offre au Nord. Mais c'est bien cette politique de demande du Sud qui a rendu acceptable socialement la politique d'offre du Nord, ce que l'on oublie aujourd'hui.

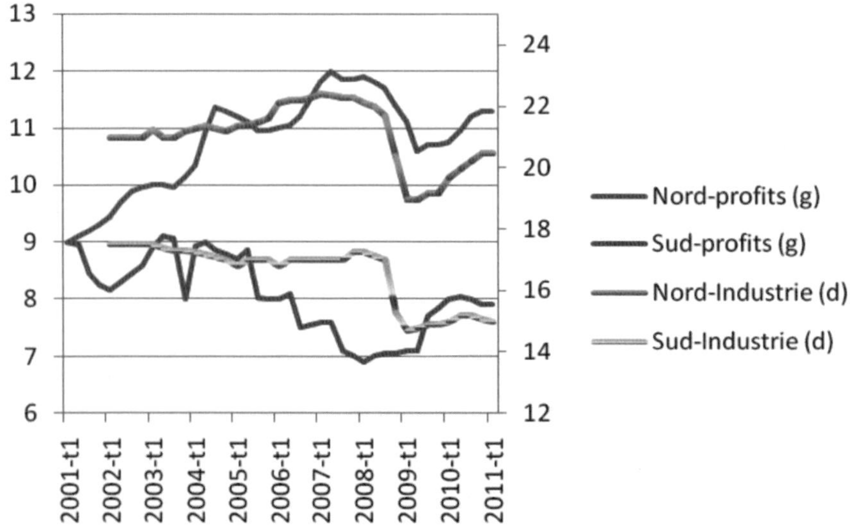

Source : Natixis, EM.

b) Un excès d'endettement privé puis public

La conséquence de cela est bien une paupérisation relative du sud, qui y a répondu par l'endettement, principalement de nature privée. L'origine de l'endettement est la faiblesse de la croissance potentielle qui trouve elle-même sa source dans l'anémie des gains de productivité : la productivité par tête a augmenté de 11 % dans le Nord entre 1999 et 2008 (1,2 % de croissance annuelle, ce qui n'est pas un exploit mondial !), de 6 % seulement dans le Sud ! Quand les pays du Nord s'inscrivaient dans l'économie de la connaissance (dépenses de R & D de 2,65 % du PIB en 2009), ceux du Sud vivaient, en exagérant, du tourisme et de la construction (dépenses des R & D de 1,65 %).

Mais ces secteurs ne suffisent pas à augmenter les revenus de façon significative, il a donc fallu s'endetter. Alors que l'endettement privé (ménages et entreprises surtout) représentait 105 % du PIB dans le Sud en 2002, contre 145 % dans le Nord, les courbes se croisent et s'inversent en 2007, à 140 % du PIB ! La dette publique est, elle, stabilisée au Nord comme au Sud sur la décennie 2000 à 65 et 75 % du PIB respectivement.

Les germes de la crise étaient donc présents dès avant la crise, elle n'a fait que les activer.

c) Une crise qui s'inscrit dans la durée

La crise de la dette trouve sa source dans les difficultés de la Grèce à réduire son déficit public, et la découverte d'artifices statistiques pour en réduire le montant, ce qui met en alerte les créanciers sur sa capacité à rembourser. Ainsi, dès la fin 2009, les premières estimations du budget grec font apparaître un déficit de 12,7 % du PIB, le double de ce qui était initialement annoncé. Après plusieurs ajustements et annonces de mesures d'austérité, début 2010, il apparaît que ce pays s'inscrit dans une spirale mortifère : les tentatives de résorption des déficits, qui réduisent par ailleurs la demande globale, se heurtent surtout à la hausse des spread (écarts) de taux d'intérêt, qui renchérit la charge de la dette, et empêche donc de recouvrer l'équilibre. Le même mécanisme est à l'œuvre actuellement ailleurs, par exemple au Portugal, qui se voit réclamer des taux record de 10,4 % pour ses obligations d'État au printemps 2011. Il pourrait, si la contagion gagne, concerner la France, pour laquelle un point de taux d'intérêt supplémentaire coûterait 15 milliards aux finances publiques ! Le graphique plus haut qui présente la convergence des taux montre de la même façon leur nette divergence depuis le déclenchement de la crise. Bref, les économies budgétaires partent en charges d'intérêt supplémentaires, qui trouve leurs fondements dans la situation qu'elles créent !

La hausse de spread d'intérêts et la dégradation de la note des emprunts d'État grec ont aussi été alimentées par les atermoiements des États européens du début 2010, selon la logique « ils en ont bien profité, à eux de faire des efforts ». Ce n'est que le 15 mars 2010, presque deux mois après le déclenchement de la crise, et alors que la BCE réactive son mécanisme de quantitative easing à l'œuvre début 2009 (v. chapitre suivant), que les ministres des Finances de la zone euro se mettent d'accord sur un mécanisme d'aide à la Grèce, tout en restant muets sur les détails... Il faudra attendre le 7 mai pour que le Conseil européen valide le plan d'aide à la Grèce de 110 milliards de prêts sur 3 ans. Quelques jours plus tard, l'UE en coopération avec le FMI se dote d'un Fonds Européen de Stabilité Financière (FESV) de 750 milliards d'euros (la Commission européenne est autorisée à emprunter 60 milliards d'euros, 440 milliards sont apportés par les États membres et 250 milliards par le FMI). L'objectif est clairement d'empêcher la contagion de la crise grecque au Portugal et surtout à l'Espagne, dont les notes sont dégradées.

En septembre 2010, c'est l'Irlande qui inquiète à nouveau en révélant que les fonds nécessaires pour sauver ses banques en difficulté pourraient atteindre jusqu'à 50 milliards d'euros. En conséquence, le déficit prévisionnel est annoncé à 32 % du PIB ! Les coûts d'emprunt à dix ans de l'Irlande atteignent à la suite des plus hauts historiques, la contraignant à demander fin novembre le soutien financier du mécanisme européen de sauvetage conjoint de l'UE et du FMI.

En mars 2011, les gouvernements européens donnent un cadre pérenne à la gestion de crise. Les principaux points de cet accord concernent d'une part l'augmentation de la capacité effective de financement du FESF à 440 Mds € et de son successeur le Mécanisme de Stabilité Européen (MSE) à 500 Md € à partir de 2013 et d'autre part la possibilité pour ces fonds d'acheter des titres d'États sur le marché primaire (quand ils sont émis). En revanche, ils ne pourront pas intervenir sur le marché secondaire et l'achat de titres sera conditionnel à des engagements des pays concernés. Outre ces décisions sur le FESF, les conditions d'aide à la Grèce ont été sensiblement améliorées avec une baisse de 1 point du taux d'intérêt payé sur les prêts qui lui ont été consentis et un allongement de la maturité de 4 ans à 7,5 ans (pour le prêt). En revanche, aucune renégociation n'a pu aboutir avec l'Irlande qui n'a pas accepté les conditions posées par l'Europe pour abaisser le taux prêteur, en particulier l'augmentation du taux d'imposition sur les sociétés (12,5 %).

Un nouveau plan de soutien européen est décidé, pour essayer d'éteindre l'incendie grec, en juillet 2011. L'Europe devrait adresser 109 milliards d'euros de nouveaux prêts à la Grèce, à des conditions plus avantageuses (taux de 3,5 %, contre 5 % auparavant). Les conditions du premier prêt, versé en mai 2010 donc, seront également revues. Le FESF sera également doté de nouvelles prérogatives, avec notamment la capacité nouvelle d'acheter de la dette publique sur les marchés, pour en faire un fonds monétaire européen, en quelques sortes. Le secteur privé est également mis à contribution, à hauteur de 50 milliards d'euros environ d'ici à 2014. Sur ce dernier montant, 12 milliards d'euros consisteront en un rachat de dette sur le marché avec décote ou allongement d'échéance (cette dernière disposition est connue sous le nom d' « initiative de vienne »). Par ailleurs, 37 milliards d'euros viendront d'une contribution volontaire des banques créancières, sous la forme d'une baisse des taux d'intérêt pour les futurs emprunts (4,5 % sur trente ans, contre jusqu'à 10 % aujourd'hui).

Ces mesures, qui consistent encore à donner du temps au temps, auront un impact significatif sur les banques allemandes et françaises, qui détiennent 70 % de la dette grecque contractée à l'étranger. Le risque serait un nouveau déclassement de la note de la Grèce, la contagion de ce déclassement aux autres pays endettés, et la mise en difficulté des banques grecques, elles-mêmes créancières de l'État. Le défaut grec n'est donc pas à exclure, sous forme de « hair-cut » par exemple (défaut partiel), qui consiste à ne rembourser qu'une partie des créances. Les gagnants seraient alors ceux qui se sont assurés contre le défaut de la dette, ceux qui ont souscrit les « Credit Default Swaps » (CDS). Le risque du défaut est clairement l'incapacité pour le pays à se refinancer par la suite, et la contagion aux autres pays, via la dégradation des notes de leurs emprunts d'État par les agences.

Sinon, il faudra envisager une sortie de la zone euro. Cela permettrait une dévaluation massive de la monnaie redevenue nationale. Mais la dévaluation n'est efficace que s'il existe une base de produits exportables ; elle est inopérante, mieux, contre-productive, quand la désindustrialisation est telle que sa seule conséquence est de renchérir les importations devenues incontournables. Pour les pays dynamiques de la zone euro, il faudra de toute façon payer : par le soutien à ces économies s'ils restent dans la zone euro, par la chute de leurs exportations vers ces pays s'ils en sortent.

À NOTER • Au printemps 2011, c'est l'existence même de la zone euro qui est questionnée. L'effet domino de la crise grecque doit absolument être évité, pour ne pas atteindre l'Espagne d'abord, l'Italie et la France ensuite. Pour cela, les États proposent un renouvellement des prêts à la Grèce, avec une contribution des créanciers privés, et une conditionnalité forte. Les autres options sont le défaut de dette, ou la sortie de la zone, sans que l'on en connaisse précisément les effets.

2) Les réponses pérennes à la crise

a) Les mesures contraignantes pour réduire l'hétérogénéité

Dans le cadre d'un nouveau « Pacte pour l'euro », les États européens prévoient de durcir la gouvernance économique des pays en crise à travers plusieurs axes : la réduction rapide des déficits publics, une règle d'évolution des salaires au plus égale aux gains de productivité, pour arrêter la divergence des coûts salariaux, des réformes structurelles (marché du travail, viabilité du régime des retraites…), une surveillance accrue du niveau d'endettement public et privé enfin. L'idée est d'organiser le rétablissement de la compétitivité-coût de ces pays hors des dévaluations de la monnaie supposées impraticables.

Concernant les finances publiques, il est toujours prévu que les États réduisent de 5 % par an leur dette publique lorsque celle-ci dépasse les 60 % du critère de Maastricht. Des sanctions sont envisagées comme précédemment si le pacte n'est pas respecté, mais en inversant la logique d'application (il faut une majorité qualifiée pour s'opposer à la mise en œuvre des sanctions).

Ce type de politique est sans doute utile à long terme, il a l'heur de plaire aux opinions publiques des pays contributeurs, qui ne souhaitent pas que la charge de l'ajustement leur incombe tout ou partie. Mais il reste que ces efforts sont socialement douloureux, et finalement peu naturel, la spécialisation étant, nous l'avons dit, inhérente à la monnaie commune.

b) La mobilité des travailleurs

En attendant que ces mesures produisent leurs éventuels effets, il faudrait que l'ajustement s'opère par la mobilité du travail, comme cela se fait dans un pays à zones de croissance différentes.

La mobilité des travailleurs était l'une des priorités stratégiques définies dans le cadre de l'agenda de Lisbonne (2000). Dix ans plus tard, l'échec est patent : la mobilité géographique au sein de l'Union Européenne reste marginale puisque seuls 2,3 % des citoyens européens vivent actuellement dans un pays de l'UE 27 autre que leur pays d'origine (voir tableau).

Flux d'immigration vers les pays de la zone euro, 2008

Du pays vers zone euro		Autriche	24 815
Allemagne	82 368	Pays-Bas	20 843
France	43 135	Belgique	16 813
Italie	41 096	Grèce	13 186
Espagne	27 588	Irlande	5 328
Portugal	25 014	Finlande	3 926

Source : Eurostat.

Les avancées communautaires en matière de mobilité sont pourtant nombreuses :

– l'UE a instauré des règles communes pour protéger les droits de sécurité sociale de ses ressortissants, de sorte qu'aujourd'hui, de nombreux autres avantages en termes de sécurité sociale (parmi lesquels les soins de santé, les indemnisations chômage, les allocations familiales, les retraites...) sont couverts par les règles de l'UE. D'autres sujets ne sont toutefois pas encore couverts par la législation communautaire actuelle, tels la portabilité des droits à pension complémentaire auprès des régimes de retraites d'entreprises du pays d'accueil ;

– l'action communautaire s'est également beaucoup portée sur la reconnaissance des diplômes et des qualifications professionnelles au niveau européen. Le système LMD pour l'enseignement supérieur participe de cette logique. Au-delà, l'incitation à la mobilité étudiante et à l'apprentissage des langues est encouragée via le programme ERASMUS par exemple ;

– enfin, l'agence de l'emploi européenne (EURES) doit mettre en réseau les services nationaux de l'emploi et pallier les obstacles liés au manque d'informations des travailleurs.

En dépit de cela, les enquêtes pointent encore de nombreux obstacles à la mobilité : la langue et, d'une manière générale, les barrières culturelles, le manque d'informations disponibles, les entraves juridiques et administratives, la reconnaissance des diplômes, l'hétérogénéité des systèmes fiscaux et sociaux, le logement (fiscalité, accessibilité, éligibilité au parc locatif social...), le manque d'infrastructures de transports, l'emploi du conjoint. De fait, seulement 17 % des européens envisagent de changer de pays à l'avenir.

La mobilité devrait toutefois s'améliorer dans les prochaines années, les avancées communautaires répondant de facto à certaines des objections émises, les jeunes générations s'inscrivant davantage dans l'idée d'une vie professionnelle ailleurs en Europe.

c) Le fédéralisme

Si la sortie des PIGS de l'euro est inopérante, ou dangereuse, la mobilité et les politiques structurelles longues à produire leurs effets, il reste le fédéralisme, qui atténue les différences, qui accompagne le changement.

Le fédéralisme est en principe exclu dans la zone euro, comme en témoigne le fait que les dispositions visant à l'harmonisation sociale et fiscale ont été évincées du traité de Lisbonne. La crise a cependant permis d'avancer en matière fiscale. De fait, l'harmonisation fiscale apparaît indispensable à la performance des économies et à la cohésion dans l'Union européenne. En effet, bien qu'il s'agisse d'un phénomène mondial, la concurrence fiscale s'est amplement développée à l'intérieur de l'UE durant les deux dernières décennies, notamment du fait qu'un nombre croissant de petits pays adoptent la stratégie du passager clandestin (je baisse mes impôts, donc j'attire davantage d'entreprises ou de ménages fortunés, ce qui augmente *in fine* mes recettes fiscales). Deux axes d'harmonisation sont mis en œuvre :

– pour ce qui est de la taxation des profits des entreprises, l'harmonisation porterait d'abord sur la base (assiette) de l'impôt, ensuite seulement sur le taux d'impôt, avec en particulier le débat sur le taux d'imposition très bas en Irlande (12,5 %) ;

– pour ce qui est de la TVA, les taux "normaux" sont différents d'un pays à l'autre, ce qui favorise la fraude ; on sait de plus qu'une hausse de la TVA est équivalente à une dévaluation puisque les importations sont taxées mais pas les exportations, et est donc non coopérative (la TVA sociale allemande est typiquement une stratégie non coopérative).

Au-delà, les évolutions institutionnelles récentes vont aussi dans le sens d'un fort fédéralisme. L'EFSF-ESM va prêter à long terme à des taux d'intérêt faibles aux pays en difficulté qui en feront la demande (dans le cas de la Grèce, prêts jusqu'en 2021 à 4,2 %). Il s'agit bien de fédéralisme, les pays du Nord payant par élévation de leurs propres taux d'intérêt (effet d'éviction). La conditionnalité des prêts renvoie aussi de facto à un fédéralisme. Mais il reste que prêter, même à des taux faibles, à des pays insolvables ne résout pas le problème. Un véritable fédéralisme ne peut consister qu'en un transfert de revenus, et non des prêts, aussi intéressants soient-ils. Quelle peut être l'acceptabilité sociale de ce type de proposition ? Il est évident que personne n'acceptera de payer pour les dépenses courantes des pays. La seule possibilité est de financer des dépenses pour lesquelles il pourra y avoir retour sur investissements, au bénéfice de tous. À ce titre, les pays excédentaires pourraient financer des dépenses d'éducation, de recherche, d'infrastructures publiques utiles, de production d'énergie dans les pays déficitaires dont bénéficiera l'Europe toute entière plus tard.

À NOTER • Les PIGS, certains d'entre eux tout du moins, et plus généralement les pays du Sud de la zone euro, présentent un caractère d'insolvabilité. Leur problème n'est pas un problème de trésorerie, il s'agit d'un problème de déficit externe structurel. Dans ce cadre, il faut qu'ils gagnent en compétitivité, qu'ils retrouvent une base productive efficace. Mais tous les pays de la zone euro peuvent-ils, ou doivent-ils, être excédentaires ? À défaut, ou en attendant, seul le fédéralisme sauvera la zone. La question est alors de savoir s'il doit dire son nom, dans le cadre d'une ambition productive, ou avancer masqué, comme actuellement.

PARTIE 5
La crise économique

La crise, fondements et déroulement

CHAPITRE 20

1 Les causes de la crise, trois niveaux d'analyse

La crise financière globalisée est le résultat d'un triple éclatement, au niveau micro-économique financier, macro-économique financier, macro-économique réel. Ces éléments ont été largement développés dans les chapitres précédents.

A – Le cadre micro-économique financier, subprimes *et titrisation*

Techniquement, la crise trouve son origine en 1999, quand Freddy Mac et Fanny Mae, les deux institutions bénéficiant d'une garantie « morale » de l'État américain sur les prêts hypothécaires, commencèrent à financer des prêts dits « ***subprimes*** » : des prêts hypothécaires accordés à des familles défavorisées et ne remplissant pas les critères usuels en matière de risque crédit. Au début des années 2000, l'octroi de crédits hypothécaires de basse qualité démarrait à un rythme soutenu : de 150 milliards de dollar de crédits *subprimes* octroyés aux États-Unis (soit environ 6 % du total des prêts hypothécaires octroyés), on passe à 640 milliards en 2004 (24 % du total) pour atteindre en 2007 un stock de prêts *subprimes* de 1 300 milliards de dollars, soit environ 14 % de la valeur du parc immobilier résidentiel américain.

La production à grande échelle de tels crédits s'inscrivait dans un paysage financier profondément modifié depuis le milieu des années 80 et plus encore suite à la bulle internet de 2000-2001. En particulier le cadre de l'intermédiation financière traditionnelle où les banques collectaient de l'épargne à court terme pour accorder des prêts à long terme a volé en éclat : elles accroissent significativement la part des *subprimes* dans leur portefeuille dans les années 2000. Mais ayant octroyé des crédits hypothécaires de faible qualité, elles ne souhaitaient pas garder ceux-ci dans leur bilan, les estimant trop risqués. Elles eurent alors recours au processus de la titrisation pour rediriger ces crédits vers d'autres investisseurs.

La titrisation est une transformation des crédits en titres financiers selon un processus composé de trois opérations (voir Aglietta, *Lettre du CEPII* n° 275 et Chapitre 8) :

– ***pooling*** : une banque d'investissement rachète des crédits à ceux qui les ont émis. Il en résulte un pool de crédits structurés, homogènes ou hétérogènes : MBS (*mortgage-backed securities*), ABS (*asset-backed securities*), CDO (*collateralized debt obligations*)... ;

– ***offloading*** : les crédits mis en pool sont sortis du bilan de la banque d'investissement pour être logés dans des structures spéciales, les « véhicules *ad hoc* » (SPV *special purpose vehicles*), appelés aussi « conduits » ou SIV (*special investment vehicles*). Ces structures sont, en fait, équivalentes à des banques de marché non régulées et non supervisées. En contrepartie des pools de crédits, elles émettent des titres pour les vendre à des investisseurs (fonds spéculatifs, gérants d'actifs pour le compte d'investisseurs...), mais aussi à des banques;

– ***tranching*** : les titres sont émis en tranches hiérarchisées selon un niveau de risque estimé par des agences de notation. Les tranches supérieures ont ainsi pu bénéficier d'un « rating » (une notation) équivalent à un placement sans risque, tout en offrant un rendement nettement supérieur à celui des obligations d'État. En outre, pour prendre le plus de commissions possibles et pour dégager un maximum de profit, les professionnels s'arrangent pour faire de la titrisation empilée (CDO de CDO) qui éloigne de plus en plus les acheteurs de tranches de la source des risques. Ce processus provoque un dépérissement de l'information sur les crédits au fur et à mesure qu'ils deviennent plus complexes et plus opaques. C'est pourquoi les investisseurs sont totalement dépendants des agences de notation, qu'ils financent par ailleurs, ce qui est caractéristique d'une situation de conflit d'intérêt (je note ceux qui me payent). Enfin, certains assureurs (AIG aux États-Unis notamment) proposaient de garantir la valeur des produits titrisés, processus gagnant quand leur valeur augmente, ce qui ne peut qu'arriver sur les produits à rating élevé...

Ces produits de titrisation connurent un succès d'autant plus grand que l'éclatement de la bulle internet et la chute des marchés boursiers survenus entre juin 2000 et mars 2003 eut un impact majeur sur l'allocation d'actifs dans les portefeuilles de nombre d'investisseurs. Ceux-ci, échaudés et fragilisés par leurs pertes sur actions, cherchèrent à tous crins des placements leur promettant un revenu régulier. Ils pouvaient acquérir des titres leur offrant une sécurité équivalente (rating + assurance) à celle des obligations émises par l'État américain mais leur payant 0,3 % (ou plus) supplémentaires par an. Les tranches d'ABS, de MBS et autres CDO se vendirent donc comme des petits pains tout au long de la période 2002-2006. Ce phénomène fut largement anglo-saxon : le montant des actifs titrisés dans l'Hexagone atteignait en effet moins de 30 milliards d'euros en cumul sur le premier trimestre 2008, contre plus de 560 milliards au Royaume-Uni, et près de 7000 milliards aux États-Unis. La réglementation française moins favorable, le modèle de banque universelle, le retard de la plupart des banques françaises en matière de banque d'investissement ou encore la moindre frénésie d'innovation sont autant d'explications.

Les premiers signes de fissure apparurent en 2006 lorsque le nombre de défauts sur les prêts hypothécaires ***subprimes*** augmenta significativement. Le nombre de défauts de remboursements passa ainsi de 885000 en 2005 à 1259118 en 2006, soit une augmentation de 42 %. Ces premières faillites mirent sous pression le cours des titres bancaires mais également réduisirent la liquidité des produits de titrisation ayant comme actifs sous-jacents des crédits hypothécaires aux États-Unis. L'effet de boule de neige se mit alors rapidement en route, d'autant plus que le nombre de défauts sur prêts hypothécaires ne cessait de croître outre-Atlantique, augmentant encore en 2007 de 75 % par rapport à 2006.

B – Le cadre macro-économique financier : politique monétaire accommodante et transferts d'épargne du sud vers le nord

C'est parce que les banques n'étaient pas freinées par une réglementation contracyclique (voir *infra*), quelles ont prêté sans analyser la solidité des emprunteurs (ménages, fonds…) et qu'il a pu y avoir excès de distribution de crédit. Mais ces défaillances de la réglementation n'auraient pas conduit au même résultat s'il n'y avait pas eu excès de création de la liquidité mondiale. Cet excès de liquidité a permis que soit refinancée sans difficulté la distribution rapide du crédit : elle a donc fourni les « munitions » aux bulles, que les défauts de la réglementation rendaient possibles. La liquidité mondiale excessive a deux causes qui se cumulent.

Les politiques monétaires des grands pays de l'OCDE sont extrêmement expansionnistes dans les périodes de crise, mais sont aussi procycliques dans les périodes de croissance, avec des taux d'intérêts des Banques centrales qui ne deviennent pas supérieurs aux taux de croissance même si le crédit prospère rapidement. Ces politiques monétaires accommodantes trouvent leur origine dans les déséquilibres fondamentaux de l'économie réelle depuis une dizaine d'années, avec la nécessité de compenser l'atonie des revenus réels dans les grands pays industrialisés (*cf.* point suivant). *A contrario*, c'est bien le resserrement des conditions monétaires aux États-Unis, qui visait à limiter une demande de crédits devenue excessive, qui est à l'origine du déclenchement de la crise : la politique de hausse des taux de la Réserve fédérale (les taux de la Fed passèrent de 1 % à 5,25 % entre 2004 et 2006), dans un contexte où les prêts étaient majoritairement à taux variables, commença à heurter de plein fouet la capacité de remboursement de ménages à faibles revenus, provoquant les défauts de remboursement en cascade évoqués plus haut.

L'accumulation de réserves de change par les Banques centrales (surtout des pays d'Asie et des pays exportateurs de pétrole) conduisit à une création monétaire équivalente. L'accumulation de réserves de change est très forte dans les périodes de faiblesse du dollar (2002-2007), puisqu'elle résulte de la volonté de stabiliser le taux de change du dollar malgré le déficit extérieur chronique des États-Unis. De fait, ces pays avaient un problème de demande, et non d'offre, ils avaient donc besoin de marchés en expansion autour d'eux. Cela s'est traduit par des excédents extérieurs importants et croissants, et par un transfert d'épargne vers les pays développés. C'est donc en permettant aux émergents (Chine, pays de l'Opep…) d'exporter de l'épargne (et non d'en importer) que la globalisation financière a participé à leur expansion… mais aussi à la crise. Les pays émergents ont épargné (5 000 milliards de dollars environ) sans prendre a priori le risque liés à cette épargne, les placements étant majoritairement effectués en dollars sous forme de dépôts ou de bons du Trésor. Cette épargne a aussi été prêtée à des ménages (et des entreprises) américains ou anglais. En d'autres termes, à l'autre bout de la chaîne, les emprunteurs étaient risqués. Le système globalisé a donc permis d'absorber ce risque de façon quasi-inconsciente, la chaîne de transmission étant assurée par les preneurs de risques (*hedge funds*, banques d'investissement). La crise des *subprimes* a été le déclencheur de la prise de conscience des risques encourus. L'aversion au risque explose, ce qui était possible dans une configuration de risques bas ne l'est plus, et les emprunteurs, en mal de liquidités, se retrouvent asphyxiés et obligés de vendre leurs titres, ce qui se traduit par un désastre financier.

Le graphique suivant montre l'articulation des flux courants et financiers pour la Chine par exemple. Les capitaux privés s'y dirigent, IDE notamment, augmentant la croissance potentielle, stimulant l'investissement et donc la capacité d'exportation, générant des excédants courants de plus en plus importants. Ces gains sont stérilisés via les actifs de réserve, et placés à l'étranger pour nourrir l'endettement à l'origine de la crise.

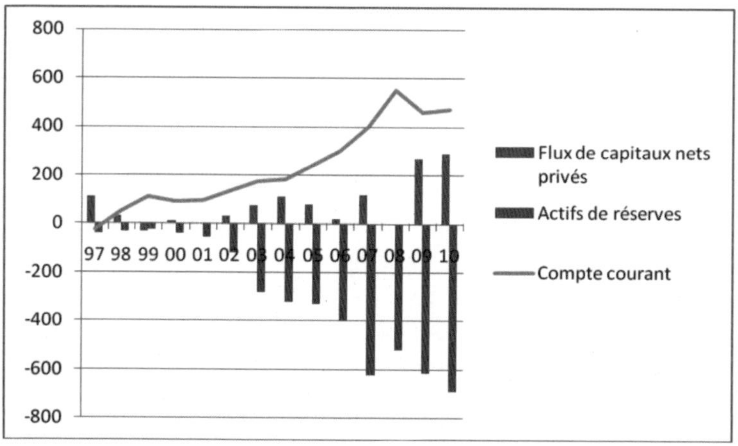

Enfin, que ce soit d'un point de vue micro ou macro-économique, les déséquilibres financiers domestiques et internationaux ont une cause commune, la finance procyclique, qui concerne tous les agents économiques : les banques, qui prêtent trop avec des primes de risque trop basses dans les périodes d'expansion, les emprunteurs, qui acceptent des niveaux d'endettement très élevés dans les périodes de croissance, y compris en devises, les investisseurs, qui accroissent trop et de manière mimétique la part des actifs risqués dans leurs portefeuilles lorsque les prix des actifs augmentent, et enfin les investisseurs internationaux qui prennent du risque de change et du risque souverain lorsque l'aversion pour le risque est basse et qui reviennent vers les monnaies refuge dans les périodes de crise.

C – Le cadre macro-économique réel : déformation du partage de la valeur ajoutée et insuffisance des gains de productivité

Au-delà des considérations financières qui fondent la crise, les racines du mal se trouvent dans le modèle de croissance adopté avant crise par les pays développés. Ce modèle avait des caractéristiques communes et liées assez claires, qui ont été largement décrites dans les chapitres antérieurs :

– ***adoption du capitalisme dit financier***, qui s'est traduit notamment par une déformation dans le partage de la valeur ajoutée au détriment des salaires (dans les pays anglo-saxons surtout, Allemagne et Japon aussi), et par la réduction des investissements productifs (dans la zone euro en dehors de l'Allemagne) ;

– ***conversion aux dogmes du fondamentalisme néolibéral***, dont la mandature Bush fut une parfaite illustration, qui peut se résumer par la formule « greed is good », l'avidité des hommes est bénéfique à l'économie. Cela s'est traduit par l'émergence d'une classe d'hyper-riches dans les sociétés occidentales, née de la collusion entre actionnaires et grands dirigeants d'entreprise dans le cadre de l'adoption du capitalisme financier, permise par l'acceptation sociétale de rémunérations extravagantes (les salaires des footballeurs par exemple), et encouragée par des politiques fiscales visant à atténuer la progressivité de l'impôt, baisse réitérée des tranches marginales de l'impôt sur le revenu pour les catégories aisées par exemple ;

– ***développement considérable des inégalités***, lié au point précédent, mais aussi conséquences de la mondialisation (qui fait pression sur les salaires ouvriers) et de l'accélération technologique (qui réduit le besoin des qualifications moyennes) ;

– ***désindustrialisation*** (aux États-Unis) et ralentissement des gains de productivité (en Europe de l'ouest hors Allemagne), dans un contexte de délocalisation (au sens large) excessive vers les pays à coûts salariaux faibles du fait d'une mondialisation non maîtrisée ;

– ***polarisation du marché du travail***, avec développement des emplois aux deux extrêmes : secteurs sophistiqués aux niveaux de productivité et aux salaires élevés (TIC et autres secteurs technologiques, finance…) d'une part, secteurs peu sophistiqués aux niveaux de productivité et aux salaires faibles (distribution, construction, services aux particuliers, loisirs…), avec disparition progressive des secteurs intermédiaires.

Tout ceci a conduit à la faiblesse des hausses de salaires dans tous les pays à partir du début des années 2000, le soutien de la demande étant alors assuré par la hausse de l'endettement des ménages. L'endettement des entreprises a aussi fortement augmenté avec des causes diverses : faiblesse de l'autofinancement (c'est le cas en France), recherche d'un levier d'endettement plus élevé. La crise est donc fondamentalement une crise de l'endettement comme palliatif à la faiblesse des salaires et de l'autofinancement.

À NOTER • La crise, de nature financière, trouve son origine dans l'éclatement de la bulle constituée autour de produits titrisés adossés aux crédits *subprimes*. La création de liquidité mondiale, dans le cadre de politiques monétaires accommodantes et procycliques, et de transferts d'épargne contre-intuitifs des pays émergents vers le monde anglo-saxon, a nourri cette bulle. Mais fondamentalement, c'est bien dans les déséquilibres de l'économie réelle, qui ont amené à une atonie des salaires, que se trouvent les racines du mal. En cela, cette crise est plus qu'une crise financière.

2 Le déroulement de la crise, les réponses apportées

La crise financière qui couvait depuis la fin 2007 a éclaté à l'automne 2008, à la suite de la faillite de plusieurs établissements financiers aux États-Unis. Elle s'est traduite par un vent de panique sur les places boursières, et une inquiétude quant à la capacité du secteur bancaire à tenir ses engagements. La crise financière s'est ensuite transmise à l'économie réelle par trois canaux principaux. D'abord, la crise financière a entraîné une crise de confiance qui touche l'ensemble des agents économiques : les banques hésitent à se prêter entre elles, tandis que les ménages, par crainte du chômage, accroissent leur épargne de précaution. Ensuite, l'accès au crédit est devenu plus coûteux et difficile : les prêteurs, confrontés à un risque de défaut accru, font payer plus cher les emprunteurs, voire refusent de leur prêter. Restriction de crédit et crise de confiance ont un impact particulièrement négatif sur l'investissement des ménages et des entreprises. Enfin, la baisse de la demande entraîne une contraction du commerce international, propageant la crise à l'ensemble de l'économie mondiale.

Jusqu'au printemps 2009, nul ne sait si elle pourra être contenue, ou si elle se traduira par un effondrement de l'économie mondiale, à l'instar de ce qui s'était passé dans les années 1930. avec les conséquences que l'on connait. De fait, beaucoup dépendait des mesures de réaction publique à cette spirale mortifère. Les réponses à la crise ont été massives, dans une certaine mesure coordonnées, à la hauteur du risque systémique un temps perçu.

La politique monétaire en particulier a joué un rôle prépondérant, en trois temps, au-delà des baisses de taux d'intérêt, ramenés partout à zéro (États-Unis) ou proches de zéro (zone euro) :

– d'abord, lorsque la liquidité a disparu sur le marché interbancaire et que les banques ont été menacées d'une crise de liquidité, les Banques centrales ont fourni de la liquidité aux banques par divers canaux : allongement de la durée des refinancements (BCE), allongement de la liste des actifs pris en collatéral (BCE et surtout Réserve fédérale), passage à des refinancements à taux fixe (BCE)... Les États ont également apporté leur écot, garantissant de façon quasi-illimitée les emprunts interbancaires. Cette politique de création monétaire massive où les Banques centrales se sont substituées au marché interbancaire défaillant a permis de rétablir la liquidité bancaire et d'assouplir les conditions du crédit. C'est le rôle traditionnel de prêteur en dernier ressort des Banques centrales ;

– dans un second temps, les Banques centrales ont aussi joué le rôle d'acheteurs d'actifs en dernier ressort. La politique monétaire non conventionnelle mise en œuvre par les différentes banques centrales est manifeste sur le graphique suivant, soit par achat d'actifs pour refinancer les banques -quantitative easing indirect, par exemple Mortgage-Backed securities (valeurs immobilières titrisées et adossées à une hypothèque) aux Etats-Unis, ou covered bond (obligations émises par les banques adossées à des créances hypothécaires ou bien des créances du secteur public) dans la zone euro, soit par achat de titres publics - quantitative easing direct, par exemple Treasuries aux États-Unis, ou obligations d'États en Europe. On observe en particulier les deux phases de quantititive easing aux États-Unis (QE1 en mars 2009 et QE2 en octobre 2010), et le soutien de la BCE aux PIGS en Europe (au printemps et à l'automne 2010). On voit également que les sommes en jeu sont sans commune mesure en Europe et aux États-Unis, dans un rapport de presque un à dix.

Actifs détenus par les banques centrales américaine, européenne et britannique, en monnaie locale

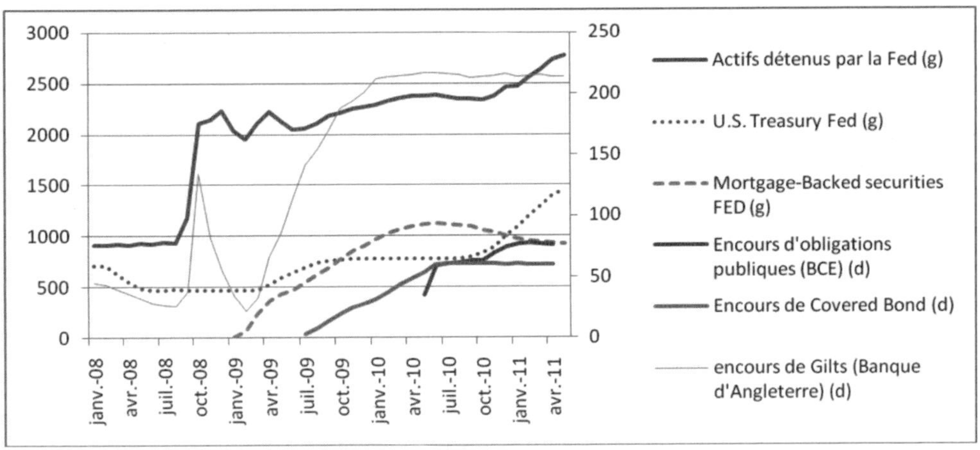

Source : Natixis, flash economie, 19 mai 2011.

Cette politique monétaire a été accompagnée de mesures exceptionnelles de recapitalisation des banques (700 milliards de $ aux Etats-Unis, 40 milliards d'euros en France par exemple). Ces injections de capital permettent aux banques de respecter leurs exigences de fonds propres malgré les pertes subies sur les actifs. Les États ont été contraints d'apporter ce capital pour éviter les faillites bancaires, à un moment où les banques ne pouvaient pas lever de capital sur les marchés. Aujourd'hui, les banques ont remboursé les États, parce que les intérêts à payer étaient élevés.

Ces réponses appropriées de la politique monétaire sont, avec le renoncement – encore à confirmer – à la tentation protectionniste, le point de différenciation du traitement de cette crise par rapport à celle de 1929, qui présente le même point de départ, l'excès d'endettement du secteur privé. La politique monétaire de 1930 et 1931 était en effet fortement restrictive, avec des taux d'intérêt réels très élevés et un effondrement de la masse monétaire, tout le contraire d'aujourd'hui. En cela, les autorités politiques et monétaires ont parfaitement tiré les enseignements de la crise de 1929.

Il fallait dans le même temps, soutenir l'activité pour éviter d'entrer dans la déflation, baisse simultanée et auto-entretenue de la croissance et des prix. C'est le rôle de la politique budgétaire, et des plans de relance adoptés partout dans le monde.

Les États-Unis, la Chine, le Japon ou les pays européens ont ainsi dégainé des plans de relance impressionnants, d'un montant total déclaré de plus de 2 800 milliards de dollars sur deux ans. La dépense supplémentaire décidée par les principaux pays pour 2009 et 2010 représente 5 % du produit intérieur brut (PIB) mondial. Dans ces programmes, on trouve des mesures sur la fiscalité, l'appui aux industries et aux entreprises, les travaux d'infrastructures, les projets d'équipements, ou des soutiens directs à la consommation ou aux ménages. Une partie de ces mesures vise donc à stimuler la demande à court terme, l'autre à promouvoir l'offre à moyen terme, tout en fournissant des débouchés immédiats aux entreprises. Le plan américain par exemple, de 787 milliards de dollars (565 milliards d'euros) décidé en février 2009, consiste en un tiers de baisses d'impôts et deux tiers d'investissements.

Il reste que l'endettement public a cru dans des proportions considérables, se substituant pour partie à l'endettement privé, provoquant la crise déjà décrite en Europe, et des incertitudes sur la capacité des Etats-Unis à rembourser (voir chapitre suivant). En Europe en particulier, la question des stratégies de sortie (exit strategies), en douceur ou brutale, a été tranchée par la crise des pays périphériques, et la défiance généralisée des marchés vis-à-vis des dettes publiques de la zone euro. L'heure est à l'ajustement, pour les plus chanceux, à l'austérité pour les autres.

À NOTER • Les réponses massives et relativement coordonnées ont permis d'éviter un scénario à la 1929 : politique monétaire très stimulante non conventionnelle, intervention des États pour garantir la liquidité du marché interbancaire ou recapitaliser les banques, plans de relance d'ampleur inégalée pour soutenir l'activité, monétarisation des dettes qui en découlent par les Banques Centrales.

3 Une récession sans précédent, une reprise en trompe l'œil

L'économie mondiale a traversé la récession la plus profonde et la plus longue qui ait été observée depuis la Seconde Guerre mondiale. La récession a évidemment frappé tous les pays, mais elle a été plus sévère et plus durable dans les pays développés. Le tableau suivant montre les écarts de PIB par habitant, de PIB et de chômage entre le début 2008 et la fin 2010 dans ces pays.

2008q1 / 2010q4	France	Allemagne	Italie	Japon	USA	R-U	Espagne
PIB/habitant	-3,1	-1,1	-6,8	-4,1	-2,4	-6,1	-8,1
PIB	-1,6	-1,4	-5,2	-4,2	-0,2	-4,6	-4,3
Chômage (*en points*)	+2,0	-0,8	+2,1	+1,1	+4,7	+2,7	+11,3

Source : Lettre de l'OFCE, Avril 2011.

L'Allemagne apparaît la plus épargnée, elle a même réussi sur la période à réduire son taux de chômage : les entreprises ont, au cœur de la crise, maintenu l'emploi, au détriment de la productivité, dans le cadre d'un consensus national qui avait préalablement conduit à une baisse massive de la part des salaires dans la valeur ajoutée. Les plus fortes baisses de production s'observent en Espagne, en Italie et au Royaume-Uni. Ces pertes de production ont aussi pour origine des désinvestissements massifs, qui amoindrissent la croissance potentielle.

Chez les émergents en revanche, la plus formidable panique bancaire et financière de l'histoire moderne est déjà oubliée à peine traversée. La croissance s'y est certes infléchie, mais a repris son cours rapidement. Le mécanisme de rattrapage est une force qui résiste à bien des secousses, même une récession dans les pays développés, aussi intense soit-elle. De fait, ces pays s'appuient aujourd'hui sur une croissance potentielle impressionnante, disposant de la main d'œuvre, des financements et de la technologie suffisante pour ne plus dépendre entièrement des économies développées. C'est la ***théorie du découplage***, qui prend acte du caractère relativement autonome de leur croissance économique.

Le découplage a une conséquence mortifère pour les pays développés : les hausses rapides de prix de matières premières alimentaires ou énergétiques, impulsées par la croissance des émergents, créent une inflation importée qui paupérise les populations du Nord dorénavant à croissance de pouvoir d'achat faible ou négative. En un mot, la ***stagflation*** revient (chômage et inflation). Elle sera accentuée si les Banques centrales relèvent leur taux d'intérêt, comme cela se dessine en Europe. Le regain d'activité de 2011 pourrait alors n'être qu'un feu de paille.

À NOTER • Parmi les modèles de sortie de crise dans les pays développés, c'est la thèse du v qui a prévalu, le rebond faisant suite à la récession avant la croissance molle. Les pays émergents ont, eux connu un simple trou d'air, leurs fondamentaux leur permettant une croissance relativement autonome. Les menaces pour demain sont nombreuses, la stagflation (inflation et chômage) dans les pays développés n'étant pas la moindre.

L'après-crise, les perspectives

CHAPITRE 21

1 La crise, corriger les racines du mal

La crise a trois origines identifiées, la finance folle, et les mouvements de capitaux déstabilisants d'abord, l'insuffisance de la croissance potentielle des pays développés, et les déséquilibres extérieurs qui en résultent ensuite, la distorsion du partage de la valeur ajoutée défavorable aux salariés, dans le cadre de la généralisation du capitalisme financier enfin.

A – Réglementer la finance

La crise appelle des réponses en termes de réglementation de la finance internationale, qui n'est pas spontanément appelée à se contracter, en témoignent les besoins de transfert d'épargne des pays exportateurs de pétrole, 300 milliards de dollars d'excédents supplémentaires à recycler avec un baril à 100 dollars par exemple. Il existe un assez grand consensus pour réglementer plus efficacement la finance après la crise autour de quatre axes :

– ***rendre les règles contracycliques***. Pour éviter que l'interaction entre les normes comptables et les règles prudentielles ne soit déstabilisante (procyclique), il est communément admis que le capital réglementaire et les réserves de liquidité doivent être plus élevés dans les périodes d'expansion, que le mark-to-market comptable (la comptabilisation des actifs à leur prix de marché dans le cadre des normes IFRS) doit être lissé dans le cycle ;

– ***généraliser la surveillance prudentielle***. La surveillance prudentielle doit être étendue aux non-banques (Hedge funds, fonds de LBO…) et aux places offshore, afin d'éviter la délocalisation des actifs à risque des banques vers les zones non-réglementées (SIV offshore…) ;

– ***responsabiliser les prêteurs***. La titrisation avait déresponsabilisé les banques, en ce qui concerne l'analyse de la solidité financière des emprunteurs, le risque de défaut étant transféré aux détenteurs des actifs titrisés (ABS…) ; maintenir dans les banques la partie la plus risquée des crédits titrisés générerait donc des incitations favorables ;

– ***réduire la prise de risque***. Le développement excessif des activités très risquées des banques (trading pour compte propre) joue un rôle important dans le développement de la crise ; il paraît raisonnable d'isoler les activités traditionnelles des banques (intermédiation, origination, gestion de la liquidité) des activités les plus risquées.

Les *hedge funds* et les fonds d'investissement devront eux aussi être encadrés par des superviseurs. Au final, chacun s'active, de manière plus ou moins coordonnée, pour remettre dans le sens de la marche la finance internationale. Mais cela est techniquement compliqué, la finance étant immatérielle et technologique, et politiquement difficile, certains pays en ayant fait un avantage compétitif auquel ils ne souhaitent pas renoncer (la city pèse 8,2 % du PIB au Royaume-Uni).

B – Revoir les modèles de croissance

1) L'insuffisance de la croissance potentielle des pays développés, et les déséquilibres extérieurs qui en résultent…

La crise est une crise de la dette qui trouve fondamentalement sa source dans l'insuffisance de croissance des pays développés, qui y ont pallié par endettement, nourri par les réserves des pays émergents et exportateurs de pétrole.

Les problèmes de croissance potentielle sont liés à la spécialisation productive défaillante des pays de l'OCDE, qui ont perdu des pans entiers de production dans un monde caractérisé par des surcapacités manifestes. L'avance technologique de ces pays s'est aussi amoindrie, les pays émergents avançant à marche forcée, donc rapide, vers l'excellence technologique et scientifique.

La conséquence de cela est bien l'explosion des déséquilibres de balance courante dans le monde, en particulier entre les États-Unis et la Chine, ce que montre le graphique suivant :

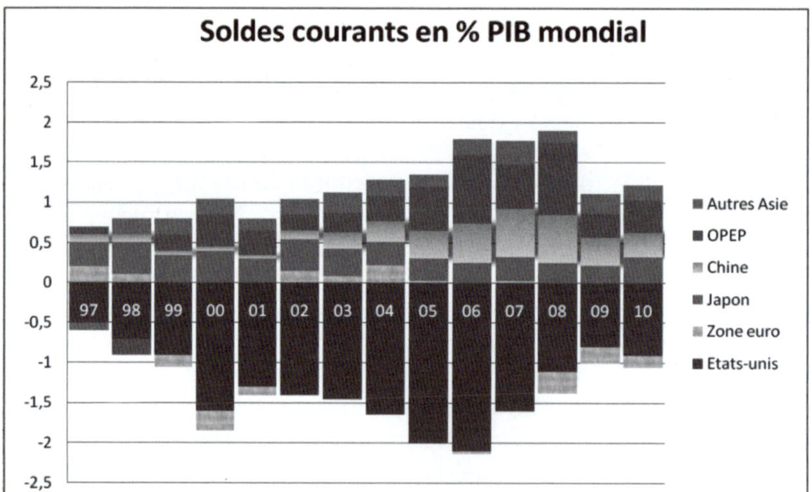

Source : FMI, rapport sur la stabilité financière 2011.

Sur ce graphique, l'Europe apparaît équilibrée en tendance, mais l'on sait que cela recouvre des déséquilibres internes à l'origine de la crise de la dette des pays périphériques.

Les dirigeants du G20, réunis en sommet à Séoul fin 2010, n'ont pas répondu favorablement au FMI qui souhaitait avoir la main sur la réduction des déséquilibres, y compris de façon contraignante. La perspective est aujourd'hui « d'élaborer des directives indicatives afin de détecter les déséquilibres des comptes courants importants qui menaceraient de déstabiliser l'économie mondiale » selon le communiqué final…

2) … dans le cadre d'un système monétaire international déstabilisant

Le système monétaire international (SMI) actuel est sous influence du dollar, et des politiques monétaires américaines. À lui seul, le dollar représente encore environ 60 % du montant des réserves mondiales. Les deux tiers des immenses réserves de la banque centrale chinoise (3 000 milliards de dollars !) seraient en dollars contre 26 % en euros, 5 % en livres sterling et 3 % en yens. En outre, un grand nombre de pays maintiennent toujours un taux de change fixe par rapport au billet vert. C'est le droit de seigneuriage du dollar, celui de financer sans limite les déficits à des conditions très avantageuses. L'endettement américain a été nourri par cette capacité, finalement déstabilisante.

La réponse américaine à la crise a aussi, à certains égards, déstabilisé l'économie mondiale : la création monétaire massive (voir chapitre précédent), de dollars donc, s'est traduite par une double fuite externe, vers les émergents d'abord, qui ont voulu stériliser cet argent pour éviter l'appréciation de leur propre monnaie, et ont donc réinjecté ces fonds dans l'économie mondiale, vers les marchés d'actifs ensuite (matières premières, immobilier, titres d'États), créant de nouvelles bulles, coûteuses pour ceux qui doivent en faire l'acquisition, faisant peser une nouvelle menace sur l'économie mondiale en cas d'éclatement. La question des effets de la fin du *quantitative easing* aux États-Unis est donc posée, pour l'économie américaine évidemment, pour l'économie mondiale aussi.

Les déséquilibres sont aussi nourris par le refus, nous l'avons dit, des pays émergents, Chine en premier lieu, de laisser leur monnaie s'apprécier, ce qui permettrait de rétablir pour partie les équilibres de balance courante.

Enfin, à terme, une nouvelle instabilité pourrait naître d'un rééquilibrage de l'allocation des réserves mondiales sur plusieurs devises, le poids des États-Unis étant en reflux dans l'économie mondiale. En effet, plus les devises internationales telles que l'euro, le dollar et le yuan seront substituables l'une à l'autre, plus les mouvements de portefeuille entre monnaies risquent d'être importants, et donc volatils.

Ici aussi, les réponses du G20 ne sont pas à la hauteur des enjeux : le FMI n'a pas mandat d'assurer la liquidité et la profondeur des marchés de devises, les DTS (droits de tirage spéciaux) n'ont pas la faveur des créanciers privés (seules les banques centrales en détiennent), la masse monétaire mondiale n'est pas contrôlée, relevant des politiques monétaires nationales.

C – Moraliser le capitalisme, réduire les inégalités

La troisième cause de la crise est la paupérisation des classes moyennes par insuffisance d'augmentations de salaires. C'est la conséquence de la généralisation du capitalisme financier.

L'expression de moraliser le capitalisme a été employée par Nicolas Sarkozy pour donner un cadre au capitalisme de nature anglo-saxon qui s'est imposé au monde. Elle est critiquée sur la base du fait que le capitalisme, qui repose sur l'intérêt personnel, n'a pas à être moral, ni à être considéré comme immoral, il est par essence amoral. Certains proposent également de sortir du capitalisme, ou envisagent la fin du capitalisme, de sorte que sa moralisation viserait *in fine* seulement à sa consolidation.

Deux caractéristiques du capitalisme financier sont ici critiquées : la déformation du partage de la valeur ajoutée au détriment des salariés, l'extravagance de certains revenus, dont le niveau dépasse l'entendement.

Le premier point a donné lieu en France uniquement, alors même que la déformation n'y est pas visible globalement, à la prime pour les salariés liée aux augmentations de dividendes, dont la portée apparaît chaque jour plus modeste. Le deuxième point a fait l'objet de deux éléments de réponse, un code de bonne conduite sur la rémunération des hauts dirigeants signé par les grandes entreprises, un encadrement des bonus distribués dans la finance, de portée européenne.

Au-delà, c'est bien l'extraordinaire montée, et étalage, des inégalités qui pose question. Au ve siècle avant notre ère, Platon estimait que « le législateur doit établir quelles sont les limites acceptables à la richesse et à la pauvreté ». Il proposait un rapport de 1 à 4. Au début du xxe siècle, Henri Ford proposait un écart de 1 à 40 entre les bas et hauts salaires de l'entreprise. On est maintenant à des écarts de 1 à 400, voire plus.

Les États-Unis sont historiquement un pays où les inégalités de revenus et de patrimoines sont fortes. Mais ces inégalités se sont creusées, alors que la fiscalité n'a plus joué l'effet correcteur par dogmatisme économique. De fait, depuis 1979, les 10 % les plus riches ont capté 63 % de la richesse produite et parmi eux, les 1 % super-riches ont pris 38,7 %. *A contrario*, depuis 1973, les 20 % des ménages les plus pauvres ont vu leur revenu baisser de 7,4 %. Les distorsions de répartition de la valeur ajoutée en sont aussi la cause (on observe une rupture des séries d'augmentation de salaires et de gains de productivité à partir de 2004 environ). Une distribution plus équitable des gains de productivité aurait pu réduire la semaine de travail de 40h à 36h, augmenter la période de vacance de 5 semaines par année ou encore augmenter le revenu annuel d'une famille de 4 personnes de 18 000 $!

Cette tendance à l'augmentation des inégalités se retrouve ailleurs. Au cours des vingt-cinq dernières années par exemple, 80 % de la population de l'OCDE a vu son revenu progresser moins rapidement que le revenu moyen. En Chine, le nombre de milliardaires, en dollars, augmente chaque année, 49 nouveaux milliardaires en 2010, portant leur nombre total à un record de 128.

En France, les écarts de revenus sont aussi importants, et croissants. Plus exactement, la France n'échappe pas au phénomène ostentatoire des revenus indécents. En 2010, les patrons les mieux rémunérés de France touchent entre 100 et 250 années de Smic sans tenir compte des jetons de présence ni des dividendes et hors avantages en nature : voitures, logements de fonction, etc. Thierry Henry, lui, sur un marché spécifique, celui du football de haut niveau, a perçu pour cette même année des revenus correspondants à 1 500 fois le SMIC annuel…
Mais l'explosion des inégalités, en France comme ailleurs, est surtout due aux emblématiques bonus bancaires. Les opérateurs de salles de marché, traders et autres banquiers d'affaires ont contribué à plus de la moitié (57 %) de la croissance des plus hauts salaires de 1996 à 2007, alors que la proportion des salariés de la finance - 3 % du secteur privé - est restée stable sur la période ; alors que les revenus du top 20 des mieux payés du monde du cinéma-télévision-vidéo a été multiplié par 1,5, celui des patrons et sportifs a été multiplié par 3,3, celui des cadres de la finance par presque 9 ! L'observatoire des inégalités indiquait qu'un patron de salle de marché pouvait gagner en 2008 plus de 400 fois le SMIC. Au final, la tranche des 0,01 % des salaires les plus élevés compte au total 40 % de salariés de la finance, 20 % de chefs d'entreprises et 10 % de sportifs.

À NOTER • Des trois causes de la crise, aucune n'est aujourd'hui résolue : la finance reste dérégulée, les modèles de croissance déséquilibrés, le capitalisme sans garde-fous. L'explosion des inégalités, pour les très hauts revenus en particulier, symbolise ce constat d'échec.

2 La crise, stigmates et ruptures

A – La crise de la dette n'est pas finie

La crise de la dette est particulièrement aiguë en Europe, la menace de contagion sourde, le risque d'explosion de la zone monétaire réel. Mais d'autres pays dans le monde connaissent un problème d'endettement, de nature publique ou privée. La crise nous a en effet enseignée qu'il convient de regarder l'endettement total d'un pays, et non le seul endettement public. Des pays comme le Japon, l'Australie, le Canada, et évidemment les États-Unis, sont ici concernés.
Les problèmes d'endettement seront particulièrement prégnants dans les mois et années à venir, parce que les agences de notation sont extrêmement vigilantes quant au risque de défaut, parce que les taux d'intérêt pourraient monter à l'avenir, et exercer des pressions insupportables sur les débiteurs. Trois éléments expliquent cette hausse programmée : des politiques monétaires plus restrictives chez les émergents pour lutter contre l'inflation, dans le cadre de la reprise économique, l'arrêt du quantitative easing 2 aux États-Unis et les tensions induites pour le financement des bons du Trésor américain, les nouvelles règles prudentielles des banques (dites de Bâle 3), et leur besoin induit de recapitalisation dans un contexte de crédits rationnés.

La dette aux États-Unis en particulier, est sous étroite surveillance. Le relèvement du plafond de la dette publique à l'été 2011, porté de 14 300 à 16 700 milliards de dollars, encore en négociation au printemps, donnera un peu d'oxygène au budget fédéral, en incapacité d'honorer certaines dépenses sinon. Il traduit surtout la tension sur les finances publiques américaines, dans un contexte où les augmentations d'impôts sont refusées par la chambre à majorité républicaine.

Plus généralement, la dette totale des États-Unis atteint aujourd'hui des niveaux inégalés, ce que montre le graphique suivant. Il montre également, par analogie à une autre crise de la dette, celle de 1929, qu'il faut du temps (douze années après 29) pour que les agents puissent se ré-endetter.

Dans un contexte de croissance potentielle faible, le désendettement, annoncé, et imposé, réduit les stimuli à l'économie, et entrave les possibilités de reprise conjoncturelle.

Dette privée (ménages, entreprises, secteurs financiers) aux États-Unis en % du PIB

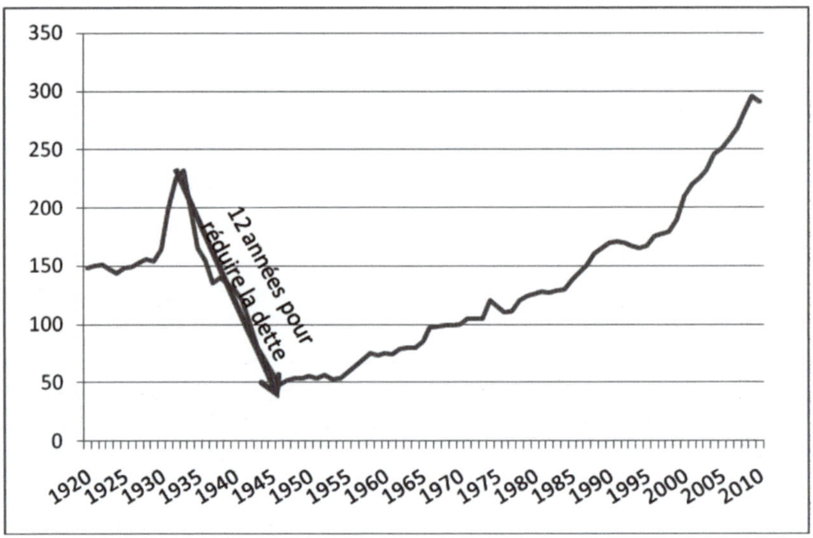

B – Une nouvelle phase de la mondialisation

1) La période de la grande convergence…

La crise devait être un temps fondateur pour entrer vers une nouvelle économie. Cette nouvelle économie n'est pas celle qui était annoncée : la finance est toujours hors de contrôle, les modèles de croissance ont peu évolué, le capitalisme financier produit les mêmes effets qu'auparavant.

Cette nouvelle économie est plutôt à chercher dans le nouveau contexte concurrentiel et productif mondial. Pour faire bref, nous passons d'un monde en surcapacité à un monde en sous-capacité, de l'abondance à la rareté. Les domaines concernés sont nombreux : les produits certes, mais aussi les matières premières, le travail ou encore l'argent.

Le premier niveau de rareté est celui des matières premières, énergétiques ou alimentaires, avec l'effet de ciseau d'une demande en forte croissance et d'une offre ponctuellement déficitaire. La première s'explique, évidemment, par l'accès aux marchés de matières premières de tous les émergents en croissance soutenue, alors que la demande se maintient dans les pays riches. La seconde est liée, peut-être ponctuellement, à des phénomènes climatiques (qui ont touché les marchés de produits agricoles : inondation en Australie, sécheresse en France) ou politiques (qui ont perturbé les marchés du pétrole, par exemple la guerre en Lybie). Plus généralement, la question est posée de savoir comment l'agriculture mondiale pourra nourrir les quelques trois milliards d'êtres humains supplémentaires attendus à l'horizon 2050. En conséquence de cela, les prix flambent, aussi parce que les matières premières sont des actifs titrisés, donc spéculatifs.

Le deuxième niveau de rareté est celui de l'offre de travail. L'armée de réserve de main-d'œuvre chinoise par exemple s'épuise, les nouveaux venus sont plus âgés, moins malléables, moins productifs. En conséquence, les salaires explosent. Une étude du Boston Consulting Group (BCG) de 2011 évoque la possibilité d'une renaissance de l'industrie américaine d'ici à 2015. La raison ? Une meilleure productivité d'une part, une augmentation des salaires en Chine d'autre part, les deux provoquant une convergence des coûts unitaires du travail. En supposant que les salaires chinois progressent de 17 % l'an d'ici 2015, à la fois poursuite et accentuation des tendances existantes, et que les salaires américains stagnent ou presque (ce qui est en ligne avec les évolutions en cours, voir chapitre 15), le coût d'un salarié chinois (pondéré en fonction du niveau de productivité) représenterait 44 % du coût américain en 2015, contre 31 % aujourd'hui (et même 69 % dans la région du delta du fleuve Yangsé, Shanghai, Jiangsu, Zheijang). Bref, à ce niveau de différentiel, l'externalisation n'est plus rentable, car l'industriel produisant localement est plus proche de son client, dépense moins pour le transport… et n'est pas confronté aux mêmes difficultés culturelles.

Le troisième niveau de rareté à venir est celui de l'argent, après la période d'ouverture des vannes monétaires durant la crise. De la même façon, pour lutter contre l'inflation, les pays émergents créeront moins de monnaie.

En conséquence, le temps des produits à très bas prix inondant les pays développés est fini. À l'avenir, il faudra payer, parce que nous ne sommes plus les seuls à consommer, parce que les coûts de production augmentent de façon sensible, parce que les monnaies des pays émergents s'apprécieront bien un jour ou l'autre, ce qui aurait dû se produire depuis quelques années.

2) …ou la démondialisation de l'économie

Cette perspective de réindustrialisation des économies développées est évidemment de bon augure. La question est cependant de savoir si elle n'arrivera pas trop tard. Les tendances protectionnistes sont à l'œuvre, comme pour faire échos aux propos de Denis Kessler, qui disait dès 2009 que « *les troisièmes années de crise se caractérisent souvent par du populisme, du protectionnisme et du patriotisme* ». De fait, ces tendances protectionnistes sont à l'œuvre partout dans le monde, dans de nombreux domaines : incapacité, nous l'avons dit, à faire aboutir le cycle de Doha, développement des mesures commerciales restrictives ici ou là (d'octobre 2010 à avril 2011, les pays du G20 ont instauré trente nouvelles restrictions aux importations), course à la dépréciation ou à la non-appréciation des monnaies (la guerre des monnaies de l'automne 2010), restrictions aux mouvements de capitaux transfrontaliers (l'Indonésie, la Thaïlande, le Brésil ou la Corée du sud ont introduit de nouvelles réglementations sur les entrées de capitaux), considérations relatives au patriotisme économique enfin dans les pays développés, qui font qu'il est insupportable qu'une entreprise d'un pays émergent rachète nos fleurons, quand nous supportons très bien les investissements de nos entreprises à l'étranger.

Un sondage publié par l'IFOP au printemps 2011 est édifiant quant à l'état d'esprit des français à l'égard de la mondialisation, ou du protectionnisme. En effet, 84 % des sondés estiment que l'ouverture des frontières a des conséquences négatives sur les emplois en France, 78 % sur le niveau des salaires et même 57 % sur les prix des produits de consommation. De même, 57 % jugent qu'une augmentation des droits de douane aux frontières de la France ou de l'Europe aurait des conséquences positives sur l'activité industrielle nationale, et 55 % sur l'emploi. Bref, il faut faire machine arrière. Et de fait, nous avons vu que la troisième phase de la mondialisation, la globalisation, pouvait inscrire les pays dans un jeu gagnant-perdant, les perdants pouvant être des pays développés (v. Chapitre 17).

Bref, le temps de la démondialisation serait venu, ou souhaité. Une démondialisation heureuse, coopérative et préventive, visant à lutter contre le dumping social et écologique, à sauvegarder un tissu industriel vital, à entretenir une sécurité alimentaire indispensable, à préserver des emplois localisés.

Le débat est nécessaire. Il faudra toutefois se demander ce que nous aurions à gagner d'une démondialisation nationale et unilatérale, qui impliquerait nécessairement des mesures de rétorsion, dans un contexte où, par exemple, on ne sait plus fabriquer les produits que nous importons de Chine, alors qu'eux savent ou sauront fabriquer, ou trouver ailleurs, les produits que nous fabriquons…

À NOTER • Nous vivons une quatrième phase de la mondialisation, qualifiée de grande rupture par certains. Elle est caractérisée par le retour de la rareté. Les matières premières, le travail chez les émergents, l'argent, et partant, les biens, coûteront plus cher à l'avenir. Est-ce le temps de modifier les règles de la concurrence internationale, de dresser des barrières circonscrites, de s'inscrire dans la démondialisation ? Il faut alors veiller à ce que les termes du débat soient bien posés. Il y aurait par exemple beaucoup à perdre à une stratégie nationale et unilatérale de protection.

C – Le temps de la gouvernance mondiale

À de nombreux égards, les problèmes, comme ceux évoqués ici, sont mondiaux. La régulation de l'économie mondiale s'est opérée pendant plusieurs années dans le cadre des réunions du G8, qui rassemble les sept pays développés les plus riches (États-Unis, Japon, Allemagne, France, Royaume-Uni, Italie et Canada) auxquels il fallait adjoindre, pour des raisons politiques, la Russie. Cette instance s'est ouverte aux pays émergents en créant un espace de dialogue avec les pays du G5 + 1 (les cinq plus grandes économies émergentes : la Chine, l'Inde, le Brésil, le Mexique, l'Afrique du Sud, plus l'Égypte). Enfin, les BRICS tiennent eux-mêmes sommet depuis 2011.
Au-delà, depuis quelques années maintenant, le G8 a été supplanté par le G20 qui rassemble les vingt principales puissances de la planète (les 15 pays précédents moins l'Égypte plus l'Arabie Saoudite, l'Argentine, l'Australie, la Corée du Sud, l'Indonésie et la Turquie, l'Union européenne en tant que telle complétant le tout). Plus représentatif que le G8, moins ingouvernable que l'ONU, le G20 s'est imposé comme l'instance décisive pour lutter contre la crise, ou y apporter des réponses. On n'envisage pas aujourd'hui que de nombreux sujets puissent être utilement traités dans le cadre du G8, sans les grands pays émergents. C'est le cas, par exemple :
– de l'évolution du système monétaire international : l'accumulation de réserves de change, à 65 % en dollars par les pays émergents et exportateurs de pétrole, joue un rôle central dans la stabilisation des taux de change (elle évite l'effondrement du dollar), dans le maintien du dollar comme monnaie de réserve dominante, dans la création monétaire mondiale ;
– de l'environnement et du climat : le niveau et la croissance des émissions de CO2 par les pays émergents, sont au cœur du problème climatique ;
– des problèmes de concurrence (négociations OMC), compte tenu du poids des émergents dans le commerce mondial ;
– de la régulation financière, qui n'a pas de sens si elle ne s'étend pas aux places offshore des pays émergents ;
– de la stabilisation nécessaire des prix des matières premières, compte tenu du poids des émergents dans la consommation mondiale de matières premières.
Il reste enfin que 172 pays, sur les 192 membres de l'ONU, ne sont pas représentés dans ces instances, ce qui limite la portée des décisions prises, ou l'adhésion qu'elles suscitent. Une ONU refondée a donc aussi un rôle à jouer dans la régulation de l'économie mondiale, en particulier pour aboutir à un après-Kyoto climatique crédible et global. Mais au final, on s'achemine vers un système baroque fait de multiplication de « G » à géométrie variable. Pas de véritable gouvernance ni de communauté internationale donc, pas de solutions ni de préconisations globales, pas d'harmonisation d'un monde fondé sur des valeurs communes. Ou pas encore.

3 La France en 2030

La situation économique de la France à court terme offre peu de marges de manœuvre. La croissance est atone, contrainte par le désendettement public d'une part, la faiblesse de la croissance potentielle d'autre part. Celle-ci trouve son origine dans la désindustrialisation, rapide et massive, plus généralement par la faiblesse des secteurs ouverts au commerce international, avec des entreprises de petite taille, positionnées en milieu de gamme, en incapacité de s'extraire d'une concurrence essentiellement par les prix, handicapées par le nécessaire financement de la protection sociale, et par la structure de ce financement. En conséquence, les déficits extérieurs s'accentuent, posant dans le meilleur des cas la question de leur financement, dans le pire des cas, la question de la solvabilité française, dans un scénario à la grecque, source de tous les dangers.

Il faut donc s'extraire de cet enfermement. La démondialisation fait alors figure de miroir aux alouettes, même si les conditions de la concurrence doivent être examinées, et même corrigées. Il nous faudra toujours demain, acheter des produits chinois, et du gaz russe, que l'on ne peut payer qu'en retrouvant un tissu productif compétitif et conquérant. Le Centre d'analyse stratégique a produit au printemps 2011 un rapport sur cinq scénarios de croissance pour la France en 2030. Ces scénarios inscrivent la croissance annuelle nationale pour la période 2010-2030 dans une fourchette qui va de 1,6 % à 2,3 %, une différence qui permettra ou non de faire face aux dépenses de vieillissement, plus généralement de protection sociale, aux dépenses environnementales, au nécessaire soutien du pouvoir d'achat des salariés. Le socle de cette croissance soutenue et soutenable est l'augmentation des gains de productivité, en s'appuyant sur des secteurs porteurs, citons les TIC et leurs synergies avec la santé, l'éducation..., l'énergie, et peut-être la capacité à porter l'excellence nucléaire en toute sécurité, l'environnement, avec la possibilité de concevoir et de vendre des produits et solutions économes en émissions de GES, le vieillissement, avec la capacité de transformer un coût certain en avantage compétitif, la santé et l'agriculture, avec la capitalisation économique des formidables innovations dans le domaine des sciences du vivant, l'infiniment petit et l'infiniment grand enfin, avec les nanotechnologies et la conquête spatiale. Dans ce contexte, il faut trouver des marges de manœuvre pour soutenir la recherche, l'innovation, la créativité, l'enseignement, en particulier supérieur, la valorisation des patrimoines, matériels et immatériels. Nous vivons un changement d'ère, les cartes vont être redistribuées. La France doit trouver sa place dans ce nouveau paradigme.

À NOTER • La France n'a pas aujourd'hui le niveau de croissance qui lui permette de financer les dépenses de vieillissement, les augmentations de pouvoir d'achat, les exigences des apporteurs de capitaux, le besoin de financement des entreprises. Elle peut le rehausser, parce qu'existe au niveau mondial un nouveau paradigme scientifique, technique et économique. Les cartes vont être redistribuées, il faut que la France s'inscrive pleinement parmi les auteurs de l'économie mondiale de demain.

Index

P

R

S

T

Cet ouvrage a été achevé dimprimer dans les ateliers de Leitzaran (Espagne)
Numéro d'impression : 064
Dépôt légal : Août 2011

Imprimé en Espagne

IMPRIM'VERT
Votre imprimeur agit pour l'environnement